PAIXÃO POR ISRAEL

ANDRÉ DANIEL REINKE

PAIXÃO POR ISRAEL

JUDAIZAÇÃO, SIONISMO CRISTÃO E OUTRAS AMBIGUIDADES EVANGÉLICAS

THOMAS NELSON
BRASIL®

Copidesque	*Shirley Lima*
Revisão	*Judson Canto e Jean Xavier*
Design de capa	*André Reinke*
Projeto gráfico e diagramação	*André Reinke*

Dados Internacionais de Catalogação na Publicação (CIP)
(BENITEZ Catalogação Ass. Editorial, MS, Brasil)

R289p

1.ed. Reinke, André Daniel
Paixão por Israel: judaização, sionismo cristão e outras ambiguidades evangélicas/ André Daniel Reinke. – 1.ed. – Rio de Janeiro: Thomas Nelson Brasil, 2025.
272 p.; 15,5 x 23 cm.

Bibliografia.
ISBN 978-65-52171-66-5

1. Bíblia – Estudos. 2. Cristãos. 3. Israel – História. 4. Sionismo e judaísmo. I. Título.

11-2024/215 CDD 956.94

Índice para catálogo sistemático
1. Israel: História 956.94
Aline Graziele Benitez – Bibliotecária - CRB-1/3129

Rua da Quitanda, 86, sala 601A - Centro
Rio de Janeiro/RJ - CEP 20091-005
Tel.: (21) 3175-1030
www.thomasnelson.com.br

Nesta obra, André Reinke examina com sua habitual competência acadêmica e literária a relação entre as igrejas evangélicas e Israel em termos teológicos, políticos e históricos. Uma obra indispensável para entender o mundo em que vivemos.

– **Davi Lago**, coordenador de pesquisa no Laboratório de Política, Comportamento e Mídia (PUC-SP) e professor na Faculdade Batista de São Paulo

Paixão por Israel oferece uma análise rica e detalhada sobre a complexa relação entre os evangélicos e Israel. André Daniel Reinke explora com profundidade as diversas manifestações dessa "paixão", desde a escatologia até a incorporação de símbolos e práticas judaicas no culto cristão. Com rigor acadêmico e sensibilidade pastoral, o autor nos conduz por um caminho de reflexões teológicas, históricas e sociológicas que desafiam nossos pressupostos e esclarecem a realidade em que estamos inseridos. Uma leitura imprescindível para aqueles que desejam compreender as ambiguidades e os significados desse fenômeno crescente no meio evangélico.

– **Igor Miguel**, pedagogo, consultor educacional e educador

Nos últimos dias, a necessidade de diálogo entre judeus e cristãos no Brasil é cada vez maior, seja em virtude do aumento do antissemitismo no país ou do peso que os conflitos no Oriente Médio têm adquirido no nosso debate político doméstico. Nesse sentido, é imprescindível que tenhamos uma compreensão adequada de como os evangélicos brasileiros pensam e se posicionam em relação ao atual Estado de Israel. Nesta obra, André Reinke nos oferece um panorama bastante acurado dessa situação. Recomendo este livro a todos que desejam se aprofundar mais na temática.

– **Igor Sabino**, doutor em Ciência Política (UFPE), fellow do The Philos Project e gerente de conteúdo da StandWithUs Brasil

André Reinke é um interlocutor que frequentemente busco para entender temas complexos relacionados ao fenômeno evangélico no Brasil. No topo dessa lista de assuntos desafiadores está a relação entre evangélicos e Israel, uma tendência de âmbito global. Reinke é um intelectual "anfíbio", pois pensa tanto como historiador quanto como teólogo. Se você não é evangélico e quer mais do que uma explicação fria ou estritamente teológica para entender por que tantos evangélicos participam de eventos como as Marchas para Jesus envoltos em bandeiras de Israel, leia este livro.

– **Juliano Spyer**, antropólogo, autor de *Povo de Deus, quem são os evangélicos e por que eles importam* (2020)

Que a presença da cultura material dos judeus tem alimentado o imaginário de muitos círculos evangélicos no Brasil é indiscutível; que isso tem produzido distorções da realidade e da esperança cristã, também é verdade. A dinâmica dessa presença no cenário igrejeiro tem, no entanto, desdobramentos não somente dentro nas igrejas, mas para além do quc se imagina; também remonta e remete a cenários que muitos cristãos sequer conhecem. Assim, o livro do André Daniel Reinke vem esclarecer termos, conceitos e narrativas que enriquecem e dão subsídios para refletirmos sobre esse tema tão atual a partir de uma pesquisa séria e profunda.

– **Magno Paganelli**, escritor, autor do livro *Sionismo Evangélico*

A paixão do cristão evangélico brasileiro por Israel é de longa data. Esse tema tem sido alvo de discussões – por vezes acaloradas – e, como afirma o autor, está profundamente enraizado em convicções teológicas. As implicações do nosso posicionamento vão além do que frequentemente imaginamos. Apesar da complexidade do assunto, Reinke, com grande respeito por aqueles que possuem uma perspectiva teológica diferente da sua, nos convida a explorar essa questão de forma cuidadosa e lúcida, evidenciando as consequências, muitas vezes negativas, que nossas posturas podem ter na vida de pessoas do outro lado do mundo.

– **Marcos Amado**, pastor, escritor e professor de missões, fundador do Centro de Reflexão Missiológica Martureo

Muitas igrejas protestantes do Brasil manifestam formas de sionismo cristão, usam símbolos judaicos em suas liturgias e demonstram entusiasmo pelas viagens a Israel. Essa paixão por Israel é tão abrangente que pode ser verificada em todas as vertentes do protestantismo, desde as tradições históricas até as igrejas pentecostais e neopentecostais. A tese de Reinke, aqui adaptada e ampliada para o formato do livro, instrumentaliza a hermenêutica filosófica para explicar o fenômeno, e pode ser caracterizada como uma pesquisa interdisciplinar que cruza saberes da teologia, da filosofia e da história. Recomendo vivamente esta leitura.

– **Wilhelm Wachholz**, docente de Teologia e História da Faculdades EST

"Israel é o relógio de Deus! Quem ama a Bíblia ama Israel!" Essas afirmações despertam os sonolentos, mobilizam os "indiferentes" e criam uma grande expectativa pelo que será dito a seguir. Opiniões sobre Israel tem um grande potencial conflitivo, especialmente no contexto evangélico. André Reinke mergulha nas complexidades envolvidas no fenômeno da paixão dos evangélicos brasileiros por Israel, a qual, segundo ele, é resultado do amor que esse segmento nutre pela Bíblia. De forma magistral, o autor nos mostra que, com os mesmos tijolos que edificamos muros, podemos construir pontes que nos permitam novas possibilidades de compreensão, com base em um ouvir atento, que redunde em um debate mais frutífero. Em especial, o autor desafia a comunidade evangélica a superar as paixões da infância, buscando uma postura madura no trato deste importante tema. É uma leitura mais que oportuna, e uma contribuição que considero fundamental.

– **Ziel J. O. Machado**, historiador e pastor na Igreja Metodista Livre (SP)

SUMÁRIO

Agradecimentos

Este livro é o resultado e a continuidade da pesquisa de dois anos de mestrado e quatro anos de doutorado em teologia. Portanto, devo agradecer primeiramente à Faculdades EST e aos seus professores – representados na pessoa do prof. Dr. Wilhelm Wachholz, meu orientador. Também agradeço às instituições públicas de fomento à pesquisa acadêmica, o CNPq e a CAPES, que tornaram essa pesquisa possível. Minha gratidão a todas essas pessoas maravilhosas do universo acadêmico judaico e cristão com quem me deparei e pude trocar ideias, sentimentos e esperança. Finalmente, meu louvor a Deus por me despertar o interesse e conceder a oportunidade de pesquisar o assunto das complexas relações entre a igreja e Israel.

PREFÁCIO

Templo de Salomão. Estrela de Davi. Bandeira de Israel. Candelabro. Quipá. A judaização do crescente movimento evangélico brasileiro nas últimas décadas chamou a atenção de pesquisadores, jornalistas, religiosos e, também, de evangélicos e teólogos apaixonados pela Bíblia e pelo Israel da Bíblia – grupo no qual o autor se inclui.

A intuição do André é certeira e fará sentido para cada evangélico que navegar por estas páginas: amamos Israel porque amamos a Bíblia. Não é difícil identificar o amor do autor pela terra santa dos judeus. Após a publicação de uma trilogia dedicada ao tema que alcançou, principalmente, o público cristão,[1] *Paixão por Israel* vem para contribuir com a busca incessante e, no entanto, frustrada, de outros públicos.

Por que amamos Israel? Todo cristão ama Israel? Pentecostais amam Israel da mesma forma que os reformados? O amor a Israel pode ser considerado sionismo cristão? De onde surge esse amor e por que ele parece ter ficado mais evidente nos últimos anos? Reinke é categórico ao afirmar que a questão e a discussão são teológicas,

1 *Os outros da Bíblia* (2019), *Aqueles da Bíblia* (2021) e *Nós e a Bíblia* (2023), todos publicados pela Thomas Nelson Brasil.

e propõe uma construção histórica, teológica e hermenêutica que sustenta essa relação unilateral historicamente apaixonada e ambígua.

A tese de doutorado vencedora do prêmio Capes é a fonte do que encontramos neste texto, que revela tanto sobre o autor como sobre seu tema de vida e pesquisa. André é de tradição batista, professor de escola dominical desde a juventude e autor de um extenso material sobre o povo judeu e sua relação com "os outros". Neste trabalho, fruto de pesquisa extensa e densa, ele nos convida a conhecer a complexidade e a penetrabilidade do fenômeno enquanto narra as surpresas que encontrou nos caminhos.

O mapeamento das manifestações das paixões por Israel e pelas coisas dos judeus nos é apresentado como amostra inicial da diversidade desse movimento que não se restringe à uma denominação, igreja ou "ondas" de Freston. Pelo contrário, a paixão dos evangélicos por Israel é caracterizada por múltiplas razões, teologias e identidades que se revelam marcadas pelo lugar de quem as sente e de quem crê.

André foca nas construções dinâmicas das identidades pela lente da hermenêutica filosófica, que também é a chave interpretativa para as múltiplas narrativas da Bíblia hebraica, o texto comum das experiências religiosas de judeus e evangélicos. Considero a elaboração teórica do capítulo *Identidades* a grande contribuição para a compreensão desse e de outros fenômenos modernos no campo evangélico brasileiro – e para além dele. A polifonia do texto bíblico e sua inesgotável possibilidade de sentido; o ser hermenêutico em cada judeu e em cada cristão leitor do texto sagrado; a formação e transformação das identidades individuais e coletivas e os entrecruzamentos que unem judeus e cristãos na formação de quem são e de como se percebem: Reinke nos entrega um manual do caldo que compõe as identidades de evangélicos e judeus a partir de suas experiências e narrativas, do modo como veem a si mesmos e ao mundo e dos textos que constituem suas identidades e as revelam enquanto se modificam. É partir dessa perspectiva que acompanhamos as nuances e camadas da paixão dos evangélicos pelos judeus, seus símbolos, sua história e seu *ethos*, conforme apresentadas por André.

A maneira como diferentes grupos pensam sobre o tema que move a esperança e a curiosidade dos crentes é trazido para o cerne das paixões por Israel no capítulo dedicado à escatologia, revelando como o interesse pelas "últimas coisas" e as manifestações do reino de Deus se relacionam e se atualizam na história recente do povo judeu, que é interpretada como parte do cumprimento de promessas apocalípticas endereçadas aos cristãos. As múltiplas identidades da judaização do movimento evangélico e as diversas narrativas do sionismo cristão são apresentadas em entrecruzamentos que se alimentam tanto mutuamente como da existência do Estado de Israel, reforçando as especulações sobre o destino dos judeus e o tempo do fim. O vínculo pentecostal do derramamento do Espírito sustenta o fio de identificação com a igreja primitiva e suas práticas judaicas.

Comecei a leitura de *Paixão por Israel* como pesquisadora e logo me vi recordando leituras de minha formação pentecostal. Após minha conversão, o primeiro livro que ganhei era um material de aula da EDB e tinha como tema Apocalipse – o livro aparece no levantamento de André que comprova a vasta e predominante produção dispensacionalista a que temos acesso.

Ler *Paixão por Israel* sendo pentecostal é como olhar nossas identidades no espelho. É identificar irmãos e irmãs de outras denominações amando Israel como a gente, mas diferente. É reconhecer que o Israel que aprendemos e precisamos amar e que dá sentido à nossa fé é outro Israel – é o Israel que imaginamos. Que amamos a partir de nós e por causa de nós e não deles. Talvez por isso seja um amor não correspondido.

Ler *Paixão por Israel* como pesquisadora é encontrar a peça que faltava, que se une a produções importantes trazendo um olhar de quem fala do que sente. Um pesquisador cristão que ama Israel apresentando material extenso com dados, referências, entrevistas e testemunhos, para contribuir com o olhar sobre sionismo cristão ou simplesmente sobre evangélicos apaixonados por Israel.

Uma nova janela se abre para os interessados em compreender essa relação passional, tradicional e que volta a surpreender aqueles que olham para o movimento evangélico com sua diversidade potente e alarmante. E, na tentativa de apresentar uma saída para as disrupções e descaminhos dessa paixão, André nos convoca a voltar ao caminho excelente.

Desejo que, ao ser apresentado às identidades reveladas neste texto, com toda a contradição e as ambiguidades que carregam, sua lente seja a sugerida pelo autor: o amor!

– Viviane Costa

Pastora, cientista da religião e autora do livro *Traficantes Evangélicos: quem são e a quem servem os novos bandidos de Deus*

INTRODUÇÃO

"Israel jamais será destruído! Jamais!" A frase foi dita por um idoso batista muito querido, pai e avô de uma família gentil e piedosa. Faíscas pareciam lhe saltar dos olhos enquanto exaltava a nação dos israelenses. Era um militar aposentado, e o entusiasmo bélico estava em seus genes tanto quanto sua paixão por Israel.

E ele não está sozinho. Uma legião de evangélicos o acompanha nesse interesse pelos judeus, por seus símbolos e por seu Estado. Esse foi precisamente o tema da pesquisa que desenvolvi durante meu doutorado em teologia e que apresentarei neste livro: a "paixão por Israel", que se manifesta nas igrejas evangélicas brasileiras. A simples existência de um Estado de Israel contemporâneo, situado no mesmo ambiente geográfico da Terra Prometida, invoca vínculos diversos, especialmente no campo escatológico. Em geral, o que acontece em Israel apresenta-se ao imaginário evangélico como o "relógio de Deus" marcando o tique-taque do fim da história.

Outro aspecto dessa paixão é o fascínio pela cultura e pelo simbolismo judaicos, perceptível no uso de nomes hebraicos para denominar igrejas evangélicas, pela presença de símbolos judaicos na decoração de templos, nas vestes litúrgicas, na incorporação de elementos como o *talit* e o *shofar* ou mesmo na celebração de festas judaicas. Tudo isso se traduz na crítica bem-humorada do sociólogo Gedeon Alencar:

> Há uma febre judaizante no mundo protestante brasileiro. Se o Apóstolo Paulo estivesse vivo, teria que escrever a Epístola de Gálatas II – resta saber se os demais apóstolos aceitariam. Apesar das escaramuças da guerra no Oriente Médio, o grande sonho da burguesia evangélica é ir passear em Jerusalém, com escala em Paris. Daí se construiu toda uma ideologia idolátrica da Terra Santa: lá, o batismo é mais santo, a água é mais poderosa, as pedras são sagradas, as folhas das árvores, purificadas. Muita gente ganha dinheiro com esse comércio imoral e pagão. Um subproduto dessa bobagem é um "apoio incondicional a Israel" (nas palavras de um amigo), afinal "abençoarei os que te abençoarem". E não há nenhum esforço de ver a diferença entre Sharon e Abraão. Tenho em minhas mãos um *folder* "Seminário Israel", promovido pelo apóstolo "x", em que acontecerá: "louvor, adoração, danças proféticas, comunhão, revelação". Não entro no mérito da revelação, comunhão etc., mas o que vem a ser "danças proféticas"? Realmente.[1]

Apesar de ser um fenômeno complexo e presente em diversos segmentos evangélicos, o assunto ainda não foi analisado de maneira sistemática e acadêmica no Brasil. Essa é a conclusão de Marta Francisca Topel, pesquisadora em estudos judaicos e árabes da Universidade de São Paulo:

> Mas, se a justaposição de traços de diversas matrizes religiosas como o cristianismo e as religiões afro-brasileiras tem sido aprofundada a partir de diversas disciplinas (sociologia, antropologia e estudos da religião), a incorporação de rituais, símbolos e costumes do judaísmo em igrejas de matriz cristã não tem sido alvo de pesquisas, embora seja um fenômeno que tenha crescido e se afiançado no Brasil na última década.[2]

Alguns acadêmicos já estão pesquisando o fenômeno no campo sociológico, mas poucos pelo viés teológico. Por isso, este livro busca a compreensão desse fenômeno.[3] Talvez você pense que seja bastante óbvio os evangélicos nutrirem simpatia por Israel e pelos judeus, mas

---

1 ALENCAR, Gedeon. *Protestantismo tupiniquim: hipóteses da (não) contribuição evangélica à cultura brasileira*. São Paulo: Arte Editorial, 2005, p. 144.

2 TOPEL, Marta Francisca. A inusitada incorporação do judaísmo em vertentes cristãs brasileiras: algumas reflexões. *Revista Brasileira de História das Religiões*. ANPUH, ano IV, n. 10, maio 2011, p. 35-50. Disponível em: https://periodicos.uem.br/ojs/index.php/RbhrAnpuh/article/view/30382, p. 36.

3 Este livro é resultado da pesquisa de doutorado: REINKE, André Daniel. *Paixão por Israel: aspectos da judeofilia no protestantismo brasileiro e seus reflexos no cotidiano religioso do Brasil*. Tese (Doutorado). São Leopoldo: EST/PPG, 2022. Disponível em: http://dspace.est.edu.br:8080/jspui/handle/BR-SIFE/1124.

a explicação não é tão simples. E por que seria difícil? Pelo fato de que há uma ruptura entre judeus e evangélicos. Como afirma Marta Topel, "não existe contato entre evangélicos e judeus messiânicos com judeus e/ou instituições judaicas".[4] Pense no caso do sionismo cristão: a "paixão por Israel", que se manifesta no apoio dos evangélicos àquele Estado, aparentemente não é correspondida pelos judeus como uma "paixão pela igreja". Simplesmente não existe afinidade para além da questão política. Há também certa ambiguidade dos evangélicos nas manifestações de apoio (que parece condicionado a interesses próprios), assim como os judeus estranham a assimilação de seus elementos religiosos e cívicos pelas igrejas (por exemplo, a bandeira de Israel).

Enfim, essa paixão no meio evangélico é um fenômeno vasto e com diferentes manifestações, algumas de cunho mais político e escatológico, outras com vertentes simbólicas e litúrgicas. Neste livro, tento responder a algumas questões fundamentais, por exemplo: "Quais seriam as características desse fenômeno? Como explicar o uso de diferentes símbolos no universo evangélico? De que forma os judeus recebem essa paixão? Como esse comportamento influencia as relações políticas e religiosas entre evangélicos e judeus no Brasil, e mesmo entre as diferentes tradições evangélicas?".

Esclarecendo os termos

Antes de prosseguir, é preciso esclarecer alguns termos usados nesta obra. O primeiro é sobre o objeto da investigação, que denomino *judeofilia*. É equivalente a *filossemitismo*, o amor por tudo que esteja relacionado com os judeus. Na época em que iniciei a pesquisa, fui influenciado por um texto da antropóloga Marta Topel, que emprega o termo "judeofilia". Enviei um e-mail a ela indagando-a sobre seu uso, em vez de "filossemitismo". Ela respondeu que preferia o primeiro ao último por este estar desgastado e gerar preconceitos desnecessários aos judeus. De fato, o termo "filossemitismo" foi criado no final do

4 TOPEL, A inusitada incorporação do judaísmo..., p. 45.

século 19, na Alemanha, como contraposição a outro termo então recente, "antissemitismo", uma expressão de zombaria dos próprios autodeclarados antissemitas na disputa com seus oponentes. Ou seja, era como se os chamassem "amantes de judeus".[5] Assim, naquele momento, optei pelo termo "judeofilia". Você encontrará vídeos com entrevistas em que uso esse termo.

Entretanto, embora convencido de que "judeofilia" é melhor que "filossemitismo", nunca me senti muito confortável com a palavra. O problema é a sonoridade: fica algo próximo de categorias como "hemofilia", que é um distúrbio genético. Não quero que esse comportamento da parte dos evangélicos seja percebido, nem mesmo subjetivamente, como algum tipo de doença. Por isso, abandonei ambos os termos, de modo que não utilizarei nem judeofilia nem filossemitismo. Permaneço com algo mais genérico como **paixão** ou **passionalidade** por Israel e pelas coisas dos judeus. Espero, assim, estar respeitando tanto os judeus, alvo desse sentimento, quanto os evangélicos, sujeitos do mesmo sentimento.

O segundo termo que emprego livremente é **evangélico**: está sendo usado para denominar todo o movimento oriundo das múltiplas divisões ocorridas após as reformas protestantes do século 16. Isso significa que estou me referindo a "evangélicos" de maneira genérica, englobando na mesma categoria tanto os protestantes históricos quanto os pentecostais e neopentecostais. No meio acadêmico, já usei o termo "protestante" com o mesmo sentido, mas confesso que mudei para "evangélico" por ser mais popular e comercialmente mais atraente. "Protestante" é sisudo demais para a prateleira da livraria. Mas por que tamanha amplitude? Primeiro, porque o fenômeno sobre o qual me debrucei aparece em todos os protestantismos, evangelicalismos e pentecostalismos, mas de formas e com intensidades diferentes. Segundo, porque toda essa parafernália na religiosidade evangélica brasileira nasceu do protestantismo e derivou dele. Talvez, em alguns

5 SUTCLIFFE, Adam; KARP, Jonathan. *Philosemitism in History*. Cambridge: Cambridge University Press, 2012.

casos, se tenha descolado tão sensivelmente que alguns até pensam em categorizar como outra religião, mas, ainda assim, permanece o vínculo de origem.

No caso dos judeus e dos judaísmos, ocorre um fato não comum no meio cristão: a secularização do termo. Uso o termo **judeu** para todo aquele que se identifica étnica, religiosa ou culturalmente com a comunidade mundial de descendentes da antiga Judeia, podendo ser religioso ou não. **Judaísmo**, por extensão, segue o mesmo princípio de englobar toda uma civilização e a cultura judaicas, tanto de entidades religiosas (sinagogas) quanto seculares (clubes e associações). Outro conceito bastante frequente é o **sionismo**, aqui abordado em duas vertentes: o judaico e o cristão. O **sionismo judaico** (ou simplesmente "sionismo") é um movimento de cunho nacionalista judaico que promoveu o retorno do povo judeu para a Palestina e a retomada de uma soberania na forma de Estado-nação moderno e que atualmente dá suporte ao Estado de Israel. O **sionismo cristão**, por sua vez, é o apoio dos cristãos ao sionismo judaico, aderindo aos seus objetivos e promovendo-os. Eu poderia usar a expressão "sionismo evangélico", porém mantenho "sionismo cristão" por ser uma denominação consagrada na literatura mundial, a despeito de a maioria de seus defensores ser composta por evangélicos.

Quando menciono o **Israel antigo**, a referência é o povo da Antiguidade, autor e personagem da Bíblia. O nome **Estado de Israel**, por sua vez, reservo exclusivamente ao país que proclamou a independência em 1948. Pela mesma razão, denomino as Escrituras Sagradas dos judeus e dos evangélicos de maneira distinta: **Bíblia hebraica** para o cânone sagrado do judaísmo; **Bíblia cristã** para o cânone sagrado do cristianismo evangélico, que abrange os textos do Novo Testamento e da Bíblia hebraica (esta renomeada pelos cristãos como Antigo Testamento).

O conteúdo deste livro

Este livro está dividido em sete capítulos, e apresento pesquisas distintas, realizadas em três momentos. Houve a pesquisa inicial, de caráter empírico, seguida de pesquisas bibliográficas. O processo foi encerrado com outra pesquisa empírica, que incluiu artigos, mas baseada especialmente em entrevistas.

O capítulo 1, intitulado **Paixão**, apresenta o fenômeno da paixão evangélica por Israel em suas mais diversas manifestações e demonstra sua amplitude e influência. Trata-se de uma coletânea de observações presenciais, como também na literatura e na internet. Nesse capítulo inicial, tento ainda classificar as diferentes formas de paixão por Israel em três categorias principais.

Já vou aqui revelar minha hipótese principal. Sou um crente de longa data, e eu mesmo um apaixonado por Israel e pelas coisas dos judeus – afinal, a maioria de minhas publicações gira em torno desses temas. Mas essa paixão não é simplesmente um interesse pelo país situado no Oriente Médio e por seu povo espalhado pelo mundo. Ela só existe porque sou apaixonado pela Bíblia. E, conforme entendo, é no amor à Bíblia que reside a paixão por Israel. Você verá neste livro testemunhos de evangélicos afirmando que "quem ama a Bíblia ama Israel". Acredito que eles estão certos. Portanto, o tema está profundamente enraizado nas questões de leitura, interpretação e aplicação do texto sagrado – ou seja, é um tema da hermenêutica. Assim, a questão de interpretação é tratada no capítulo 2, intitulado **Identidades**, a parte teórica em que faço um levantamento dos pensadores que me ajudaram a compreender o fenômeno. Trata-se de um resumo dos suportes bibliográficos que detalhei em praticamente um terço do livro *Nós e a Bíblia*.[6]

---

6 Aliás, esse livro também é produto do doutorado, embora seu foco se concentre mais na parte teórica e na história das hermenêuticas judaica e cristã. REINKE, André Daniel. *Nós e a Bíblia: história, fé e cultura do judaísmo e do cristianismo e sua relação com a Bíblia Sagrada*. Rio de Janeiro: Thomas Nelson Brasil, 2023.

Daí em diante, parto para o detalhamento do fenômeno. No capítulo 3, intitulado **Escatologia**, apresento a importância da escatologia para a fé cristã, com especial atenção ao desenvolvimento do dispensacionalismo. Isso porque, na minha opinião, ele é o principal responsável pela forma como o brasileiro pensa a relação entre Israel e o final dos tempos e pela ascensão do sionismo cristão na América, inclusive a Latina.

O capítulo 4, intitulado **Judaização**, apresenta uma ampliação significativa de minha pesquisa anterior. Nele, demonstro a existência de um imenso universo evangélico que se aproximou dos judeus e de Israel pela via do símbolo e da identificação litúrgica. Assim, descrevo as diferentes gradações, que podem ir desde o simples uso da menorá no culto até a assimilação total dos preceitos da *Torá* e da identidade judaica.

O capítulo 5, **Sionismo cristão**, que é o apoio político dos evangélicos ao nacionalismo judaico, é bastante devedor de minha dissertação de mestrado.[7] Nele, apresento um panorama histórico do surgimento do sionismo cristão na Inglaterra do século 19, de seu desenvolvimento especialmente nos Estados Unidos do século 20 e de sua presença crescente no Brasil nas duas últimas décadas, com um aumento significativo em anos mais recentes.

Feito o levantamento das manifestações de paixão por Israel no meio evangélico, sigo para o capítulo 6, intitulado **Imaginação**, em que apresento a pesquisa bibliográfica e uma segunda pesquisa de campo, na qual entrevistei personalidades do meio judaico e evangélico envolvidas no diálogo religioso. Nesse capítulo, desenvolvo a tese de que as comunidades judaica e evangélica são mutuamente distintas e desconhecidas, ou seja, não operam a partir da realidade uma da outra, mas de como a imaginam. O resultado desse desconhecimento pode ser problemático, como veremos.

7 REINKE, André Daniel. *O sionismo cristão e sua influência na cultura protestante brasileira.* Dissertação (Mestrado). São Leopoldo: EST/PPG, 2018. Disponível em: http://dspace.est.edu.br:8080/jspui/handle/BR-SIFE/900.

O capítulo 7, **Amor**, apresenta uma proposta de evolução quanto ao estágio atual da paixão por Israel, para a qual utilizo a metáfora da paixão adolescente, que deve crescer até chegar a um amor maduro e equilibrado.

Enfim, este livro oferece uma visão das complexidades do fenômeno da paixão por Israel entre os evangélicos. Não pretende ser exaustivo nem oferecer conclusões definitivas. Apresento os fatos, e o leitor poderá interpretá-los à sua maneira. Tenha uma boa leitura e uma ótima reflexão!

1
PAIXÃO

A paixão por Israel é um fenômeno difícil de captar, uma vez que não está delimitado a uma denominação ou a uma igreja em particular. Por isso, não é possível fazer um levantamento preciso da porcentagem de evangélicos apaixonados por Israel, algo que seria feito por um instituto como o IBGE e, ainda assim, com resultados apenas aproximados.

Neste capítulo, apresento um levantamento das diversas manifestações de paixão por Israel e pela cultura judaica que encontrei no contexto brasileiro. Você perceberá, na minha descrição, como esse fenômeno é disperso e, ao mesmo tempo, a profunda influência que exerce. A cada exemplo que eu citar, provavelmente você se lembrará de outros semelhantes que já presenciou. É nesse sentido que este capítulo pretende ser uma amostra do fenômeno, para então dar seguimento à reflexão.

MUITAS PAIXÕES POR ISRAEL

Como já mencionei, a paixão evangélica por Israel manifesta-se de múltiplas maneiras no Brasil. Vou começar pela escatologia; depois tratarei do uso de símbolos judaicos por igrejas evangélicas; em seguida, explorarei a relação com o turismo; por fim, mostrarei a disseminação desse fenômeno nas mais diversas áreas do cotidiano evangélico.

Israel na escatologia

Certamente, você já ouviu esta declaração em algum momento: "Israel é o relógio de Deus". Ela está relacionada à escatologia, o estudo do final dos tempos. O que acontece no Oriente Médio, e especificamente em Israel, está sob o olhar atento dos evangélicos.

A literatura escatológica no Brasil

Sempre tive a sensação de que o dispensacionalismo era predominante no Brasil, mas não dispunha de dados. Então, resolvi pesquisar o assunto.[1] Passei a visitar as livrarias físicas de Porto Alegre e sites de editoras evangélicas, anotando apenas as obras escatológicas que mencionassem o atual Estado de Israel como elemento de algum tipo de cumprimento profético. Nessa pesquisa, listei apenas livros em que eu conseguisse ter certeza da classificação. Seguindo esse critério, deixei muitas obras escatológicas de fora, por não ter conseguido identificar com relativa segurança seu posicionamento.

Resultado: encontrei 108 livros em edição atual disponíveis nas mais diversas editoras, dos quais 87 eram dispensacionalistas. Desse total, observei que 13 livros eram explicitamente sionistas cristãos – ou seja, defendiam a obrigatoriedade de um posicionamento político dos cristãos a favor do Estado de Israel. Também é notável que,

---

1 O resultado do levantamento deste capítulo deve ser considerado para o início de 2020, havendo um sensível incremento de literatura pró-Israel desde então, pesquisa que decidi não empreender novamente para a publicação deste livro. Penso que os dados que coletei são suficientes para o que pretendo argumentar.

dos 13 livros sionistas cristãos, 12 eram dispensacionalistas e apenas um vinculado ao "novo sionismo cristão".[2] Esses dados, porém, correspondiam a livros novos, atualmente em distribuição. Procedi ainda a um segundo levantamento, no qual procurei apenas livros não mais disponíveis nos catálogos das editoras. O caminho foi buscar livros arquivados nas bibliotecas de cinco seminários de tradição batista e luterana e outros vendidos no site *Estante Virtual*. Encontrei 129 livros, sendo 84 de escatologia dispensacionalista, 29 de outras vertentes escatológicas e 16 eminentemente sionistas cristãos (todos de matriz dispensacionalista).

Alguns livros dispensacionalistas são publicados há décadas, o que mostra a perenidade da doutrina no contexto brasileiro – esse é o caso de *Israel, Gogue e o Anticristo*, com sua primeira edição em 1977,[3] e *O plano divino através dos séculos*, reimpresso pelo menos quarenta vezes desde os anos de 1960.[4] Ou seja, as obras dispensacionalistas são o principal referencial no contexto evangélico brasileiro quando se trata de escatologia e da posição de Israel no final dos tempos.

Manifestações pró-Israel na internet

As manifestações pró-Israel na internet são bastante comuns em postagens pessoais. Veja o campo de comentários em qualquer notícia envolvendo o Estado de Israel e você encontrará referências tanto de apoio a Israel quanto ao cumprimento de profecias bíblicas. É evidente que não é possível fazer um levantamento de dados nesse tipo de manifestação, pois sua natureza esparsa não o permite. Então, passei a verificar sites, *blogs* e *fanpages* de ministérios de grande visibilidade e com amplo engajamento no sionismo cristão. Considerei, nesses casos, uma linha de corte mínima de 20 mil seguidores. Ou seja, de acordo com esse critério, deixei de fora ministérios de relevância no contexto

2 Hoje há mais obras vinculadas ao novo sionismo cristão. Outro dado notável é que a editora da Chamada da Meia-Noite é responsável pela publicação de quase metade do total dos livros dispensacionalistas que encontrei.

3 ALMEIDA, Abraão. *Israel, Gogue e o Anticristo*. 2. ed. Rio de Janeiro: CPAD, 1999.

4 OLSON, N. Lawrence. *O plano divino através dos séculos: as dispensações que Deus estabeleceu para Israel, à igreja e para o mundo*. Rio de Janeiro: CPAD, 2002.

americano,[5] com representantes no Brasil, como a International Christian Embassy Jerusalem (Embaixada Cristã Internacional Jerusalém ou apenas ICEJ Brasil), responsável pela Festa dos Tabernáculos em Jerusalém, e até o Projeto Philos Brasil, um recente movimento internacional de "novo sionismo cristão" ligado à tradição reformada do protestantismo histórico.

Seguindo essa linha de corte, encontrei relativamente poucos sites com elevada manifestação de sionismo cristão. Foram apenas 13 ministérios. Desses, sete são engajados exclusivamente na questão escatológica, como *Apocalipse às Portas*.[6] Entretanto, o que minha pesquisa revelou é uma espécie de pulverização do tema entre outros assuntos gerais de interesse dos evangélicos. Por exemplo: perfis pessoais como o do meu amigo Igor Sabino,[7] ativista pró-Israel, ou de pregadores famosos com grande enfoque em temas proféticos, como o pastor Lamartine Posella,[8] ou, ainda, sites evangélicos de notícias como *Gospel Prime* ou o *Portal Guiame*, os quais publicam muitas notícias e estudos bíblicos, sempre com posicionamento favorável ao Estado de Israel. Minha percepção é que, na internet, o assunto é extremamente pulverizado entre outras demandas evangélicas, havendo poucos "especialistas em Israel" empenhados na causa do sionismo cristão com grande impacto de seguidores.

O uso de símbolos e costumes judaicos

Muitos elementos judaicos foram gradativamente incorporados às liturgias evangélicas, especialmente entre pentecostais e neopentecostais. Há nesses grupos uma tendência mais acentuada à "judaização" de símbolos e costumes que no protestantismo histórico. Iremos abordar essa tendência com mais detalhes no capítulo 4.

---

5 Sempre que os acadêmicos se referem ao gentílico dos Estados Unidos, aparece um problema. Eles se caracterizam como "americanos". Nós, os latino-americanos, protestamos, porque também somos americanos. Então, eventualmente usamos "norte-americanos". Mas os canadenses também são da América do Norte. Então outros usam "estadunidenses". Acho que é mais uma discussão pouco proveitosa. Adoto neste livro o termo pelo qual eles gostam de se caracterizar: "americanos".

6 Disponível em: https://www.facebook.com/ApocalipseAsPortasOficial.

7 Disponível em: https://www.instagram.com/igorhsabino.

8 Disponível em: https://www.youtube.com/user/aplamartineposella.

Os mais diversos símbolos judaicos são exaustivamente explorados em pequenos ministérios, tanto por grupos autodeclarados de judaísmo messiânico, mas sem serem judeus étnicos, como por outros que assumem sua gentilidade, mas se apresentam como restauracionistas. Há também evangélicos que se descobrem descendentes de judeus, o que complica ainda mais o quadro. É o caso, por exemplo, do Ministério Shema Ysrael,[9] de Marcos Moreno, que teria descoberto suas raízes judaicas em uma viagem a Israel, experiência que o motivou a pregar a necessidade de a igreja reencontrar suas raízes judaicas e abençoar Israel, e o levou a assumir liturgias inteiramente judaicas. Muitos casos permanecem com uma estrutura cristã, com tendência a um "apostolado contemporâneo", como a Igreja Betlehem,[10]que usa de forma vasta símbolos judaicos e celebra as festas de Israel (*Shabat*, *Pessach*, *Shavuot*, *Sucot*, *Yamim Noraim*, *Purim* e *Hanukah*). Esses dois exemplos são representantes de um universo bastante amplo de uso de simbologia judaica por parte dos evangélicos.

Cabe ressaltar que alguns símbolos podem ser eventualmente usados sem revelar uma judaização de costumes na igreja. A menorá, o castiçal de sete taças, tem frequentado a imagética evangélica tanto na arquitetura e na decoração de templos quanto no uso em elementos de comunicação. Eu mesmo tenho uma menorá na estante de livros, comprada como souvenir de uma viagem a Israel. Existem igrejas com o nome "Menorá" que, obviamente, usam o símbolo em sua marca. Mas lembre-se: a menorá é um objeto litúrgico descrito na Bíblia. O uso evangélico constante desse símbolo, também diretamente vinculado ao universo judaico, acaba produzindo uma identificação simbólica ambígua. Em Caarapó (MS), por exemplo, foi inaugurado um monumento em bronze, em praça pública, em que a menorá homenageia a comunidade evangélica da cidade, mas sem fazer qualquer referência a judeus.[11]

---

9 Disponível em: http://shemaysrael.com.

10 Disponível em: https://www.betlehem.com.br.

11 CABRAL, Chrisciane. *Inaugurado o monumento Menorah em Caarapó*. Disponível em: https://www.radiojotafm.com.br/caarapo/inagurado-o-monumento-menorah-em-caarapo/6874.

Encontrei muitos ministérios pequenos, de apóstolos locais, que fazem uso da simbologia judaica, o que aponta para a pulverização desse fenômeno. Uma igreja pode usar apenas um único elemento judaico, como a menorá, mas outra acaba se apropriando de uma vasta simbólica judaica. Essa manifestação esparsa em pequenas igrejas dificulta bastante a análise. Por isso, delimitei meu levantamento apenas a ministérios bem visíveis e igrejas com impacto. Assim, cheguei a sete igrejas principais. São comunidades lideradas por figuras importantes do cenário evangélico brasileiro que fazem uso da simbólica judaica de maneira distinta, com objetivos igualmente diversos: **Igreja Nacional do Senhor Jesus Cristo** (liderada por Valnice Milhomens),[12] com celebração de festas judaicas; **Igreja Universal do Reino de Deus** (liderada por Edir Macedo),[13] com uso de simbologia em seus rituais de exorcismo, além do Templo de Salomão e outros projetos, como museus de história bíblica; **Ministério Engel** (liderado por Joel Engel),[14] com uma "escola de profetas" e amplo uso de *talits*, quipás e menorás, além de comemoração de festas judaicas; **Ministério Ensinando de Sião,**[15] autoproclamado judaísmo messiânico, mas também com forte apelo à participação de não judeus; **Ministério Internacional da Restauração** (liderado por Renê Terra Nova),[16] com uso de simbologia judaica e investimento em caravanas anuais para a Festa dos Tabernáculos em Jerusalém; **Rabi Yossef Akiva,**[17] antes pastor neopentecostal e atualmente líder de sinagoga autoproclamada messiânica, com vasto uso de elementos judaicos em seu ministério, ao lado da esposa, a pastora Ana Akiva; **Santuário Reino dos Céus** (liderado por Adelino de Carvalho),[18] apóstolo que faz uso pleno de elementos judaicos, de maneira semelhante ao judaísmo messiânico, mas sem qualquer referência direta ao movimento.

---

12 Disponível em: https://insejecsjc.com.br.
13 Disponível em: https://www.universal.org.
14 Disponível em: https://ministerioengel.com.
15 Esse ministério é difícil de discernir. Apresenta-se como judaísmo messiânico, mas tem forte apelo à participação de não judeus. Disponível em: https://ensinandodesiao.org.br.
16 Disponível em: https://www.mironline.com.br.
17 Disponível em: https://www.facebook.com/yossefakivaoficial.
18 Disponível em: http://santuarioreinodosceus.com.br.

Enfim, o cardápio evangélico oferece desde o uso esparso de símbolos judaicos até a completa assimilação de rituais e de estética judaicos. Trataremos agora dos elementos mais invocados pelas igrejas brasileiras.

Os símbolos judaicos preferidos pelos evangélicos

As igrejas evangélicas, especialmente suas versões pentecostais e neopentecostais, têm utilizado símbolos judaicos há algumas décadas. Talvez o mais evidente seja a **bandeira do Estado de Israel**. Recentemente, a presença da bandeira israelense em uma manifestação política acendeu a discussão em torno do uso de símbolos do judaísmo, que gerou desconforto e alertas de entidades judaicas. O fato é que o uso do maior símbolo pátrio de Israel é abundante no cenário evangélico, encontrado até mesmo nos palcos de igrejas pentecostais, geralmente ao lado da bandeira do Brasil e do estado da federação.

Tamanho apreço dos evangélicos pela bandeira de Israel aparece com força em algumas manifestações públicas, em eventos como congressos e, especialmente, na Marcha para Jesus. Observei isso pessoalmente quando participei da Marcha para Jesus de Porto Alegre, em outubro de 2019. Achei curioso ver a bandeira de Israel enrolada nos ombros de um participante durante a concentração. Ambulantes vendiam a bandeira ao lado de fitas temáticas e outros produtos. Durante a caminhada, a bandeira "vestia" alguns dos participantes e, nos momentos em que os cânticos eram entoados, tremulava acima da cabeça deles. Enfim, a bandeira, ao lado de outros símbolos, como a coroa e o leão, marcou presença como adereço. Percebi um nítido contraste com o contexto católico, pois no mesmo ano também participei da Romaria de Nossa Senhora dos Navegantes. Apesar de ser absurdamente maior e de eu ter circulado por ali durante muitas horas, não vi uma única bandeira de Israel entre os católicos. A percepção de que a paixão por Israel é um fenômeno tipicamente evangélico me pareceu confirmada.

Outro símbolo judaico muito usado pelos evangélicos é o hexagrama. Seu nome é **Magen David**, traduzido por "estrela (ou escudo) de Davi". Embora esse símbolo não seja encontrado na Bíblia nem no protestantismo histórico, é recorrente na ornamentação de igrejas pentecostais e neopentecostais. Ele aparece, por exemplo, nos vitrais da catedral da IURD de Porto Alegre, intercalado com grafismos da cruz. A estrela de Davi aparece com frequência em peças da liturgia iurdiana, de acordo com a temática do momento. Mas você certamente já viu essa estrela na forma de pingente usado em correntes ou pulseiras pelos evangélicos. Talvez você mesmo o use como símbolo de sua fé, por considerar a cruz algo "pagão".

Outros elementos da cultura judaica que merecem destaque, em virtude do uso frequente pelos evangélicos, são o *shofar* e o *talit*. De forma peculiar, tanto esses dois objetos quanto a menorá são mencionados direta ou indiretamente na Bíblia e, ao mesmo tempo, consistem em símbolos típicos do judaísmo.

O *shofar* era um instrumento desconhecido da maior parte dos evangélicos em décadas passadas, mas ganhou relevância nos últimos tempos como instrumento de adoração litúrgica: hoje existem até cursos ministrados por escolas evangélicas especializadas nesse instrumento.[19] Encontrei três publicações sobre a técnica e a importância do *shofar*: *Shofar: etimologia, simbologia, curiosidades* (Marcelo Oliveira), *O livro do shofar* (Miguel Nicolaevsky) e *O manual do shofar: do judaísmo ao cristianismo* (Thales Magalhães).[20]

O *talit* foi adotado pelos evangélicos há pouco tempo, mas já encontra adeptos em diversas igrejas, especialmente nas neopentecostais. Um livro sobre o *talit*, escrito pelo judeu messiânico Charlie Kluge, pode ser encontrado em diversas livrarias evangélicas, tamanha a demanda pelo assunto.[21] O *talit* tradicional e o "messiânico" são encon-

---

19 *Escola de Shofar Beit Sião*. Disponível em: https://www.facebook.com/Escola-de-Shofar-Beit-Sião-688613264571659.

20 Os três livros apresentaram a dificuldade de não contar com uma ficha catalográfica, possivelmente por serem edições do autor.

21 KLUGE, Charlie. *O talit: descubra os segredos milenares do manto de oração judaico*. Rio de Janeiro: Renova, 2018.

trados em eventos relacionados a ministérios proféticos e apostólicos como o de Joel Engel. Adelino de Carvalho usa-o acompanhado de outros ornamentos adaptados do judaísmo, porém ostenta uma variação do *talit* original: o "*talit* vermelho", que ele considera um "éfode de autoridade espiritual, o *talit* vermelho dos vencedores".[22]

Enfim, os elementos judaicos são utilizados de maneira variada por diferentes denominações evangélicas, tanto funcionando como símbolo ocasional da identidade visual ou da liturgia, quanto desempenhando papel central nos rituais. Elementos típicos do judaísmo marcam presença em ministérios pequenos, mas são utilizados em profusão nas grandes redes, com milhares de seguidores, nas quais alcançam maior visibilidade e influência – e também oposição por parte de segmentos protestantes mais ortodoxos.

O caso peculiar da Igreja Universal do Reino de Deus

Mencionei o uso do *talit* em igrejas evangélicas. O bispo Edir Macedo surpreendeu a comunidade cristã e judaica ao se apresentar com barba longa e usando indumentária judaica – *talit* e quipá – na inauguração do Templo de Salomão da Igreja Universal do Reino de Deus (IURD) em São Paulo.[23] Não foi um caso excepcional. O uso abundante de símbolos judaicos leva a denominação a merecer uma seção especial. Para conhecer de perto as manifestações dos símbolos judaicos e bíblicos da igreja, visitei duas de suas principais construções: o Centro Cultural Jerusalém, situado no complexo da Catedral Mundial da Fé, no Rio de Janeiro, e o Templo de Salomão, em São Paulo.

A **Catedral Mundial da Fé**, antiga sede mundial da IURD, é um imenso complexo, que abriga templo, estacionamento e a área do Centro Cultural Jerusalém. A nave do templo é vasta e surpreendentemente sóbria, sem muitos elementos decorativos. A carga simbólica

---

22 *Santuário Reino dos Céus*. O éfode de autoridade espiritual, o *talit* vermelho dos vencedores. Disponível em: http://santuarioreinodosceus.com.br/jornal/o-efode-de-autoridade-espiritual-o-talit-vermelho--dos-vencedores.

23 Cerimônia de inauguração do Templo de Salomão disponível em: https://www.youtube.com/user/otemplodesalomao.

está no palco: o púlpito simula as pedras da Lei (os Dez Mandamentos em hebraico) e tem ao lado uma grande menorá. No fundo do palco, há um vitral com a ilustração de uma pomba voando sobre uma montanha e um rio. Logo abaixo, encontra-se uma ilustração da Arca da Aliança. Trata-se de uma simbologia de origem veterotestamentária, com a pomba provavelmente remetendo ao símbolo do Espírito Santo no Novo Testamento, ao mesmo tempo que ressalta a própria marca da IURD.

Nesse complexo, está situado também o Centro Cultural Jerusalém. No hall de entrada, há uma loja com diversos souvenires bíblicos e judaicos, como menorás, arcas da aliança, quipás, *talits* e outros. O espaço também apresenta uma composição com a Arca da Aliança em tamanho real, a bandeira de Israel e as pedras dos Dez Mandamentos (em português). No subsolo, visitei a principal atração: a grande maquete de Jerusalém (com 746 m^2). Foi uma experiência realmente interessante, sob a orientação de uma guia muito atenciosa. À medida que ela ia apresentando a estrutura, invocava as pesquisas que conferiam autenticidade à maquete: as pedras vieram da Galileia, a representação dos prédios seguiu as descobertas de historiadores e arqueólogos, os efeitos de luz e escuridão imitam as condições de dia e noite da cidade real – enfim, simulações que procuravam fazer o visitante "se sentir na Jerusalém daquele tempo", como ela mesma disse. O que ficou bastante evidente em toda a apresentação foi a centralidade da experiência cristã: Jerusalém foi o palco da crucificação, a principal história bíblica contada pela guia do início ao fim da visita. Além da maquete de Jerusalém, o espaço do Centro Cultural comportava na ocasião ainda três pequenas exposições, localizadas na galeria: uma com fotografias e murais sobre locais históricos de Jerusalém, outra sobre o sionismo e a organização do Estado de Israel e a última sobre os apóstolos e o início da igreja.

O caso do **Templo de Salomão** em São Paulo merece destaque. Essa obra é o maior exemplo do uso de simbologia bíblico-judaica em todo o contexto evangélico brasileiro. O complexo é composto pelo templo, pelo estacionamento no subsolo e pelo Jardim Bíblico, na parte externa. Na visita ao Jardim Bíblico, percebi que o discurso do guia era muito semelhante ao do Centro Cultural Jerusalém: ele mencionava constantemente historiadores, arqueólogos, teólogos e rabinos para ressaltar a autenticidade da imitação ali construída. Antes de iniciar a visita, eu e os demais visitantes permanecemos em um ambiente chamado Espaço Egípcio, cuja decoração continha réplicas de sarcófagos, objetos egípcios e manequins vestindo as roupas de personagens da novela *Dez Mandamentos*, da Record. O guia chegou vestindo roupas sacerdotais levíticas e conduziu o grupo à grande atração: a réplica do Tabernáculo em tamanho real. Caminhando pelos objetos do pátio, ele foi detalhando o sistema sacrifical. Ao entrar no Tabernáculo propriamente dito, descreveu os objetos contidos no Santuário e no Santo dos Santos, as réplicas em tamanho real da menorá, da mesa dos pães, do altar de incenso e da Arca da Aliança. Não nos foi permitido fotografar o interior do Tabernáculo por causa da "santidade do local", como o guia nos informou.

Depois da visita ao Jardim Bíblico, passei ao Memorial do Templo, situado bem ao lado, no subsolo de um grande domo dourado, onde há réplicas em miniatura de objetos relacionados ao Tabernáculo e às 12 tribos de Israel, além de um pequeno anfiteatro e uma loja de souvenir, com vasta oferta de artigos judaicos e iurdianos. Por fim, nos últimos minutos, pude visitar o Jardim das Oliveiras, um espaço verde contendo 12 oliveiras israelenses centenárias. Segundo o guia, a mais antiga oliveira tinha quatrocentos anos de idade. No dia seguinte, voltei para visitar o Templo de Salomão propriamente dito, para o qual não há visitação turística, mas é possível participar de qualquer um dos cultos que lá ocorrem.

Observando o Templo de Salomão, percebe-se que seu objetivo é invocar exatamente a autenticidade que eu havia presenciado no dia anterior. Trata-se de uma busca de relação bem literal com a Terra Santa, uma vez que as paredes do templo foram revestidas com pedras importadas de Israel. A estrutura é gigantesca, com 126 metros de comprimento, 104 metros de largura e 55 metros de altura – cinco vezes maior que o templo da época de Jesus (segundo informação do guia do Jardim Bíblico). A arquitetura do templo, entretanto, não é a dos textos referentes à obra de Salomão, mas aquela imaginada a partir das descrições do templo de Herodes em documentos extrabíblicos.[24] As portas do templo são douradas, com grafismos remetendo à cultura material bíblica, e há colunas espalhadas pelo pátio com capitéis imitando o formato de romã (como em 2Crônicas 3:17). No pátio de entrada, há mastros com as bandeiras de vários países, ocupando lugar especial a de Israel, a do Brasil e a da IURD. Um muro ao lado do templo contém a afirmação de que o olhar de Deus está fixado no lugar (2Crônicas 7:15-16).

Enfim, tanto no Jardim Bíblico e em seus anexos quanto no Templo de Salomão permanece o mesmo discurso: o da autenticidade. E essa "autenticidade" é conferida por uma imitação que remete à experiência dos judeus na Antiguidade, conforme descrita no texto bíblico.

Artigos judaicos em lojas evangélicas

Pelo que expus até aqui, podemos ver que há uma proliferação de símbolos judaicos no pentecostalismo e no neopentecostalismo. Alguns casos estão focados na imagética de origem bíblica, como a menorá, a Arca da Aliança e o *shofar*, e outros, em artefatos oriundos de desenvolvimento posterior do judaísmo, como o *talit*, o quipá e o Magen David. Elementos de épocas históricas diferentes acabam fundidos no imaginário sobre o Israel antigo. O fato é que o uso de símbolos judaicos pelos evangélicos está bastante difundido e naturalizado no Brasil. Esse entusiasmo se reflete no comércio, que aproveita a demanda para fabricar e importar artigos de Israel. Por isso, também pesquisei sites de lojas evangélicas, com o propósito de verificar se havia produtos judaicos em seus catálogos. E, sim, havia muitos.

24 Acredito que a escolha pelo modelo do templo de Herodes tenha sido por duas razões. Primeira: por ser o templo da época de Jesus, modelo representado na maquete do Centro Cultural. Segunda: pelas dimensões, uma vez que o templo de Herodes era muito maior que o de Salomão. Mas, obviamente, por motivos simbólicos o nome de Salomão é muito mais desejável que o de Herodes.

Em alguns casos, foi extremamente difícil descobrir se a loja era de propriedade de evangélicos, pois tanto os produtos quanto a linguagem eram totalmente judaicos. Determinadas pistas me ajudaram: eventualmente, aparecia uma frase como "artigos para sua igreja" ou então uma aba de produtos típicos do meio evangélico, como certificados de batismo e bandejas com cálices para ceia. Há certa nebulosidade entre o uso de artigos judaicos por evangélicos e o próprio judaísmo messiânico, que detalharei no capítulo 4 (no qual analiso a judaização). Enfim, encontrei 15 lojas, que julgo serem de evangélicos. Elas apresentam uma boa variedade de artigos, e em seis delas a linha judaica era o carro-chefe das vendas. As lojas com mais artigos judaicos foram **Resgate Judaica**,[25] **Torakipa**[26] e **Maranata Shofar**.[27]

A variedade dos produtos à venda é ainda maior que a dos símbolos mencionados. Além de bandeira de Israel e de Jerusalém, menorá, *shofar*, *talit*, quipá e estrela de Davi (produzidos em uma ampla variedade de tipos, cores e materiais), encontrei óleos para unção com azeite de Israel, réplicas de itens da Antiguidade (como moedas e taças da época de Jesus), miniaturas de artefatos bíblicos (do Tabernáculo, da Arca da Aliança, do templo de Jerusalém), mezuzás, roupas diversas com símbolos judaicos (em camisetas, echarpes e bonés), lembranças variadas (correntes, chaveiros, miniaturas, troféus) – enfim, tudo que o mercado é capaz de conceber e disponibilizar na forma de produto.

Essa tendência mercadológica demonstra como os símbolos judaicos estão amplamente presentes no meio evangélico, tanto pela atração por um elemento bíblico quanto na forma de assimilação de rituais e costumes judaicos. Não tenho dúvida de que as motivações para tal uso são variadas, tanto quanto o catálogo de produtos.

---

25 O site chamava-se *Resgate Gospel*, em 2020, o que permanece no endereço virtual, mas atualmente se chama *Resgate Judaica*. Disponível em: https://www.resgategospel.com.br. A tendência atual parece ser a do judaísmo messiânico, mas é difícil saber se pertence a judeus de origem.

26 Disponível em: https://www.torakipa.com.br.

27 Disponível em: https://lista.mercadolivre.com.br/maranata-shofar.

O turismo de evangélicos brasileiros em Israel

As viagens a Israel são um filão comercial. O turismo, além das divisas trazidas para o país, ainda opera na construção de um imaginário internacional sobre o povo e a nação visitada. Os israelenses não são diferentes de outros países que lucram com o turismo, de modo que construíram uma estrutura voltada para receber turistas e divulgar seus produtos. E o "produto Israel" como "Terra Santa" está atrelado às narrativas da Bíblia.

Eu mesmo tive a experiência de viajar a Israel em 2022 e notei que tudo que é atraente no turismo internacional está ausente no caso israelense: a natureza não é das mais belas (o Brasil tem inúmeros lugares muito mais bonitos), tampouco a arquitetura histórica relacionada com a Antiguidade (são basicamente "amontoados de pedras", não se encontrando quase nada de pé – as grandes obras são da Antiguidade tardia ou da Idade Média). A culinária é boa, porém não se compara ao que encontramos nas tradições italiana, francesa, espanhola, mexicana, peruana, japonesa, e por aí vai. Enfim, o imenso sucesso do turismo em Israel basicamente resulta de sua narrativa: ali aconteceu a história mais importante de todos os tempos. E nós queremos pisar na terra onde Jesus viveu, morreu e ressuscitou.

Por essa razão, os israelenses investem no caráter narrativo da experiência. É o que faz, por exemplo, o **Moriah International Center**, instituição acadêmica com programas apoiados pela Universidade Hebraica de Jerusalém. O Moriah Center promove cursos em Israel, ministrados por acadêmicos e historiadores, que combinam conferências com passeios a sítios arqueológicos relacionados com as histórias bíblicas. São cursos ministrados por pesquisadores de diversas confissões, de modo a promover o diálogo judaico-cristão por meio do estudo e mostrar a diversidade e a complexidade de Israel.[28] Ou seja, a promoção de Israel por meio de sua conexão com o texto bíblico é central para o governo israelense. A primeira **Marcha para Jesus**

---

28 *Moriah International Center*. Sobre nós. Disponível em: https://moriacenter.com/sobre-nos.

naquele país, ocorrida em 2013, por exemplo, contou com a participação do então ministro do Turismo de Israel, Uzi Landau. Em seu discurso de recepção aos evangélicos (traduzido do hebraico para o português por um pastor), ele revelou a intenção política por trás daquela recepção turística:

> O profeta Jeremias fala da volta do povo de Israel a Sião, e aqui estamos nós, o povo de Israel, que justamente voltamos dos exílios para reconstruir e construir a Terra de Israel e o Estado de Israel. [...] E o Estado de Israel agradece muito o apoio de vocês a Israel [...] [E no final o ministro do turismo pede para agradecer mais uma vez] a coragem de vocês em apoiar Israel incondicionalmente, de vocês estarem sempre de pé, firmes, ao lado de Israel. Israel é a terra de vossa crença, Israel é a terra da Bíblia. Acreditem em mim: aqueles que amam a Bíblia amam também este país.[29]

A intenção governamental é clara: associar o Estado de Israel diretamente à Bíblia e, por meio do amor a ela, aos cristãos do mundo. Afinal, quem ama a Bíblia ama Israel. Essa paixão também é expressa politicamente em outro evento importante, mas de caráter internacional: a **Marcha das Nações**, promovida anualmente por associações sionistas cristãs de todo o mundo em parceria com o governo israelense. A programação é composta por palestras de personalidades relevantes do cenário judaico e cristão, e inclui diversas figuras eminentes de igrejas evangélicas brasileiras.[30]

O interesse político do Estado israelense em angariar apoio por meio da religiosidade parece ser bem consistente. Isso não é um demérito, pois todas as nações buscam se autopromover da maneira que suas tradições permitem. No entanto, mesmo com muito investimento, o resultado da empreitada pode não obter o sucesso esperado – como o "apoio incondicional" desejado pelo ex-ministro do Turismo. O pesquisador Magno Paganelli descobriu isso ao estudar o turismo em Israel. Ele participou de caravanas e entrevistou turistas evangélicos para entender como funcionava a dinâmica do sionismo cristão na relação com o jogo propagandístico promovido pelo Estado de Israel.

29 A citação do discurso de Uzi Landau pode ser ouvida a partir de 1:35:00 em: *Cobertura completa da primeira Marcha para Jesus em Israel*. Disponível em: https://youtu.be/bJytyn1bFBY.

30 *March of the Nations*. Disponível em: https://marchofthenations.com. Uma participação brasileira pode ser verificada em *Marcha das Nações em Israel*. Disponível em: https://www.youtube.com/watch?v=U0ptkBzS4Kw.

Sua descoberta foi surpreendente: a visita de turistas a Israel, especialmente quando inclui a Palestina, não resulta diretamente em apoio a Israel, nem em ações políticas típicas do sionismo cristão. Isso ocorre por dois motivos: primeiro, porque a moderna sociedade israelense não se mostra acolhedora aos visitantes, ao contrário da palestina, que é mais tradicional e marcada pela pessoalidade; segundo, porque, ao testemunhar a situação precária dos árabes palestinos, bem como a construção de um muro de separação, os brasileiros enxergavam o ser humano por trás das narrativas. Paganelli concluiu que a propaganda, tanto de Israel quanto da Palestina, não surte efeito nos visitantes brasileiros com relação ao engajamento político no conflito.[31] Ou seja, as intenções em torno do turismo religioso em Israel são diversas, e seus resultados não são tão previsíveis quanto podemos imaginar.

Tendo inclinação política ou não, o fato é que o turismo religioso a Israel tem sido uma febre crescente no meio evangélico brasileiro. Com o fim de verificar a demanda por esse tipo de atividade, pesquisei as agências de turismo que promovem viagens a Israel. Aqui cabe uma ressalva: agências de turismo, quaisquer que sejam, oferecem esse tipo de roteiro; por isso, minha verificação foi limitada a empresas especializadas em viagens de cunho religioso e de base evangélica. Além disso, foram listadas apenas agências que promovem exclusivamente "viagens bíblicas" ou que tenham o turismo religioso para Israel como seu principal produto. Algumas agências contam com serviços especializados para católicos e protestantes, e essas foram listadas. Entretanto, agências de peregrinação exclusivamente católicas, mesmo com viagens a Israel, não foram incluídas.

De acordo com esses critérios, encontrei 21 empresas especializadas em viagens bíblicas oferecendo várias opções de roteiro e programação. A maioria tem nomes religiosos, utilizando na composição da marca palavras como **Beit**, **Eretz**, **Gênesis**, **Shalom**, **Byblos** e **Terra Santa**, entre outros. Algumas organizam grandes caravanas, muitas

31 PAGANELLI, Magno. *Sionismo evangélico: as ideias sionistas e o turismo para a Terra Santa arrastam evangélicos para um conflito que compromete a sua missão e a imagem da igreja*. São Paulo: Arte Editorial, 2020, p. 191.

vezes ao ano; outras, apenas anualmente. O destino final é Israel, mas a estratégia tem sido oferecer destinos variados para completar as experiências da fé cristã, como Roma, Grécia, Turquia e Egito, entre outros. Assim como nas outras pesquisas, o resultado é um "dado mínimo", uma vez que diversas caravanas são organizadas por igrejas ou grupos evangélicos que contratam uma agência apenas para organizar os trâmites técnicos. Esse tipo de empreendimento escapa de uma observação ampla como a minha. Um fator interessante, porém, é que muitas viagens – provavelmente a maioria delas – são acompanhadas por pastores e teólogos. Participei de uma viagem a Israel como especialista convidado. Veja o Instagram do pastor famoso que você segue: é provável que, em algum momento, ele tenha divulgado alguma viagem a Israel. A presença dessas personalidades demonstra a importância de fazer a ponte entre a Bíblia, a fé e a Terra Santa – basicamente, um turismo religioso.

O grande leque de possibilidades apresentado nos sites pesquisados revela que há uma verdadeira "febre peregrinadora" entre os cristãos, especialmente os evangélicos, quando o destino é Israel. Se em outras manifestações de paixão por Israel os pentecostais e neopentecostais são predominantes, no caso do turismo religioso a participação dos protestantismos históricos pode ser equiparada. Há caravanas de reformados, por exemplo, entre outros do segmento mais ortodoxo brasileiro.

A amplitude da paixão por Israel no universo evangélico brasileiro

As seções anteriores demonstraram diversas faces do fenômeno da paixão por Israel entre os evangélicos brasileiros, paixão esta que aparece na literatura escatológica, nas opiniões e nos debates em mídias sociais e sites, e também no discurso político sionista cristão. Ela pode ser verificada ainda no amplo uso de elementos judaicos, desde a eventualidade de alguns símbolos tradicionais até a intensidade que costuma ser chamada "judaização de costumes" pelos protestantes históricos. Por fim, mencionei o turismo religioso para Israel, do qual a clientela evangélica participa com entusiasmo em um variado portfólio de agências e roteiros bíblicos conduzidos por autoridades eclesiásticas.

Essas são as manifestações mais evidentes e popularizadas da paixão por Israel, mas não significa que sejam as únicas formas de os evangélicos demonstrarem seu apreço por Israel e pelos símbolos judaicos. Outros itens da vasta cultura judaica também podem ser incorporados, embora com menor frequência. Por isso, não irei apresentar aqui uma pesquisa sistematizada, mas apenas destacar algumas manifestações que presenciei.

A alimentação judaica desperta interesse pelo caráter **kosher** – ou seja, alinhado à lei judaica derivada dos preceitos da *Torá*. Apesar do conhecimento geral a respeito do tabu da carne de porco, existem muitos outros elementos típicos da culinária judaica desconhecidos das comunidades evangélicas, razão pela qual, às vezes, são promovidos jantares judaicos em igrejas, a título de curiosidade. Não esqueça que algumas denominações mantêm restrições dietéticas semelhantes (é o caso dos adventistas, por exemplo). Alguns eventos são promovidos pelas igrejas aproveitando datas específicas, como a Páscoa, quando é oportunizada aos seus membros a experiência de celebrar o *Pessach*, ocasião em que os evangélicos degustam alimentos típicos preparados por algum chef judeu.

Outra manifestação dessa paixão, em que os próprios judeus acabam sendo transformados em símbolos, é a ideia de "prosperidade judaica". Há um entendimento popular a respeito da suposta riqueza dos judeus, o que pode ser verificado por uma simples consulta no Google com os termos "riqueza" e "judeus". Por fim, o termo "prosperidade" é ambíguo e pode ser interpretado como riqueza material, mas também como riqueza interior ou espiritual, como muitas vezes acontece. Ambos os sentidos, porém, estão relacionados com as tradições judaicas. Livros como *O segredo da prosperidade judaica*, do rabino Dor

Leon Attar,[32] ajudam a manter essa crença ativa. Essa ideia é também compartilhada pelos evangélicos quando pastores evocam a prosperidade em suas pregações, como eu mesmo já presenciei várias vezes.

Até mesmo alguns elementos recentes da cultura judaica são ocasionalmente exaltados pelas comunidades evangélicas. A arte marcial israelense *krav maga*, por exemplo, desperta certo interesse. Encontrei uma descrição dessa luta em uma revista de escola bíblica dominical, explicando que sua técnica foi criada pelo Yaman, a unidade especial da polícia civil de Israel. Nesse caso, a menção ao *krav maga* serviu como uma atividade complementar para explicar a lista dos guerreiros de Davi narrada em 2Samuel 23:8-39, em uma tentativa de contextualizar a experiência bíblica.[33] O apelo do *krav maga*, em comparação com outras artes marciais, está justamente em sua cultura de origem. Às vezes, é possível encontrar essa luta em estabelecimentos com nomes de personagens bíblicos (como Academia Boaz, que vi certa vez). Nada mais natural: faz parte da estratégia de comunicação das comunidades mergulhadas no universo simbólico bíblico e judaico.

Um último exemplo. Em 2019, houve a tragédia de Brumadinho, quando uma imensa força-tarefa de bombeiros e militares passou a atuar no resgate de sobreviventes ou corpos. O drama foi acompanhado passo a passo na televisão e na internet. Mas o que disparou o imaginário evangélico foi a chegada de uma equipe do exército israelense. As mídias sociais fervilhavam com postagens sobre a nova parceria estabelecida entre Brasil e Israel, resultado da suposta mudança diplomática do governo brasileiro e das bênçãos esperadas para o povo brasileiro – daí a frequente da citação do texto "abençoarei os que o abençoarem" (Gênesis 12:3). Imagens do exército israelense estampando a bandeira do Brasil ao lado da bandeira de Israel no uniforme causaram comoção.

---

32 ATTAR, Dor Leon. *O segredo da prosperidade judaica*. São Paulo: Literate, 2018.
33 *História de Israel: da monarquia ao reino dividido*. E-book. São José dos Campos, SP: Editora Cristã Evangélica, 2014. [Série Antigo Testamento, n. 9, Adultos.]

Enfim, a paixão por Israel no meio evangélico se manifesta em qualquer elemento cultural, político, tecnológico, religioso ou ideológico produzido pelos judeus. O motivo dessa exaltação pode ser a própria língua hebraica,[34] o desenvolvimento da indústria de dessalinização de água marinha, sistemas de irrigação, investigação biotecnológica, movimentos do exército, treinamento dos pilotos de caça – não importa. Tudo que procede de Israel pode, em algum momento, despertar admiração ou fascínio em um evangélico. Esse é o aspecto mais impressionante e quase folclórico da paixão pelos judeus e por sua nação.

UMA TENTATIVA DE CLASSIFICAÇÃO

O levantamento da primeira parte deste capítulo revelou o amplo leque de experiências nas quais a paixão por Israel e pelos judeus se torna visível entre evangélicos. Uma vertente dessas manifestações está na literatura escatológica e apocalíptica, de onde provém o ramo mais político. Outra está no uso de símbolos e costumes judaicos nas igrejas evangélicas. Existe ainda o turismo religioso na demanda contemporânea por viagens bíblicas, além de outras manifestações esparsas que envolvem todo tipo de elemento cultural, econômico e tecnológico oriundo de Israel.

Com base nesses dados, tentei montar uma classificação para melhor compreender esse fenômeno. Para isso, busquei algum padrão conceitual que unisse suas diferentes manifestações. Assim, levantei as palavras-chave que aparecem nos textos e anúncios ou que subjazem aos discursos dos autores e promotores dessas expressões. A partir do agrupamento das palavras frequentes, foi possível realizar uma classificação prévia, que resumi em três motivações fundamentais para a paixão por Israel: a milenista, a mimética e a comercial.

---

34 No momento em que escrevo este texto, recebi um e-mail com a propaganda de um curso de hebraico, estimulando a ler, escrever e falar a "língua santa".

A paixão milenista

Denominei "paixão milenista" o primeiro agrupamento porque está diretamente associado à expectativa escatológica com relação à volta de Cristo e à chegada do Milênio. Esse tipo faz uso amplo de palavras e expressões como: "profecia" (ou "profetas"), "sinais dos tempos", "futuro", "arrebatamento", "Armagedom", "Anticristo", "restauração de Israel" (no sentido de um Estado nacional na Palestina) e "volta de Cristo", entre outras. Verifiquei o padrão ao analisar o conteúdo de cinco livros de escatologia: *Maranata*; *A agonia do grande planeta Terra*; *Israel, Gogue e o Anticristo*; *Em defesa de Israel*; e *A importância de Israel*.

O primeiro livro que pesquisei foi a mais antiga obra dispensacionalista publicada no Brasil: trata-se de *Maranata*, de Alfredo Borges Teixeira.[35] Impressionou-me como a base do sistema dispensacionalista está evidenciada, apesar de o livro ter sido publicado na segunda década do século 20. O autor faz uma defesa do pré-milenismo e de Israel como a chave da história, o centro dos sinais da volta de Cristo para concluir o reino de Deus. Teixeira apresenta a interpretação para as figuras apocalípticas do Anticristo, da Besta e da Prostituta, e o arrebatamento da igreja inaugurando o milênio. Para ele, os sinais apocalípticos se manifestaram na Primeira Guerra Mundial, no socialismo, na Liga das Nações (ainda não existia a ONU) e na expectativa da futura restauração de Israel como nação independente (naquele tempo, havia um movimento de retorno dos judeus para a Palestina, mas não existia "Israel").

O segundo livro foi *A agonia do grande planeta Terra*, de Hal Lindsey, um clássico da literatura dispensacionalista.[36] Era leitura obrigatória das gerações dos anos de 1970 e 1980 quando se tratava de profecia bíblica futurista. Eu mesmo devorei esse livro e passei a olhar as notícias de jornais com outros olhos, sempre em busca dos sinais bíblicos e do surgimento do Anticristo. O livro realmente cativa o leitor, e

35 TEIXEIRA, Alfredo Borges. *Maranata ou o Senhor vem*. Edição de Ouro 1921-1971. São Paulo: Missão Brasileira Messiânica, 1971. Essa edição é comemorativa dos 50 anos da obra, cuja publicação original foi em 1921.

36 LINDSEY, Hal. *A agonia do grande planeta Terra*. 7. ed. São José dos Campos: CLC, 1984.

ainda o guardo em minha estante. Quase posso dizer que tem valor sentimental. Eu também fazia parte daquelas gerações tensas com a Guerra Fria, contexto em que a emergência de Israel entre as potências mundiais significava o alinhamento progressivo das profecias para a batalha final do Armagedom. Na obra de Lindsay, o Estado de Israel aparece como um sinal dos tempos, constituindo pivô fundamental para o cumprimento da volta de Cristo.

Outro livro que examinei, e que também havia lido na adolescência, foi *Israel, Gogue e o Anticristo*, obra importante do meio pentecostal escrita por Abraão de Almeida.[37] O autor fez um levantamento das perseguições sofridas pelo povo judeu ao longo da história, bem como de seu ressurgimento político, em 1948. Para ele, esse fato deu início aos sinais dos tempos. Assim como Lindsay, Almeida interpreta as figuras do Apocalipse à luz dos acontecimentos de seu tempo, razão pela qual considerava a União Soviética, a União Europeia e o Conselho Mundial de Igrejas a tríade diabólica preparando a vinda do Anticristo.

Embora os autores até aqui citados sejam também sionistas cristãos, os dois seguintes são evidentemente mais envolvidos na política em prol de Israel. *Em defesa de Israel* foi escrito por John Hagee, ativista pró-Israel e fundador da missão Cristãos Unidos por Israel.[38] O autor afirma que a missão da igreja não deve ser promover a paz entre Israel e seus opositores, e sim defender incondicionalmente os judeus. Hagee faz uma revisão histórica da perseguição do cristianismo aos judeus, além de apresentar o islamismo como uma religião com tendência ao terrorismo e uma ameaça a Israel e aos Estados Unidos. Defende a dívida dos cristãos para com o povo judeu por várias razões: porque Jesus era judeu, porque o povo judeu produziu a Bíblia, porque os judeus trouxeram diversas contribuições técnicas ao mundo. Além disso, reafirma que a aliança de Deus com os judeus era incondicional e que ele abençoaria o povo que os abençoasse. O autor conclui proclamando a conexão futura de Israel com os cristãos.

37 ALMEIDA, *Israel, Gogue e o Anticristo*.
38 HAGEE, John. *Em defesa de Israel*. Rio de Janeiro: CPAD, 2012.

O último livro que analisei foi *A importância de Israel*, de Gerald McDermott, cujo autor não está alinhado ao dispensacionalismo clássico, mas ao amilenismo.[39] Nesse livro, o autor apresenta as razões teológicas para se haver tornado sionista cristão partindo de uma nova compreensão do Antigo e do Novo Testamento. Para ele, há um problema sério na teologia da substituição na forma como foi defendida pelas denominações cristãs ao longo do tempo. McDermott advoga uma aproximação humilde de Israel e do povo judaico por parte dos cristãos justamente pelas posturas destrutivas e injustas do passado. Sua conclusão segue esta nota de humildade: ele acredita que a história da redenção ainda está em andamento, mas envolta em mistério, devendo haver algum papel importante destinado a Israel, embora não esteja muito claro para ele como isso irá acontecer. Sua proposta de um "novo sionismo cristão" significa o engajamento na causa sionista, mas levando em consideração as contradições e as crises que envolvem os palestinos e a disputa pela terra.

Comparando-se a posição de Hagee com a de McDermott, é possível perceber dois extremos opostos de uma mesma paixão milenista. Para o primeiro, há um mandamento divino que obriga os cristãos a se posicionarem incondicionalmente ao lado do Estado de Israel; para o segundo, os cristãos devem apoiar Israel, mas não necessariamente qualquer atitude de seu governo, considerado provisório, antecipando algo definitivo a se manifestar no futuro. Hagee desconsidera os palestinos ou os trata como inimigos a serem combatidos, enquanto McDermott os insere na perspectiva dos direitos humanos. Mas o que é comum a ambos também está presente em todas as outras manifestações desse tipo: Israel é parte fundamental das profecias escatológicas, e sua existência é devedora da ação divina. Dessa percepção, resulta um compromisso, apresentado com muita clareza por Tim LaHaye (autor da famosa série *Deixados para trás*) em um artigo sobre Israel na Grande Tribulação, publicado na *Bíblia de estudo profética LaHaye*:

39 MCDERMOTT, Gerald R. *A importância de Israel: por que o cristão deve pensar de maneira diferente em relação ao povo e à terra*. São Paulo: Vida Nova, 2018.

> Devemos redescobrir aqueles cristãos heroicos que têm zelo e compaixão por Jerusalém, que batalham contra o racismo, o preconceito e o ódio contra os judeus. Acima de tudo, que a Palavra de Deus nos convença daquilo que o Senhor investiu em Israel (Ez 36). A santidade de Deus e o retorno dos judeus à sua terra deveriam cativar cada crente em Cristo. Sombras de cegueira deveriam ser removidas dos olhos dos desinformados e mal informados. [...] A igreja, o povo judeu, os políticos e as nações do mundo estão se submetendo a um teste fundamental. Sob o olhar atento de Deus, desempenhos são avaliados e destinos são determinados, com base não só no exercício da nossa fé, mas também no nosso relacionamento com o povo judeu.[40]

Para LaHaye, o destino da igreja é determinado pelo exercício da fé alinhado ao tratamento dispensado a Israel. Não sei se ele está pensando também em termos soteriológicos. O dado mais importante a se observar, porém, é de que forma a atenção da paixão milenista é posta sobre os acontecimentos atuais e o que implicam para o futuro. Por isso, é notável, em todos esses autores, o uso abundante de textos bíblicos ao lado de artigos de história e notícias contemporâneas relacionadas com os judeus e com o Estado de Israel. A paixão milenista, especialmente dispensacionalista, é marcada pelo uso da Bíblia ao lado do jornal diário.

O padrão de resposta dos crentes e das igrejas evangélicas ao noticiário internacional fica bastante evidente na internet. Você encontra muitos canais no YouTube comentando notícias e apresentando fatos contemporâneos como o cumprimento de profecias bíblicas. Mas também notei uma tendência sutilmente diferente. A busca por apoio explícito a Israel cai para segundo plano entre os sites mais sensacionalistas. Nesses casos, parece haver mais interesse na imensa luta cósmica que está sendo travada no mundo. É nesses sites que se dá vazão às mais variadas teorias conspiratórias, cuja tônica, inclusive, é muitas vezes antissemita (trataremos desse fenômeno no capítulo 6). As palavras e expressões mais usuais são basicamente as mesmas: "Anticristo", "bestas do Apocalipse", "profecias", "arrebatamento",

40 *Bíblia de estudo profética LaHaye*. São Paulo: Hagnos, 2005, p. 795.

"sinais dos tempos" – em geral, vistas em notícias sobre terremotos, pestes, pandemias, pragas e guerras – e *Israel* figuram como o fator fundamental no cronograma da volta de Cristo. Nesses casos, não percebi um sionismo cristão propriamente dito, pois o interesse pelos complôs das potências malignas cresce exponencialmente. É a tendência do sensacionalismo.

No turismo, praticamente não encontrei questão de natureza escatológica, exceto por um único caso: a Embaixada Cristã Internacional de Jerusalém (ICEJ) realiza, todo ano, a Festa dos Tabernáculos naquela cidade. O objetivo é celebrar antecipadamente, em um "ato profético", aquele que seria o cumprimento da profecia na qual os "sobreviventes de todas as nações que atacaram Jerusalém subirão ano após ano para adorar o rei, o Senhor dos Exércitos, para celebrar a festa das cabanas" (Zacarias 14:16). O diretor brasileiro da ICEJ é Renê Terra Nova, que promoveu o Prêmio City, troféu oferecido a sionistas cristãos que tenham se destacado pelo serviço a favor de Israel, pela maior doação financeira durante a festa, pela quantidade de pessoas trazidas para a caravana e pelas atitudes durante a viagem.[41]

Resumindo as características gerais da paixão milenista: nela, Israel é a prova de que as profecias bíblicas estão sendo cumpridas. O cenário político internacional é o grande palco dos acontecimentos preditos para o tempo do fim, pouco antes da volta de Cristo. O elemento futuro é fundamental; as notícias do presente apontam para a frente, como um plano divino em realização e aguardado com expectativa. Nas formas mais clássicas do dispensacionalismo, por exemplo, Israel e igreja estão interligados, mas distintos entre si. Disso resulta um apoio político aos judeus com base na esperança da volta de Jesus, que hoje é o Cristo da igreja, mas deverá ser, em algum momento próximo, reconhecido pelos judeus como o Messias de Israel.

---

41 MELO, Ruben Analuiza. *City 2017 – Revista*. Disponível em: https://issuu.com/rubenanaluizamelo/docs/revista_city_final_web. Não sei se esse prêmio continua sendo promovido.

A paixão mimética

Ao pesquisar a paixão evangélica por Israel, encontrei uma série de posicionamentos e discursos que não estavam relacionados com acontecimentos calamitosos ou extraordinários do futuro. Ou seja, há manifestações que não estão diretamente vinculadas a expectativas escatológicas. Embora seus promotores também sustentem essa perspectiva, o futuro não é o centro da atenção. Trata-se de uma manifestação mais alinhada com o presente da igreja e do povo judeu. Essa vertente faz uso intenso de símbolos judaicos, razão pela qual a classifiquei como "paixão mimética" – uma paixão pelos judeus que leva a imitar, representar ou estabelecer semelhança com sua cultura.

Como já mencionei na Introdução, não me preocupo em distinguir entre o pentecostalismo e o neopentecostalismo. Penso que ambos operam segundo a mesma lógica simbólica, embora com ênfases distintas. O caso emblemático no Brasil é o da IURD e sua busca por autenticidade, como observei nas visitas à denominação e como a socióloga Edlaine de Campos Gomes concluiu em suas pesquisas. Embora a IURD tenha sido identificada pela invocação do exorcismo, da possessão e do dinheiro, a cosmologia da igreja tem como concepção estruturante o vínculo com a Terra Santa. Isso acontece especialmente em cultos temáticos – como o que celebra a "fogueira santa de Israel" –, as peregrinações a Israel e a valorização do Antigo Testamento.[42] A busca por autenticidade levou a igreja a encontrar no Israel mítico a aura religiosa para fundamentar sua identidade, o que foi simbolicamente materializado naquilo que os iurdianos consideravam autêntico e permanente: a arquitetura de seus templos. A construção das catedrais, desde a segunda metade dos anos 1990, deu concretude a uma ideia de permanência e continuidade em seus monumentos, segundo Edlaine.[43]

---

42 GOMES, Edlaine de Campos. *A era das catedrais: a autenticidade em exibição*. Rio de Janeiro: Garamond, 2011, p. 30.
43 GOMES, *A era das catedrais*, p. 32-4.

A IURD, portanto, tomou por empréstimo símbolos do Israel bíblico para a definição de sua identidade e também fez uso de símbolos judaicos como o quipá, o *talit* e a menorá. A análise dos discursos e a busca de palavras-chave também servem aqui para a compreensão da dimensão mimética do uso desses elementos. Nesse caso, desaparecem algumas referências escatológicas, como futuro, volta de Cristo, Anticristo e sinais dos tempos. O que prevalece são os conceitos voltados ao presente: *unção*, *revelação*, *força*, *fé*, *resgate*, *descarrego*, *jejum* e *cura*. A doutrina da prosperidade, ou a bênção divina nesta vida, também se encaixa no discurso. É no conjunto da experiência de culto que se estabelece a construção dessa identidade, em que os símbolos judaicos são utilizados como talismãs na invocação da bênção divina. Israel é considerado o receptáculo do poder divino, e a igreja compartilha do mesmo poder.

Contudo, essas características não são exclusivas da IURD. Em minha pesquisa, descobri que outras denominações pentecostais e principalmente neopentecostais seguem um padrão semelhante. Ministérios autoproclamados proféticos também operam com discursos relacionados a *unção*, *cura* e *restauração*. Aparecem ainda palavras vinculadas à piedade cristã, como "amor", "oração" e "adoração"; a referência a uma *batalha espiritual* também é frequente. O uso de símbolos judaicos é variado e tem sentidos diversos: em alguns casos, são utilizados quase como amuletos com poder imanente; em outros, entram apenas como decoração na liturgia; algumas vezes, como ilustração, e não mais que isso. Com frequência, porém, esses símbolos são completamente ressignificados para uma estrutura cristã ou sincrética.

Os ministérios que fazem amplo uso dos símbolos judaicos evocam muitas vezes as palavras "profeta" e "profecia". O uso do termo "profecia" não é o mesmo da paixão milenista. Embora eu não tenha dúvida de que os autores dos discursos são todos pró-Israel, o conceito de profecia promovido em casos tais não está relacionado com o papel político do país dos judeus na escatologia. A questão central está vinculada ao fim dos tempos, mas o resultado é a bênção divina hoje.

Nesses casos, o profeta não é quem anuncia o futuro, mas o canal da bênção divina ao povo no presente, justamente pela proximidade da volta do Messias. Jesus está voltando e, com ele, as bênçãos espirituais destinadas ao povo que ele virá buscar. Essa percepção me pareceu bastante clara no caso da Escola Profética do apóstolo Joel Engel. Na edição de 2020, o discurso foi que a "unção de Deus flui forte através do apóstolo Joel Engel". Ele trouxe o tema "Geração Calcanhar do Messias", com base na profecia de inimizade entre a descendência da mulher e a serpente (Gênesis 3:15). Segundo Engel, a profecia se refere ao Messias, cuja vitória – o esmagamento da cabeça da serpente – ocorrerá no final dos tempos. A presente geração seria, então, a "semente da mulher", obediente à Palavra de Deus e com o poder de esmagar a cabeça da serpente. Essa vitória se daria também sobre a "semente da serpente", os apóstatas que distorcem a Palavra de Deus. O reino de Deus viria com chuva, prosperidade e restauração.[44]

Observe que, aqui, a profecia é diferente da profecia milenista, a qual está atenta aos acontecimentos internacionais para prever o futuro. No caso da mimética, a profecia olha para hoje, uma profecia bíblica sendo cumprida nesta geração em benefício do povo de Deus. Trata-se do entendimento de que as bênçãos sobre a igreja derivam justamente de ela estar vivendo os últimos tempos – consistindo, portanto, em um conceito também escatológico, mas por outra perspectiva. Aprofundarei a diferença escatológica entre a paixão milenista e mimética no capítulo 3.

O turismo religioso para Israel pode ser enquadrado também na busca de uma bênção no presente. Embora certos eventos evangélicos em Israel tenham sentido escatológico, como a Festa dos Tabernáculos, não é o que prevalece na viagem bíblica. As palavras-chave que encontrei na propaganda das agências de turismo invariavelmente passam por termos como "Terra Santa", "história bíblica", "fé", "sonho", "experiência", "peregrinação", "bênção", "seguir os passos de Jesus".

44 Esse é o resumo do argumento de Engel registrado em *Começou a Escola Profética 2020*. Disponível em: https://ministerioengel.com/escola-profetica/comecou-a-escola-profetica-2020.

As viagens são experiências físicas que permitem ao crente viver pessoalmente a emoção de repetir os passos dos personagens bíblicos. Por meio da imitação da experiência geográfica, o peregrino aproxima-se mais de Deus, por isso a experiência é a tônica do turismo religioso. A agência Terra Santa, em um breve vídeo de divulgação, afirma o seguinte: "A viagem dos sonhos foi profetizada para transformar a vida dos fiéis". Em seguida, o anúncio da agência propõe aos potenciais clientes a possibilidade de seguir os passos de Jesus em Israel, percorrer outros locais bíblicos e, assim, realizar sonhos nesse caminho de fé.[45]

Resumindo a categoria que defino como paixão mimética: nela, Israel é o alvo da paixão, mas como um povo de Deus a ser imitado, cujos símbolos são desejáveis às comunidades evangélicas. O elemento passado é fundamental por ser portador dos símbolos resgatados para abençoar o crente. O futuro da profecia está se cumprindo, então, devemos olhar para o passado de Israel e nele nos inspirar. De acordo com essa versão, Israel e igreja são distintos, mas com a peculiaridade de serem compreendidos como parte muito literal do mesmo povo de Deus, razão pela qual os símbolos podem ser compartilhados. Por isso, de maneira geral, o Israel contemporâneo e os judeus são símbolos para a igreja e exemplos a serem imitados.

A paixão comercial

Além das motivações milenista e mimética, ambas de origem escatológica, também é preciso levar em consideração o elemento econômico. Não se pode esquecer que a igreja evangélica contemporânea está inserida na lógica da sociedade de consumo e sujeita aos movimentos de mercado de seu ambiente econômico. O capitalismo e o consumismo são uma espécie de pano de fundo que também se faz presente no sentido religioso da existência. Não estou aqui fazendo necessariamente um juízo de valor, uma vez que a economia também existe

45 *Viaje para a Terra Santa com quem é especialista em viagens bíblicas*. Disponível em: https://youtu.be/FULvDMfTHuY.

para dar condições de vida e sustento às pessoas. De qualquer modo, acredito na possibilidade de se pensar em uma espécie de paixão comercial, a qual faz uso dos elementos simbólicos do judaísmo como um produto desejável e passível de comercialização.

Observei as lojas evangélicas que comercializam produtos judaicos. As palavras-chave na publicidade dessas lojas mostram um padrão bastante alinhado ao mercado consumidor de qualquer tipo de empreendimento: "especializado", "personalizado", "inovador", "experiência de compra", "maior distribuidor" – essas são palavras predominantes, algumas vezes convivendo com expressões piedosas, como "evangelização" e "palavra de Cristo". Quando se trata da simbologia judaica, prevalece o vínculo direto com Israel, com garantias, por exemplo, o produto ser "importado de Israel", "kasher", "direto de Israel", entre outras. Assim, penso que podemos imaginar uma paixão comercial alinhada com a paixão mimética, pois o produto deve ser autêntico, oriundo da Terra Santa ou fabricado por judeus – uma espécie de "diferencial de autenticidade do produto".

O turismo religioso para a Terra Santa é a segunda manifestação mais próxima do ideal comercial. Viajar para Jerusalém tem uma longa história desde o início das peregrinações cristãs, que remonta à Antiguidade tardia. Mas convém lembrar que as peregrinações atuais estão inseridas nas relações da modernidade. A lógica do mercado opera sobre a peregrinação atual, fazendo dos lugares sagrados um filão de negócio explorado cada vez com mais intensidade. As viagens religiosas são tratadas como qualquer outra viagem, inclusive as ofertas de bem-estar, deslocamento, hospedagem e atrativos que o empreendimento turístico oferece. Além disso, essas viagens estão inseridas na massificação moderna, dentro de uma indústria que transporta milhares de pessoas em seu período de férias. Essa característica, no entanto, não elimina necessariamente o ato de piedade do crente em sua jornada de fé.[46] Assim, o turismo religioso, especialmente a viagem

46 ABUMANSSUR, Edin Sued. Ciência da Religião aplicada ao turismo. In: PASSOS, João Décio; USARSKI, Frank (orgs.). *Compêndio de ciência da religião*. São Paulo: Paulinas; Paulus, 2013, p. 618-20.

para Israel, apresenta características imbricadas: o sagrado se percebe também como consumo e lazer. Muitos turistas acabam juntando a experiência espiritual à experiência de consumo.[47] É por essa razão que se podem encontrar, em um mesmo lugar de Israel, pessoas piedosas louvando a Cristo ao lado de outras fotografando um sítio arqueológico apenas por sua importância histórica – ou fazendo ambas as coisas ao mesmo tempo. Nossa espiritualidade é um tanto líquida.

Também notei que artigos judaicos eram vendidos na Marcha para Jesus de Porto Alegre, com especial destaque para as bandeiras de Israel, fato exclusivamente relacionado com os evangélicos. Não vi, por exemplo, nenhum desses elementos comercializados em romarias católicas, nas quais prevalecem as peças tradicionais vinculadas à santa ou ao santo venerados. Por fim, não dá para negar que há também algum aspecto comercial na própria atividade profética contemporânea. Cursos de treinamento de profetas pagam seus professores e prometem aos alunos-clientes a satisfação sobre a qualidade da compra como qualquer outro produto. Até mesmo vídeos livres no YouTube são monetizados pelos anúncios automáticos da plataforma e remuneram seus divulgadores. Temas proféticos são um produto de alta procura, especialmente no mercado editorial de livros, cujo segmento escatológico também é rentável.

Resumindo a categoria da paixão comercial: Israel aparece como um produto desejável, cujos símbolos são facilmente adaptáveis à criação e ao desenvolvimento de produtos de consumo, desde cursos e vídeos até objetos de desejo, como pingentes e souvenirs em geral, além de peças para uso litúrgico, como quipás, menorás e *talits*. Nessa vertente, Israel é o fornecedor da autenticidade e da simbologia, e os evangélicos são, ao mesmo tempo, os empreendedores dos negócios e os consumidores de produtos ligados ao povo judeu.

---

47 SILVEIRA, Emerson José Sena da. Turismo Religioso no Brasil: uma perspectiva local e global. *Turismo em Análise*, São Paulo, v. 18, n. 1, p. 33-51, maio 2007. Disponível em: http://www.revistas.usp.br/rta/article/view/62606/65394, p. 35-6.

A paixão por Israel no Brasil

A paixão por Israel é manifesta no cotidiano evangélico brasileiro. Na primeira parte deste capítulo, busquei demonstrar as interpretações relacionadas com Israel na literatura escatológica e no ambiente virtual, relatando ainda alguns posicionamentos favoráveis à nação israelense na forma do sionismo cristão. Em seguida, apresentei o uso de símbolos e costumes judaicos por parte de líderes e igrejas evangélicas, demonstrando amplo uso de elementos como a bandeira de Israel, a estrela de Davi, as festas judaicas, o menorá, o *shofar* e o *talit*. Mencionei também o turismo religioso para a Terra Santa, revelando um mercado de ampla participação evangélica. Por fim, pude ainda mostrar outras aproximações esparsas com a alimentação típica judaica, a suposta prosperidade dos judeus e até mesmo a arte marcial *krav maga*. Enfim, minha conclusão é que qualquer tradição, elemento cultural ou tecnologia oriunda de Israel pode causar admiração e até mesmo fascínio ao evangélico brasileiro.

Isso me levou a tentar classificar esses dados, que apresentei na segunda parte do capítulo. Imagino que há três razões principais para essa paixão dos evangélicos brasileiros por Israel: a milenista, a mimética e a comercial. Mas é importante ressaltar que cada uma dessas motivações não é mutuamente excludente: trata-se de uma classificação do tipo ideal, não existente em forma pura na sociedade. Cada manifestação da paixão por Israel pode ter duas caracterizações, talvez até as três. Um livro sionista cristão é basicamente motivado por uma paixão milenista, por relacionar notícias atuais de Israel às profecias bíblicas e aos adventos da parúsia. No entanto, ele também apresenta em seus argumentos algo da paixão mimética ao exaltar a democracia israelense como um modelo para as sociedades do Oriente Médio e ainda está inserido no mercado editorial, consistindo em uma paixão comercial.

Ou seja, a paixão por Israel é um fenômeno complexo, que apresenta muitos rostos e motivações.

2 IDENTIDADES

"Nós somos o povo do livro." Certamente você já ouviu essa afirmação em algum lugar, ressaltando que nós, os evangélicos, somos apaixonados pela Bíblia. Curiosamente, a expressão "povo do livro", ou "adeptos do livro", tem origem no Alcorão (Surata 3:19-20) e foi cunhada pelo profeta Maomé para se referir a judeus e cristãos cuja fé esteja vinculada a um livro tido como revelado por Deus.

Judaísmo e cristianismo seguem tradições que procedem da mesma origem, e essa origem é um livro: a Bíblia hebraica. Este é meu ponto de partida para compreender as razões pelas quais os evangélicos são apaixonados pelos judeus e por Israel: simplesmente porque amam a Bíblia. Ou seja, entramos no campo da hermenêutica, ou melhor, da hermenêutica filosófica. Os textos bíblicos produzem ações por parte de seus leitores e resultam em identidades. Quem nós somos e como nos compreendemos na qualidade de cristãos e evangélicos, isso está diretamente relacionado com a Bíblia.

Essa é, portanto, minha intuição para entender a paixão por Israel manifesta pelos evangélicos: trata-se de uma paixão produzida pela Bíblia. Neste capítulo, apresentarei os principais conceitos que nos auxiliarão a compreender esse fenômeno.[1]

1 Este capítulo é um resumo da primeira parte de meu terceiro livro da trilogia Povos da Bíblia, intitulado *Nós e a Bíblia*. Se você já leu esse livro, pode até pular este capítulo. Mas recomendo a leitura para retomar os principais conceitos teóricos.

A BÍBLIA COMO FONTE DE NARRATIVAS

A Bíblia, em sua forma canônica final, é um imenso roteiro, com início, meio e fim. Ela começa pela origem do mundo, o Grande Começo de todas as coisas, e se encerra com o Fim da História, o Apocalipse, no qual ocorre o "desenlace" dessa gigantesca trama. A partir dessa organização, e contando com sua popularidade, o Ocidente encontrou nesse livro um fio estruturante de expectativas que estimula, em um nível individual, a busca por um "fim sensato".[2] Ou seja, encontramos sentido no mundo e na existência quando vivemos sob a expectativa de que o tempo e a história começaram em algum momento e terão um desfecho. Isso porque necessitamos ver as coisas realizadas e concluídas.

A Bíblia narra a história humana, ou melhor, a história da salvação de Deus a favor dos humanos. Essa narrativa é encarnada na realidade porque apresenta figuras como Abraão, Moisés ou Davi como portadores de uma vontade divina, mas falhos e sujeitos às desgraças e ao pesar da mão do próprio Deus. Percebemos, em suas histórias, que eles são forjados em momentos de desespero e em situações de angústia. Deus os molda no devir e eles amadurecem ao longo da narrativa. Por isso, para teóricos da literatura como Auerbach, o relato bíblico é essencialmente histórico, mesmo quando apresenta uma ficção, porque se ocupa do acontecer humano.[3]

A Bíblia é realista porque retrata a realidade do mundo e do humano. Entretanto, sua configuração literária está impregnada de teologia. Deus é o único sujeito de todos os fatos narrados, o único a promover qualquer evento, mesmo quando as coisas dão muito errado. As tragédias são apresentadas como julgamento divino, assim como os sucessos acontecem porque Deus interveio com a salvação. Nenhum personagem bíblico tem autonomia: todos estão sob o governo de Deus, a figura central do Antigo Testamento, ou de Jesus, a principal

2 RICOEUR, Paul. *Tempo e narrativa: a configuração do tempo na narrativa de ficção*. São Paulo: WMF Martins Fontes, 2010, v. 2, p. 38-9.

3 AUERBACH, Erich. *Mimesis: a representação da realidade na literatura ocidental*. São Paulo: EdUSP; Perspectiva, 1971, p. 14-7.

figura do Novo Testamento. Assim, o personagem bíblico não tem existência própria. Ele foi incluído na narrativa por sua relação com esse potente sujeito centralizador.[4] O resultado é que o texto bíblico é essencialmente teológico: toda a sua visão de mundo e da história passa por Deus. Até mesmo Moisés empalidece diante de um protagonista tão poderoso.

De que forma a complexa e caótica realidade do mundo humano é apresentada pela Bíblia? Os autores bíblicos abandonaram a típica forma de escrita da Antiguidade, o poema épico, gênero que invocava uma circularidade previsível do mundo, um mito cíclico se repetindo para trazer renovação à realidade. Na Bíblia, o gênero escolhido e aperfeiçoado foi a prosa de ficção, ou a "ficção historicizada", que proporciona flexibilidade e diversidade de recursos narrativos para melhor descrever a imprevisibilidade e a contradição da condição humana.[5] Os autores bíblicos tomaram o fato a ser narrado e o apresentaram em uma expressiva forma literária, segundo a qual fizeram emergir um profundo sentido teológico: tudo o que aconteceu a Israel foi por causa da eleição e das promessas divinas.

A polifonia da Bíblia

O fato de os autores bíblicos terem uma perspectiva teológica da realidade não significa, porém, que a narrativa seja monolítica ou unificada. Pelo contrário, as narrativas bíblicas são intencionalmente indeterminadas, lacunares e ambíguas. Trata-se de um texto que deixa em aberto as causas das ações, as qualidades morais e a psicologia dos personagens. É um texto que raramente explica. Também não revela pensamentos. Descobrir seu significado demanda interpretação e um exame atento das possibilidades que as narrativas oferecem.[6] Exemplo: se Jefté sacrificou ou não sua filha é um assunto debatido até hoje; e o que ele pensou ao fazer tal voto também não é revelado pelo narrador. É nas lacunas de informação que somos chamados à reflexão.

4 MARGUERAT, Daniel; BOURQUIN, Yvan. *Para ler as narrativas bíblicas: iniciação à análise narrativa*. São Paulo: Loyola, 2009, p. 83.
5 ALTER, Robert. *A arte da narrativa bíblica*. São Paulo: Companhia das Letras, 2007, p. 46-58.
6 ALTER, *A arte da narrativa bíblica*, p. 27-8.

Assim, a Bíblia convida-nos com frequência à interpretação justamente porque seu texto é polifônico, não se esgotando em um único sentido. Ela obriga o leitor e sua criatividade a acolher os implícitos e lidar com eles.[7] Sempre que as lacunas se apresentam, somos convidados a imaginar. Quando um texto afirma que "Davi perguntou ao Senhor" (2Samuel 5:19), o que isso significa exatamente? Ele orou e ouviu uma resposta? Sorteou Urim e Tumim para saber a vontade de Deus? O texto não esclarece, e isso é bem típico da narrativa bíblica. Em Abraão, percebemos às vezes que a fala divina acontece em sonhos; em outras, há uma visita de homens estranhos que ele conclui ter sido o próprio Deus – sem falar nas outras epifanias que aparecem em suas narrativas.

No entanto, há mais que isso. A Bíblia não apenas é apenas lacunar em boa parte de suas narrativas, mas também apresenta testemunhos até mesmo discrepantes sobre a ação divina. Por isso, Walter Brueggemann compreende a Bíblia como um discurso sobre Deus, considerando-o um testemunho dos antigos judaítas sobre o que Deus falou a Israel.[8] Esse testemunho está certo da revelação divina, mas de forma bem diferente de como a compreendemos. A Bíblia funciona mais ou menos como um tribunal, no qual diferentes testemunhas apresentam sua visão do que aconteceu. E esses "depoimentos" não são necessariamente iguais.[9] O resultado é que percebemos as diversas maneiras de Deus conduzir o povo de Israel e a diversidade das reações humanas ao agir divino. Veja, por exemplo, o debate que acontece internamente no livro de Jó. Assim, a Bíblia registra um intenso processo de disputa e acordo para acomodar diferentes vozes, como as de monarquistas e antimonarquistas, reis e escravos, ricos e pobres. Por essa razão, afirma-se que a Bíblia é um "livro pluriforme, polifônico", que foi "feito em mutirão".[10]

7 PELLETIER, Anne-Marie. *Bíblia e hermenêutica hoje*. São Paulo: Loyola, 2006, p. 118-9.

8 BRUEGGEMANN, Walter. *Teologia do Antigo Testamento: testemunho, disputa e defesa*. Santo André: Academia Cristã; São Paulo: Paulus, 2014, p. 75

9 BRUEGGEMANN, *Teologia do Antigo Testamento*, p. 177-80.

10 BRAKEMEIER, Gottfried. *A autoridade da Bíblia: controvérsias, significado, fundamento*. 2. ed. São Leopoldo: Sinodal, 2003, p. 14.

O caráter imaginativo da Bíblia

As narrativas bíblicas portam uma imensa carga de metáforas e símbolos que estimulam vividamente a imaginação. Seus textos forneceram a estrutura que forjou a literatura ocidental até o século 18, o que faz da Bíblia a fundadora da tradição imaginativa do Ocidente.[11] A Bíblia, segundo o crítico literário Northrop Frye, é uma modalidade de retórica cuja linguagem básica é a proclamação.[12] Segundo Frye, essa proclamação acontece na Bíblia de três maneiras: pelo mito, pela metáfora e pela tipologia.

Quando falamos em mito, logo se acende um sinal de alerta: "Espere aí, então você quer dizer que os textos da Bíblia são mentiras?". Não é bem por aí: não se trata de contrapor verdade e mito, mas de compreender que certas estruturas da linguagem estão acima da discussão do fato ocorrido. Há duas maneiras de compreender o mito: em sentido amplo, como *mythos*, o enredo ou a narrativa que ordena palavras em uma sequência, em uma história com início, meio e fim e que tenha um sentido; como uma narrativa que tem um significado peculiar porque conta à sociedade o que importa saber sobre suas origens. Por isso, para Frye, os registros bíblicos não estão lá pelo conteúdo histórico factual, mesmo que os possuam, mas por sua profundidade ou por seu significado espiritual.[13] A narrativa do êxodo, por exemplo, é repleta de ocorrências fantásticas, o que a torna única e incomparável com relação a outras histórias. Essa singularidade a transforma em uma "potência mobilizadora" extremamente eficaz, capaz de converter paixão em ação.[14] Assim, o êxodo tem o potencial de sair da esfera do acontecimento do passado para penetrar o campo das narrativas de essência – nesse caso, da libertação de escravos – e se expandir para o futuro. Por se desprender do tempo passado, a narrativa do êxodo estimulou escravizados ou oprimidos de todas as eras a imaginar a própria liberdade.

---

11 FRYE, Northrop. *O código dos códigos: a Bíblia e a literatura*. São Paulo: Boitempo, 2004, p. 9, 18.
12 FRYE, *O código dos códigos*, p. 55. Em minha opinião, o caráter de kerigma ou "proclamação" o aproxima muito da caracterização de Brueggemann do texto bíblico como testemunho.
13 FRYE, *O código dos códigos*, p. 57-9, 65-7.
14 MATA, Sérgio da. *História & religião*. Belo Horizonte: Autêntica, 2020, p. 81.

Outra forma de proclamação é a metáfora. A Bíblia simplesmente está recheada de metáforas, muitas delas explícitas, como quando se afirma que Jesus é a "porta", a "luz" ou o "pão da vida". O Novo Testamento apenas segue uma tradição que remonta às Escrituras hebraicas, segundo as quais Deus é apresentado como uma fortaleza (Salmos 18:2), uma mãe que pariu um filho (Isaías 46:3), um marido sofrendo com a traição da esposa (Oseias 3:1) ou um médico tratando as chagas de um doente (Jeremias 30:17). As metáforas estão nos fundamentos da linguagem bíblica, o que a aproxima da narrativa poética, relacionada com o caráter universal da experiência humana, conforme o conhecido conceito de Aristóteles.[15]

A terceira forma de proclamação é a tipologia. Os autores do Novo Testamento compreenderam que os textos da Bíblia hebraica apontavam para Jesus Cristo, fazendo dele a chave para sua interpretação. As figuras do Antigo Testamento passaram a ser interpretadas como tipos de algo a ser realizado no futuro, nos antítipos, o cumprimento do que era esperado.[16] Assim, o Evangelho de Mateus apresenta Jesus como um novo Moisés, que sobe o monte para proferir seu famoso sermão; o autor de Hebreus o apresenta como o sumo sacerdote real e a oferenda verdadeira em contraposição à Lei e ao Tabernáculo, apenas "sombra" e "modelo" da realidade que se concretizou em Jesus (Hebreus 8:5).

Enfim, o resultado dessas características da Bíblia – o mito, a metáfora e a tipologia – é a ressonância, a capacidade de uma afirmação do passado ganhar significado universal, transcendendo seu tempo e local originais.[17] Os textos do passado adquirem aplicação renovada ou servem de roteiro para novas narrativas. É o caso do êxodo, por exemplo, cuja estrutura – que conta a história de alguém que parte de uma terra da escravidão para a terra prometida da liberdade – é usada também para contar a jornada de Abraão para Canaã, a dos judaítas que retornaram a Jerusalém do exílio na Babilônia e a de Jesus em sua morte e ressurreição durante a Páscoa. Na literatura muçulmana, o

15 FRYE, *O código dos códigos*, p. 91. ARISTÓTELES. *Poética*. Livro IX, p. 50.
16 FRYE, *O código dos códigos*, p. 107-12.
17 FRYE, *O código dos códigos*, p. 256-7.

próprio Maomé é apresentado como um novo Moisés e a hégira (sua fuga de Meca para Medina), como uma espécie de êxodo. Como um exemplo moderno, podemos tomar os puritanos peregrinos, fundadores dos Estados Unidos, que idealizaram sua jornada na América como um êxodo: libertos de um império opressor e rumando a uma terra prometida.

Enfim, a Bíblia, por meio de sua linguagem e estrutura simbólica, traz em si uma imensa potência imaginativa, funcionando como um reservatório de metáforas prontas para serem resgatadas por leitores de todas as épocas. E isso é crucial para compreendermos as razões pelas quais os evangélicos de hoje vivem sob a influência dessas narrativas. É a ressonância da Bíblia atuando sobre nós.

O SER HERMENÊUTICO

De um lado do canal comunicativo, temos a Bíblia e sua potencialidade de ressoar por meio de narrativas, metáforas e símbolos. Do outro lado, temos o leitor, o ser humano. Por isso, nesta seção, iremos considerar nossa experiência humana uma existência interpretativa. Mais que um ser pensante ou introspectivo, somos seres que realizam interpretações da realidade, isso acontece porque a pessoa humana é hermenêutica, regida por signos,[18] símbolos e narrativas que descrevem nosso desejo de viver.[19] Somos seres vivendo no mundo e sentindo tudo aquilo que dele procede. Desejamos compreender o que a realidade apresenta, e o objetivo dessa compreensão é viver de maneira adequada e feliz. Interpretar o mundo é buscar a verdade – encontrar o sentido da existência do mundo e de nós mesmos.

Mas nisso reside uma grande crise. Somos seres finitos. Nossa finitude é demarcada por dois fatos: 1) um dia vamos morrer; 2) nosso entendimento é sempre limitado. Entretanto, para o filósofo Paul Ricoeur (1913-2005), é justamente em nossa busca pela verdade que reside o momento de infinitude do ser humano. Isso porque, enquanto

18 No sentido linguístico de um termo que aponta para algo além de si.
19 GRONDIN, Jean. *Paul Ricoeur*. São Paulo: Loyola, 2015, p. 28.

perseguimos a verdade, compreendemos que nossa própria perspectiva nada mais é que uma das perspectivas possíveis, o que abre para nós a possibilidade da verdade e do infinito – mesmo que parcialmente ou apenas como tentativa de encontrá-la. Por isso, Ricoeur deixou de lado o método filosófico da introspecção e passou a analisar o ser humano pela via da fenomenologia da religião, ou seja, por meio das narrativas míticas. Ricoeur pretendia entender a existência humana por intermédio da análise de seus mitos, que nada mais são que a compreensão das sociedades antigas sobre suas origens.[20]

Segundo essa maneira de investigar a realidade, os textos antigos ganham importância central, pois neles estão as reflexões de seus autores a respeito do mundo. Assim, a hermenêutica deixou de ser um simples método interpretativo e tornou-se uma "teoria de compreensão abrangente do mundo e da existência humana, realizada no meio da interpretação de textos".[21] Os textos estão em íntima relação com a experiência humana. Com isso em mente, iremos analisar o caráter humano em três aspectos: simbólico, litúrgico e narrativo.

O caráter simbólico da experiência humana

Biologicamente, o ser humano pertence ao mundo animal, porém ele não interage com a natureza da mesma forma que os outros seres vivos. Os humanos têm um método próprio de se adaptar ao meio ambiente, marcado pela intermediação de um sistema simbólico entre seu sistema receptor e o sistema de reação. Ou seja, nós não nos limitamos a reagir ao mundo: também pensamos. E, assim, interpretamos todas as experiências. Isso significa que filtramos a realidade por meio da imaginação, levando em conta temores, esperanças, sonhos e fantasias. Por isso, Ernst Cassirer (1874-1945) definiu o humano como *animal symbolicum*.[22]

20 GRONDIN, *Paul Ricoeur*, p. 46-9.
21 KÖRTNER, Ulrich H. *Introdução à hermenêutica teológica*. São Leopoldo: Sinodal; EST, 2009, p. 100.
22 CASSIRER, Ernst. *Antropologia filosófica: ensaio sobre o homem. Introdução a uma filosofia da cultura humana*. São Paulo: Mestre Sou, 1972, p. 49-51.

O símbolo é fundamental para se entender o ser humano. Situado no nível profundo da linguagem, é repleto de expressões de múltiplos significados. Por isso, Paul Ricoeur define símbolo da seguinte forma:

> Chamo símbolo toda estrutura de *significação em que um sentido directo, primário, literal, designa por acréscimo um outro sentido indirecto, secundário, figurado, que apenas pode ser apreendido através do primeiro.* Essa circunscrição das expressões com sentido duplo constitui precisamente o campo hermenêutico.[23]

Carl Jung (1875-1961) apresenta uma definição semelhante em seus estudos da psiquê humana. O símbolo seria "um termo, um nome ou mesmo uma imagem que pode ser familiar na vida cotidiana, embora possua conotações especiais além do seu significado evidente e convencional".[24] Por isso, palavras ou imagens são simbólicas quando implicam algo mais que o significado manifesto imediato.[25] Mircea Eliade (1907-1986) compreende os símbolos como expressões de um sistema de afirmações coerente com a realidade final das coisas (a realidade metafísica), produto de uma ontologia original que impulsiona o desejo humano de participar da realidade transcendente.[26] Existe aqui um eco de Rudolf Otto (1869-1937) ao explorar as reações racionais e irracionais ao sagrado como elementos presentes *a priori* no espírito humano.[27] Ou seja, tanto para Jung quanto para Eliade e Otto, a essência do humano é marcada por sua relação simbólica com o mundo.

Uma breve ilustração pode ser útil aqui. Pense na palavra "água". O sentido literal é o componente físico composto de hidrogênio e oxigênio, base fundamental da vida no planeta. Entretanto, no nível da linguagem, "água" pode remeter a outras expressões comunicativas. A palavra pode ser relacionada ao caos anterior à Criação, ao Dilúvio, à submersão de continentes como a Atlântida, à morte ritual pelo batismo (seguido da ressurreição ao emergir das águas), à purificação

---

23 RICOEUR, Paul. *O conflito das interpretações. Ensaios de hermenêutica*. Porto: Rés, 1988, p. 14.

24 JUNG, Carl (org.). *O homem e seus símbolos*. Rio de Janeiro: HarperCollins Brasil, 2016, p. 18.

25 JUNG, *O homem e seus símbolos*, p. 19.

26 ELIADE, Mircea. *O mito do eterno retorno: arquétipos e repetição*. Lisboa: 70, 1984, p. 17-9.

27 OTTO, Rudolf. *O sagrado: os aspectos irracionais na noção do divino e sua relação com o racional.* São Leopoldo: Sinodal;EST; Petrópolis: Vozes, 2007, p. 173.

dos pecados etc.[28] Assim, a água tem um sentido original que, pelo caráter duplo do símbolo, remete a outras compreensões da existência humana.

Portanto, o símbolo dá sentido por meio de um sentido. O significado literal, primário (e muitas vezes físico), dá lugar a um significado figurado, espiritual, existencial e ontológico, entendido apenas por designação indireta. O resultado disso é que o símbolo também é aberto, e sua natureza faz com que ele nunca acabe de dizer – ou seja, seus possíveis sentidos nunca se esgotam.[29] Não é fácil extrair seu ensinamento. Se o símbolo fosse plenamente explicado, deixaria de existir. Por isso, Ricoeur afirma que o "símbolo dá o que pensar".[30] O que o símbolo oferece não é algo acabado, mas algo para refletir, e a reflexão é o resultado da abertura típica do símbolo.

As aplicações do símbolo

O símbolo é universalmente aplicável, pois contém camadas de significado que se manifestam de formas variadas, tanto no nível verbal quanto no visual – quando aparece em elementos gráficos, por exemplo. Ele pode expressar o mesmo sentido em vários idiomas, assim como o símbolo da cruz é imediatamente associado ao cristianismo em toda a parte ocidental do mundo (e também em outros lugares), apesar das diferenças linguísticas e culturais dessas sociedades. Ao mesmo tempo, uma ideia pode ser expressa por diferentes símbolos em um mesmo idioma ou cultura. Um exemplo na Antiguidade é o deus Hórus, o deus-falcão do Egito, que podia ser representado como um falcão, um bebê no colo de sua mãe (Ísis) ou pelo amuleto "olho de Hórus". Todos fazem parte do mesmo conjunto de sentidos, pelo vínculo com a mesma divindade, a despeito de serem figuras absolutamente distintas entre si. Em ambos os exemplos, observamos que objetos e sinais simbólicos podem adquirir um valor sagrado por aparecerem como ornamentos na representação visual de uma divindade.

---

28 ELIADE, Mircea. *Tratado de história das religiões*. 5. ed. São Paulo: WMF Martins Fontes, 2016, p. 172-3.
29 RICOEUR, *O conflito das interpretações*, p. 29.
30 RICOEUR, Paul. *A simbólica do mal*. Lisboa: 70, 2019, p. 366.

Afinal, não há nada de intrinsecamente sagrado em uma cruz ou em um falcão. Além disso, os símbolos – que, como vimos, participam de sistemas – passam a encarnar em si mesmos todo o sistema, apesar de serem apenas parte do conjunto.[31]

Esse fenômeno não se dá apenas na religião, onde é possível perceber uma variedade e uma criatividade incríveis, seja na cruz do cristianismo, seja no Magen David do judaísmo, no Hilal do islamismo ou no Yin-Yang do taoísmo. Seus recursos imaginativos e a capacidade de engajamento são amplamente explorados também no mercado capitalista e na iconografia nacionalista dos Estados modernos. Observe o mundo mercadológico. Quem não conhece o Swoosh da Nike, abstração que remete a velocidade e ação? Ou a maçã da Apple, estampada no computador em que escrevo este livro? Mas em que sentido uma maçã representa uma empresa de tecnologia? Além disso, deve-se considerar que é uma maçã mordida. Esse detalhe já acende um sinal de alerta a qualquer bom observador, pois remete a séculos de representações da Queda na arte sacra. O mesmo se dá com a simbólica nacionalista. Todos os países modernos necessitam de símbolos para criar a ideia de pertencimento da nação. As bandeiras talvez sejam os mais importantes símbolos nacionais, acompanhados de um vasto arsenal de brasões, hinos, panteão de heróis e figuras emblemáticas como a águia norte-americana, o urso russo e o leão israelense.

Somos seres simbólicos, compreendemos a nós mesmos por meio de uma linguagem marcada por símbolos que revelam a profundidade de nossa experiência no mundo e no tempo. Entretanto, há mais a ser considerado, uma vez que os símbolos são articulados em liturgias.

O caráter litúrgico da experiência humana

Não somos simples receptáculos de ideias e crenças. Somos seres intencionais. Vivemos com "alvos", participamos da realidade como atores do mundo. Nós o navegamos, dele fazemos parte com corpos e emoções. Ou seja, não o contemplamos de forma isenta. Sim, somos

31 ELIADE, *Tratado de história das religiões*, p. 363, 369.

seres pensantes que intermedeiam o mundo pela mente, mas habitamos corpos, o que implica traumas, cicatrizes, esperanças e tudo o mais que compõe o pacote humano. Não somos orientados apenas pela cabeça, mas pelas mãos e pelo coração. O centro da pessoa humana não é seu aspecto cognitivo, mas o afetivo.[32] Mais do que a razão, é a emoção que nos conduz nesse mundo.

O que orienta nossas intenções? Inspirado em Agostinho, o teólogo James K. A. Smith considera a pessoa humana um ser que ama, um agente que traz em si uma estrutura de desejo. Não há amor ou desejo no vácuo; sempre há algo a ser amado ou desejado. Ou seja, somos seres teleológicos, pois nosso amor está voltado para determinados fins. Independentemente do objeto desejado, nosso propósito é ter uma vida boa. Queremos algo que nos traga satisfação, e esse algo que nos satisfaz não é um conjunto de ideias abstratas ou doutrinas, mas uma imagem moldada pela imaginação. Simplesmente imaginamos o que é uma vida feliz e a buscamos. Mas de onde procedem essas ideias e imagens do que seria essa vida feliz? Elas não provêm de dissertações e teses acadêmicas, mas dos mitos, livros, filmes e histórias.[33]

Observe que as histórias são contadas e, portanto, são sempre comunitárias. Não existe história privada, apenas a expressão de uma coletividade, repassada de pessoa a pessoa. Portanto, as narrativas que nos fornecem imagens de uma vida feliz fazem parte de um imaginário social que tem dois aspectos: é recebido dos outros e compartilhado com os outros. Assim, constitui uma visão da vida social com orientação para a própria vida social. O motor do imaginário social que nos move é afetivo – não está na racionalidade, mas na emoção. Com base nesse conjunto de histórias vividas, as pessoas compreendem a realidade do mundo de modo precognitivo, antes mesmo de racionalizar a existência.[34]

---

32 SMITH, James K. *Desejando o reino: culto, cosmovisão e formação cultural*. São Paulo: Vida Nova, 2018, p. 46-49.
33 SMITH, *Desejando o reino*, p. 50-3.
34 SMITH, *Desejando o reino*, p. 66-9.

O desejo humano moldado pelas liturgias

Abordamos dois conceitos importantes: 1) o ser humano é um ser teleológico que deseja algo baseado no amor e que, em última instância, lhe projete uma vida feliz; 2) é o imaginário social, por meio das narrativas, que molda na pessoa humana imagens de como seria essa felicidade. Mas como o desejo de uma pessoa pode ser moldado pela comunidade? Por meio do hábito. Como afirma Pierre Bourdieu (1930-2002), o *habitus* é uma prática cotidiana que imprime nos indivíduos a disposição comunitária e política da tradição em que estão inseridos. Esse conjunto de disposições que herdamos condiciona nossas respostas de forma inconsciente: participamos da prática comunitária sem pensar.[35]

Ou seja, aquilo que repetimos constantemente acaba formando hábitos que governam nossas ações. Por isso, as comunidades as mais diversas – ou suas lideranças, para ser mais exato – criaram liturgias, que, por sua vez, forjam hábitos na coletividade. Participamos de liturgias em praticamente todas as ocasiões pelas quais nutrimos certo entusiasmo: nos atos cívicos relacionados à pátria; nas cerimônias de formatura em uma universidade; nos estádios, quando cantamos o hino e palavras de ordem de nosso time do coração ("Vamos, vamos, Inter"); nos cultos, em que celebramos a história da salvação ao comer o pão e beber o vinho na ceia do Senhor.

As liturgias unem os mitos fundadores aos símbolos em um ritual que reproduz e amplia em nós o desejo pela coisa reverenciada. Por isso, como Smith afirma, "as liturgias são práticas rituais que funcionam como pedagogias do desejo supremo".[36]

O caráter narrativo da experiência humana

Nosso mundo é caótico. Os acontecimentos se sucedem de maneira dispersa, sem um sentido próprio. Então, como dar significado ao que acontece conosco e, em última instância, à nossa existência? Para o

---

35 Segundo a análise que James Smith faz da obra de Bourdieu em SMITH, James K. A. *Imaginando o reino: a dinâmica do culto*. São Paulo: Vida Nova, 2019, p. 102-5.
36 SMITH, *Desejando o reino*, p. 88.

filósofo Paul Ricoeur, organizamos o caos da existência quando contamos uma história e, assim, articulamos os acontecimentos em uma narrativa com começo, meio e fim. Ou seja, quando lhes atribuímos um sentido, uma direção. Por isso, "o tempo torna-se tempo humano na medida em que está articulado de modo narrativo".[37]

A experiência da vida demanda narrativa. O psicólogo, por exemplo, incentiva seu paciente a relatar suas vivências, seus sonhos e suas frustrações, a fim de fazê-lo revelar histórias não contadas e organizar seu pensamento em torno de narrativas significativas, nas quais ele consegue assumir seu papel e integrá-las à sua identidade pessoal. Ao organizar na mente os fatos de seu passado, a pessoa consegue responsabilizar-se por si mesma.[38]

A necessidade de narrar para compreender a própria existência não é típica apenas dos indivíduos, mas também de toda associação humana. Por isso, o Estado precisa contar a história da nação que governa forjando um sentimento patriótico em sua população; os clubes de futebol produzem documentários e literatura que abordam as "lendas" do passado, os grandes feitos desde a fundação até a atualidade, a fim de incentivar os torcedores a ampliar sua identificação; as denominações cristãs produzem uma história eclesiástica, em que os santos do passado explicam suas origens e orientam nosso presente. Enfim, a experiência humana, seja individual, seja coletiva, requer narrativa.

O entrecruzamento de história e ficção

O processo de organizar nossa história não acontece apenas por meio dos fatos do passado. Organizamos também nossa existência por meio da ficção. Somos leitores não apenas da vida, mas de livros, tanto históricos quanto de ficção. A leitura é um processo "democrático". Assim, minha aproximação com a Grécia antiga se deu não apenas pela leitura de uma obra historiográfica como *As origens do pensamento grego* (de Vernant), mas também da ficção *Ilíada* (de Homero) e dos quadrinhos *Os 300 de Esparta* (de Frank Miller).

37 RICOEUR, Paul. *Tempo e narrativa: a intriga e a narrativa histórica*. São Paulo: WMF Martins Fontes, 2010, v. 1, p. 93.
38 RICOEUR, *Tempo e narrativa*, v. 1, p. 128.

Ou seja, minhas percepções a respeito do mundo grego vieram de fontes históricas e ficcionais.

O curioso é que esse entrecruzamento de narrativas históricas e ficcionais não ocorre apenas na recepção, ou seja, no leitor, mas também na própria intencionalidade dos autores. É o que Paul Ricoeur explica brilhantemente em *Tempo e narrativa*. Segundo ele, tanto a história quanto a ficção só concretizam a própria intencionalidade ao tomar por empréstimo a intencionalidade da outra.[39] Ou seja, os autores de história e de ficção adotam técnicas uns dos outros para escrever seus textos. Os acontecimentos históricos e as invenções ficcionais são paralelos e constituem vertentes da mesma arte de compor uma trama.[40] Isso pode ser explicado pelo simples fato de que não é possível contar uma história sem criar um enredo no qual um início é marcado e um sentido é delineado, em uma sequência lógica que estabelece um roteiro até sua conclusão. Os historiadores, então, inventam um "ponto zero" para começar a contar a história que, a rigor, não tem início. Também selecionam os fatos que a comunidade considera relevantes, enquanto outros são ignorados. Assim, há um processo de "ficcionalização" quando contamos uma história real. O mesmo ocorre do lado ficcional: todo autor de ficção imagina a história que contará como se tivesse ocorrido no passado (mesmo que use outro tempo verbal, a narrativa já aconteceu no passado de sua mente). Além disso, para atingir a verossimilhança, ele precisa contar algo que "poderia ter acontecido", incluindo as potencialidades do real que não se concretizaram na realidade. Com isso, a ficção pode exercer uma função libertadora por conter os "possíveis" escondidos no passado efetivo. Acaso não nos sentimos realizados ao ver uma história ficcional terminar bem? Não esconde ela um potencial de bem que desejamos e que, muitas vezes, não vemos no mundo real?

O que acontece em nossa experiência com o tempo é que tanto as histórias reais, que lemos em obras históricas ou verificamos no cotidiano, quanto as narrativas imaginadas, que encontramos nas obras

39 RICOEUR, Paul. *Tempo e narrativa: o tempo narrado*. São Paulo: WMF Martins Fontes, 2010, v. 3, p. 311.
40 RICOEUR, *Tempo e narrativa*, v. 2, p. 271.

ficcionais, compõem nossa vida. Tanto os acontecimentos quantos os filmes a que assistimos moldam nossa percepção de mundo. Enfim, os personagens ficcionais estimulam nossas ações tanto quanto os reais, porque tratam da realidade essencial de nós mesmos, e isso é especialmente relevante se pensarmos que nós, cristãos, somos em grande parte moldados pelas histórias bíblicas – tanto as reais quanto as ficcionais. Somos chamados a agir como o existente Paulo, mas também como o inventado "bom samaritano", o que é fundamental para compreendermos nossa paixão por Israel.

AS IDENTIDADES NARRATIVAS

A experiência humana é marcada por seu caráter simbólico, tanto pela linguagem quanto pelo universo visual em que estamos mergulhados. Além disso, também é caracterizada pelo caráter litúrgico, pois somos regidos pelos afetos produzidos em nós – muito mais pelas liturgias coletivas que vivenciamos ao longo da vida que pelas decisões racionais. Por fim, descobrimos que compreendemos nossa vida de forma narrativa, pois contamos histórias para entender quem somos, e a soma dessas características faz emergir a identidade narrativa.

Identidades narrativas individuais e coletivas

Quando se pergunta a alguém: "Quem você é?", a resposta deverá passar necessariamente por uma narrativa. Se alguém me fizer essa pergunta, posso dizer o que sou: designer, historiador, teólogo... Mas isso diz pouco sobre quem eu sou. Para explicar como cheguei a exercer esse conjunto de atividades, tenho necessariamente de narrar algumas boas histórias de minha vida, de modo que meu interlocutor tenha uma ideia aproximada de "quem é André Reinke". Por isso, Paul Ricoeur afirma que "a identidade do quem não é mais do que uma identidade narrativa".[41] Essa identidade não é configurada apenas

41 RICOEUR, *Tempo e narrativa*, v. 3, p. 418.

pelos acontecimentos da vida (ou seja, os fatos históricos), mas também pelas histórias inventadas (as ficções). Ela é composta pelos romances que lemos, pelas ideias que chegaram a nós pela ficção, pelos filmes a que assistimos. Quando nos emocionamos com obras ficcionais, é porque, de alguma forma, aquela narrativa passou a fazer parte de nós.

Ao tratar da construção das identidades narrativas, é notável que Paul Ricoeur tenha tomado como exemplo justamente o povo bíblico do Israel antigo. Nesse sentido, ele demonstra que as identidades narrativas também são coletivas. E, como ele observa com muita propriedade, as narrativas canonizadas na Bíblia hebraica revelam o caráter do povo que produziu as histórias dos patriarcas, do êxodo e de todo o restante. Naquelas histórias, emergem as crenças sobre "eleição", "libertação da escravidão", "estar peregrino no mundo", entre outras características que acompanham esse povo até hoje. O filósofo conclui que a relação de Israel com os textos de seu passado é circular: "A comunidade histórica que se chama povo judeu tirou sua identidade da própria recepção dos textos que ela produziu".[42] Ao longo dos séculos, o povo judaico foi modelando sua identidade a partir da leitura, da reflexão e da interpretação dos textos que ele mesmo produziu no passado.

No entanto, existem alguns limites nessa identidade, uma vez que ela não é estável, pois sempre podem surgir novas tramas que alterem a narrativa. Além disso, a identidade não esgota o que é a pessoa ou o coletivo. Somos mais que aquilo que narramos a respeito de nós mesmos.

Outro fator notável é que a identidade narrativa não é composta apenas por passado e presente, mas também por aquilo que esperamos do futuro; ou seja, nossa identidade está em suspenso e também é uma "identidade prospectiva", como observa Paul Ricoeur. O que pensamos sobre nós mesmos "é também aquilo que esperamos e aquilo que ainda não somos".[43] Nesse sentido, perceba a importância da Bíblia na formação de uma identidade que aponta para o futuro. O texto bíblico está repleto de utopias, identificadas como profecias ou promessas.

42 RICOEUR, *Tempo e narrativa*, v. 3, p. 421.
43 RICOEUR, Paul. *A ideologia e a utopia*. Belo Horizonte: Autêntica, 2017, p. 363.

Assim, a Bíblia é uma fonte de identidades construídas sobre projetos de esperança, com o olhar fixo no futuro. Nós também somos aquilo que imaginamos e desejamos, e isso será importante quando tratarmos da escatologia e da relação evangélica com o atual Estado de Israel.

A identidade narrativa é especialmente relevante quando se trata de comunidades religiosas do judaísmo e do cristianismo, que, como já mencionei, são os "povos da Bíblia". Somos regidos por um livro, e esse livro forja muito daquilo que somos ou queremos ser. Por meio das ressonantes características da Bíblia e do caráter hermenêutico do ser humano, acabamos nos tornando "imitadores" de personagens e narrativas bíblicos. Associamos as experiências daqueles homens e mulheres do Israel antigo às nossas experiências com Deus, tanto individualmente quanto na igreja. Como afirma o teólogo Ulrich Körtner, nossa interpretação ocorre por meio de "encenações mimetizadas", por meio de "extensões das histórias bíblicas na vida atual".[44] Quantos de nós leram os salmos de Davi angustiados com os pecados dele como se fossem nossos? Quantas mulheres estéreis se identificaram com o drama vivido por Sara, Ana e Raquel?

Enfim, nossa identidade, tanto individual quanto eclesiástica, está intimamente atrelada à grande narrativa da Bíblia.

Identidades narrativas nacionais

Entendo que as identidades narrativas podem ser individuais ou coletivas, por isso iremos analisar a construção das identidades nacionais. É importante compreender essas configurações, porque mais adiante analisaremos de que forma as relações internacionais entram em jogo quando se trata da paixão dos evangélicos por Israel.

Como demonstra o historiador Benedict Anderson (1936-2015), as nações contemporâneas emergiram no final do século 18, quando surgiu na Europa um modelo que viria a ser replicado nas demais nações do mundo. Anderson define nação como uma comunidade imaginada, imitada e soberana. A nação é uma comunidade que vê a si

44 KÖRTNER, *Introdução à hermenêutica teológica*, p. 160.

mesma como uma camaradagem (apesar de seus membros viverem em classes sociais distintas e em severas disputas). É imaginada porque seus membros jamais conhecerão todos os membros que a compõem (na verdade, eles encontrarão apenas uma pequena parcela do grupo). Também é limitada porque estabelece fronteiras físicas, delimitando um território (chamado "pátria"). Por fim, é soberana porque sua legitimidade se baseia em um Estado, que a governa.[45]

No entanto, para que milhões de pessoas se sintam parte de uma comunidade tão ampla, é necessário haver uma base ideológica que integre a pluralidade de indivíduos em uma mesma identidade coletiva. Por isso, o antropólogo Ernst Gellner (1925-1995) recorda que há um aspecto subjetivo, cultural e voluntarista no nacionalismo, o qual se constitui a partir de convicções, fidelidade e solidariedade baseadas em pessoas que se reconhecem com direitos e deveres mútuos.[46] Ou seja, há uma base plantada na cultura dessa coletividade que se identifica como parte de um mesmo país. Mas é interessante constatar como esse sentimento não depende de uma base étnica – especialmente em países americanos, por exemplo. Como isso se resolve? Por meio das narrativas de independência (como a do Brasil) ou de unificação nacional (como a da Alemanha).

Havendo uma narrativa consolidada, é preciso criar a liturgia nacionalista. A emoção é indispensável para consolidar, entre um povo, a ideia de pertencimento. Os Estados nacionais, assim que foram criados, logo perceberam que era necessário forjar um vínculo emocional entre o povo e a ideia de nação. E em que lugar eles encontraram um bom exemplo de como unir diferentes pessoas em torno de um mesmo ideal, uma ideia de que poderiam ser reunidas por uma mesma instituição? Na Igreja Católica Romana. Assim, os simbolismos e as liturgias cristãs serviram de modelo para a política. Como aponta o historiador Fernando Catroga, a fidelidade nacionalista transportou uma fórmula religiosa para o contexto secular, fazendo emergir uma nova forma de sacralidade, agora na política, por meio de mitos e ritos

45 ANDERSON, Benedict R. *Comunidades imaginadas: reflexões sobre a origem e a difusão do nacionalismo*. São Paulo: Companhia das Letras, 2008, p. 28-34.
46 GELLNER, Ernst. *Naciones y nacionalismo*. Madri: Alianza, 2001, p. 20.

nacionais.[47] Assim, os nacionalistas passaram a imitar a tradição cristã criando festas civis em espaços públicos, proporcionando aos indivíduos da nação uma imagem que projetasse um senso de pertencimento. A escola também desempenhou um papel importante ao educar o povo sobre a história gloriosa do país, ao mesmo tempo que ensinava seus ritos cívicos.[48]

Assim, todos os países, à medida que foram surgindo, também passaram a criar suas narrativas de independência ou de revolução, a fim de forjar seus nacionalismos. Criaram bandeiras, hinos e símbolos pátrios em complexas liturgias que fixavam e reforçavam seus mitos fundadores. No caso americano, por exemplo, a imaginação nacional se deu em torno da ideia de "povo escolhido de Deus", cujo Destino Manifesto é a unção divina para liderar as nações. O Deus da Bíblia se tornou, no caso deles, um Unificador Nacional, um deus cívico. No caso francês, houve um rompimento entre igreja e Estado, fazendo com que a pátria ocupasse o lugar de Deus ao canonizar um panteão de heróis nacionais como verdadeiros "santos cívicos". No Brasil, foram principalmente os positivistas que se empenharam na ideia nacionalista, a ponto de colocar na bandeira um lema positivista: "O amor por princípio, a ordem por base e o progresso por fim". Assim, o amor foi excluído quando se resumiu o enunciado na frase "Ordem e progresso" do lábaro nacional. O hino brasileiro explicita seu caráter religioso ao proclamar "Ó Pátria amada, idolatrada, salve! Salve!".

Como bem observa o historiador Eric Hobsbawm (1917-2012), os governantes perceberam a importância dos elementos irracionais na manutenção da ordem social, o que levou à criação de uma espécie de religião cívica.[49] Desse modo, a devoção nacionalista é alimentada por um gigantesco aparato litúrgico, com a intenção de criar no povo da nação um *habitus* que forje e mantenha seus desejos voltados para a pátria.

---

47 CATROGA, Fernando. *Entre deuses e césares: secularização, laicidade e religião civil. Uma perspectiva histórica*. Coimbra: Almedina, 2006, p. 96-7.
48 CATROGA, *Entre deuses e césares*, p. 132-3.
49 HOBSBAWM, Eric. *A invenção das tradições*. 12. ed. Rio de Janeiro: Paz e Terra, 2018, p. 339-40.

As identidades judaica e cristã

Vamos dar seguimento à compreensão das identidades narrativas coletivas tratando agora do judaísmo e do cristianismo. Ambos têm suas raízes na Bíblia hebraica. Todo o universo linguístico judaico e cristão deriva da Bíblia e é moldado por suas metáforas e potenciais de sentido. Judeus e cristãos, ao revisar as metáforas bíblicas, desenvolveram teologias próprias, subdividindo-se em muitos sistemas individuais.

Não pretendo contar aqui toda a história hermenêutica que já apresentei no livro *Nós e a Bíblia*. Para maiores detalhes, sugiro a leitura deste. Retomaremos aqui apenas as principais características hermenêuticas que viriam a diferenciar, de modo significativo, as duas tradições.

A identidade judaica

O judaísmo rabínico desenvolveu-se a partir do judaísmo do primeiro século, especialmente aquele derivado dos sábios e fariseus. Não houve mudança significativa com relação à Antiguidade: a tradição hermenêutica judaica manteve-se firmemente estabelecida na *Torá*. A destruição do Templo, em 70 d.C., e o fim das esperanças messiânicas (as duas guerras contra os romanos tiveram "messias" como líderes) levaram o judaísmo a colocar a *Torá* como o alicerce fundamental de seu pensamento, enquanto os aspectos messiânicos foram desenvolvidos pelo cristianismo.[50]

Depois do movimento que considerou o cânon da Bíblia hebraica fechado (cerca de 90 d.C.), o judaísmo deu continuidade a um intenso processo de leitura e interpretação daquele texto. A palavra *miqrah* designa o texto escrito da *Torá*, enquanto *midrash* se refere ao modo de pesquisa que produz novos textos a partir de uma releitura das Escrituras. Ele parte da interpretação à luz da *Torá* oral (ou tradição oral), que dava o "sentido verdadeiro" do texto.[51] Ou seja, a hermenêutica judaica segue uma tradição cumulativa de sentido, cuja devoção à *Torá*

50 TREBOLLE BARRERA, Julio. *A Bíblia hebraica e a Bíblia cristã: introdução à história da Bíblia*. Petrópolis: Vozes, 1995, p. 562.
51 PELLETIER, *Bíblia e hermenêutica hoje*, p. 87-8.

resultou em uma imensa produção literária comunitária e rabínica ao longo dos séculos.

O processo foi longo. Depois do cânone, os escribas passaram a fixar a *Torá* oral, que teria sido dada por Deus a Moisés no Sinai. O resultado da transcrição dessas tradições, compiladas por mestres chamados tanaím, recebeu o nome de Mishná, trabalho concluído pelo rabi Judá (c. 135-217) no início do século 3, quando ele dividiu os temas da lei judaica (Halachá) em seis grandes categorias, subdivididas em materiais menores.[52]

Concluída a codificação da Mishná, teve início a era dos amoraím, seus intérpretes. Em um período que se estendeu desde o ano 200, aproximadamente, até 500, os amoraím tornaram-se os mentores do povo judeu e desenvolveram, na Babilônia, um importante centro de estudos judaicos. Com o tempo, foram fazendo uma série de acréscimos (Tosefta) à Mishná, além de comentários à *Torá*. Foi na Babilônia que esse material, além de debates legais, citações éticas, exegese bíblica, regras rituais e litúrgicas, narrativas e homilias, foi compilado em um volume denominado *Talmude* babilônico.[53] O trabalho de editoração do *Talmude* consistiu em resumir as discussões de cada geração, desde o século 5 até o século 18, pelo menos, produzindo, assim, um verdadeiro simpósio de opiniões sobre problemas legais e registrando debates, conclusões e também soluções alternativas e propostas rejeitadas.[54] Em outras palavras, a partir da *Torá* o *Talmude* se desdobra em comentários de comentários, além de sugestões de correções sobre os manuscritos, o que resultou em um debate milenar.

Nesse sentido, como afirma o rabino Steinsaltz (1937-2020), o *Talmude* é o coração da identidade judaica, seu pilar central. Há uma imensa variedade na cultura judaica, inclusive no campo filosófico secular, mas essa diversidade está, de alguma forma, ligada ao *Talmude*.[55]

52 STEINSALTZ, Adin. *Talmud essencial*. São Paulo: Sêfer, 2019, p. 60-81.
53 GOODMAN, Martin. *A história do judaísmo*. São Paulo: Planeta, 2020, p. 309-10.
54 STEINSALTZ, *Talmud essencial*, p. 98.
55 STEINSALTZ, *Talmud essencial*, p. 308.

A identidade cristã

O cristianismo nasceu no judaísmo do primeiro século. Os primeiros seguidores de Jesus eram judeus e criam que ele era o Messias de Israel. Por isso, eram chamados pelos demais judeus de natzaratim ou notzrim, os "nazarenos", por causa de sua ligação com o crucificado de Nazaré.[56]

A crença fundamental desse ramo do judaísmo era que, na pessoa de Jesus, chegava o reino de Deus, aguardado havia séculos. Os olhos de seus discípulos se abriram, e então eles compreenderam o que os profetas realmente estavam afirmando. Nas cartas paulinas, encontramos o princípio hermenêutico que marcou a interpretação dos textos da antiga profecia pelo movimento de Jesus: a tipologia. Por exemplo, Adão foi visto como um tipo daquele que viria, seu antítipo: o velho homem em contraste com o novo homem, Jesus (Romanos 5:14). Da mesma forma, Sara e Agar foram interpretadas como alegorias da aliança do Sinai e da nova aliança (Gálatas 4:24). Antigas narrativas passaram a ser vistas como uma antecipação de acontecimentos vividos no tempo dos apóstolos: eram arquétipos do que viria a se concretizar em Cristo. Assim, a interpretação tipológica expressava a relação entre o texto e o leitor como promessa e cumprimento.[57] Com base nessa compreensão, os judeus seguidores de Jesus – e os gentios convertidos – escreveram seus textos, dando origem ao Novo Testamento.

Jesus era o cumprimento das Escrituras hebraicas e se tornou a chave hermenêutica para a compreensão do passado de Israel. Seus discípulos estavam vivendo o "ponto culminante da história de Israel".[58] Por isso, registraram suas experiências com o Messias contando a vida de Jesus como o personagem central de um novo êxodo. Desse modo, a estrutura literária dos Evangelhos é idêntica ao livro mosaico: Jesus se levanta como um líder (Moisés) contra a tirania dos poderes de Satanás e da morte (como o faraó), e, no momento da salvação, ocorre o sacrifício do Cordeiro de Deus (como o cordeiro pascal), que obtém

56 STERN, David H. *Comentário judaico do Novo Testamento*. São Paulo: Didática Paulista; Belo Horizonte: Atos, 2008, p. 291.
57 KÖRTNER, *Introdução à hermenêutica teológica*, p. 136-7.
58 WRIGHT, Nicholas Thomas. *Como Deus se tornou rei*. Rio de Janeiro: Thomas Nelson Brasil, 2019, p. 83.

a vitória na ressurreição (como a travessia do mar). Jesus vocaciona os discípulos (em número de doze, como as tribos), entrega-lhes a lei em um monte (como o Sinai), com a presença de Deus pelo Espírito Santo (como o Tabernáculo) e a promessa de novos céus e nova terra (a Terra Prometida). A própria celebração da Páscoa adquire novo significado com a instituição da ceia do Senhor.[59]

Ou seja, se a *Torá* é o mito fundador da Bíblia hebraica e da tradição judaica, a narrativa de Jesus é o mito central do cristianismo, e os Evangelhos são seus documentos fundacionais.[60] Em outras palavras, se o pilar central da identidade judaica é o *Talmude* (baseado na *Torá*), a pedra angular do cristianismo é Cristo. Para os judeus, o centro é o livro; para os cristãos, é a pessoa de Jesus de Nazaré.

OS CRISTÃOS, OS JUDEUS E O MUNDO

O cristianismo não se limitou a entender que Jesus cumpria as expectativas das Escrituras hebraicas. Além de ser o Messias de Israel e do reino de Deus, a inovação com relação ao judaísmo foi a nova condição dos gentios. Com a crescente chegada de não judeus às comunidades de nazarenos, a percepção de quem era o Israel de Deus foi ampliada. A conclusão dos apóstolos foi que Deus trouxe pessoas dentre as nações para constituir um povo para si (Atos 15:10). Assim, a comunidade judaico-gentílica via a si mesma como uma versão expandida de Israel.[61]

O livro de Atos apresenta uma narrativa segundo a qual o Espírito Santo impulsiona os discípulos a proclamar o Messias de Israel "até os confins da terra". A pregação aos gentios é a conclusão do livro de Atos, quando o apóstolo das gentes apresenta sua teologia à comunidade judaica de Roma e o Messias crucificado é rejeitado (Atos 28:16-31). O episódio funciona como corolário do livro: o anúncio

59 WRIGHT, Nicholas Thomas. *Simplesmente Jesus*. Rio de Janeiro: Thomas Nelson Brasil, 2020, p. 219-21.
60 WRIGHT, *Como Deus se tornou rei*, p. 128-9. Lembrando que estamos tratando de mito aqui como "histórias que as comunidades contam para explicar e dar direção à própria vida".
61 GOLDINGAY, John. *Teologia bíblica: o Deus das escrituras cristãs*. Rio de Janeiro: Thomas Nelson Brasil, 2020, p. 89.

do Messias é feito em primeiro lugar aos judeus, mas é rejeitado por grande parte deles, então passa a ser anunciado aos gentios.[62]

Embora o movimento de Jesus tenha tido origem judaica e existido por algumas décadas no âmbito do judaísmo, sua tendência foi a universalização.

O cristianismo em direção ao mundo gentílico

Um bom exemplo desse processo de universalização foi a disposição cristã para a tradução das Escrituras hebraicas e do Novo Testamento para as mais diversas línguas.[63] Não importa em qual língua seja traduzida, o resultado será considerado a Palavra de Deus. O cristianismo é, essencialmente, uma religião tradutora. A capacidade de adaptação da mensagem do evangelho às culturas locais está evidente no fenômeno do culto e da oração: o idioma usado para adorar a Deus não foi o hebraico bíblico, mas diversos outros, como siríaco, grego, latim, egípcio, entre outros, conforme avançava a proclamação.[64]

O cristianismo não era uma religião étnica, como as religiões grega, romana, indiana ou mesmo judaica. Era transnacional. E mais: os cristãos consideravam a si mesmos peregrinos neste mundo. Vieram a ser considerados estrangeiros, especialmente nos impérios Romano e Persa, sofrendo perseguição. Seus símbolos rituais (ou sacramentos) eram livres de territorialidade: não havia templo, o batismo podia ser realizado em qualquer lugar, os elementos do pão e do vinho da eucaristia eram produzidos conforme as tradições agrícolas e culinárias locais. Assim, essa mobilidade, tanto geográfica quanto sacramental, deu impulso às missões e à inculturação teológica do cristianismo.[65]

Mas como aconteceu essa inculturação teológica? Para os apologistas cristãos dos primeiros séculos, não havia dúvida de que o Deus da Bíblia hebraica era o mesmo Pai a quem Jesus orava. O cristianis-

62 GONZÁLEZ, Justo. *Atos, o evangelho do Espírito Santo*. São Paulo: Hagnos, 2011, p. 330-1.
63 TREBOLLE BARRERA, *A Bíblia hebraica e a Bíblia cristã*, p. 150-1.
64 IRVIN, Dale T.; SUNQUIST, Scott W. *História do movimento cristão mundial: do cristianismo primitivo a 1453*. São Paulo: Paulus, 2004, v. 1, p. 139.
65 IRVIN; SUNQUIST, *História do movimento cristão mundial*, v. 1, p. 152.

mo assumiu as doutrinas judaicas do monoteísmo e da criação, mas a adoração de Jesus como Filho de Deus não era aceita pelos judeus com quem eles debatiam, os quais consideravam seu culto uma violação ao monoteísmo. Ao mesmo tempo, os cristãos não podiam aceitar os pressupostos da filosofia helenista, que, por considerar o divino incorruptível e imutável, ostentaria condição absolutamente oposta à humana, que é corrupta e mutável. Diferentemente das doutrinas do helenismo, os cristãos afirmavam a relação íntima de Deus com a humanidade de forma plena e radical na encarnação de Jesus Cristo.[66] Deus se fez carne, o que era inconcebível para o helenista. Assim, as igrejas cristãs viveram entre duas visões da realidade: a judaica e a greco-romana ao pregar um Cristo que rompia com ambas as percepções. A síntese foi um passo importante no entendimento universal da fé cristã.

No entanto, o processo não foi fácil. Os cristãos enfrentaram grandes desafios para definir até que ponto era possível acomodar sua mensagem às outras filosofias sem abandonar a fidelidade à revelação de Deus em Jesus Cristo e mantendo sua distinção com relação ao judaísmo.[67] Em meio a tamanha complexidade, é natural que o pensamento cristão tenha surgido com igual variedade. Entretanto, havia uma espécie de "semente", cujos temas fundamentais dariam origem à ortodoxia, um programa de doutrinas compreendidas como uma proteção intelectual à fé original e apostólica.[68] Essas doutrinas foram chamadas "dogmas". Dogmata era o pensamento, a imaginação ou a opinião expressa em doutrinas que diferenciavam uma escola filosófica da outra. As doutrinas cristãs foram entendidas como dogmata por serem uma forma racional de expressar o pensamento. Assim, um dogma afirma algo, mas também rejeita outras ideias. Por exemplo: quando o Credo apostólico afirma: "Creio em Deus Pai todo-poderoso, Criador do céu e da terra", está afirmando o monoteísmo e rejeitando o dualismo do mundo grego.[69]

---

66 IRVIN; SUNQUIST, *História do movimento cristão mundial*, v. 1, p. 172-3.
67 IRVIN; SUNQUIST, *História do movimento cristão mundial*, v. 1, p. 170.
68 MCGRATH, Alister. *Heresia: em defesa da fé*. São Paulo: Hagnos, 2014, p. 102-3.
69 TILLICH, Paul. *História do pensamento cristão*. São Paulo: ASTE, 2015, p. 18-21.

O relacionamento da igreja com o mundo helênico fundou a metodologia típica do cristianismo. Não podemos esquecer que o Novo Testamento foi escrito em grego. Os cristãos receberam diversas categorias de interpretação de seu entorno e as transformaram à luz da experiência com Jesus Cristo. Os conceitos judaicos de Messias, Filho do homem e Filho de Davi foram ampliados para além de seu contexto original. O termo *kyrios* ("senhor"), usado nas religiões de mistério para seus deuses, foi aplicado a Jesus nos Evangelhos e nas cartas paulinas. O conceito de logos foi trazido do mundo grego como princípio cósmico da criação, mas seria ressignificado pelos cristãos ao afirmarem que o "Logos se fez carne". Como afirma Tillich, "a grandeza do Novo Testamento consiste em ter sido capaz de usar palavras, conceitos e símbolos surgidos na história das religiões, preservando, ao mesmo tempo, a pessoa de Jesus interpretada por essas categorias".[70] Ou seja, os cristãos assimilaram metáforas e conceitos do mundo religioso fora de Israel justamente porque seguiram o exemplo dos apóstolos e demais autores dos textos bíblicos do Novo Testamento.

O processo de entrecruzamento de culturas, típico do cristianismo, só foi possível pelo caráter metafórico da Bíblia hebraica, mantido na Bíblia cristã. A tendência inaugurada no Novo Testamento estimulou o processo, como demonstra a assimilação da Páscoa e da ceia do Senhor, liturgias que ressignificaram e ampliaram o símbolo original do *Pessach* judaico. Também foi o que aconteceu com a figura do "bom pastor" – a representação de um jovem sem barba, com um cordeiro nos ombros. Era a imagem do fiel conduzindo um sacrifício, na Grécia antiga, que acabou se tornando a representação do deus Hermes, o condutor das almas para o além, a encarnação da bondade para os poetas gregos.[71] Os cristãos do mundo greco-romano associaram essa imagem a Jesus, pois ela carregava a mesma metáfora profunda do "bom pastor" (João 10:11), que já era uma interpretação de Jesus afirmando ser o cumprimento de um símbolo profético das Escrituras

70 TILLICH, *História do pensamento cristão*, p. 37.
71 TREVISAN, Armindo. *O rosto de Cristo: a formação do imaginário e da arte cristã*. Porto Alegre: AGE, 2003, p. 29-30.

hebraicas (Ezequiel 34:23). Assim, os cristãos expressavam, por meio da arte, o que entendiam da revelação: uma simbologia orientada para fora de sua tradição, que ampliava a linguagem visual a partir da mesma mensagem bíblica original.

Não vou detalhar o processo de crescimento da colossal tradição cristã – leia *Nós e a Bíblia* para aprofundar seu entendimento. Em termos breves, as identidades cristãs foram se formando no contato com as diferentes culturas do mundo e interpretando as metáforas bíblicas no encontro com as metáforas das religiões dos mais diversos povos, consideradas válidas para expressar o núcleo da fé em Jesus Cristo. É isso que explica sua pluralidade – ancorada justamente na imensa capacidade de ressonância da Bíblia.

O protestantismo e o retorno às fontes

As tradições cristãs caminharam no sentido da catolicidade da fé – a universalização, a reunião de todos – traduzindo a mensagem do evangelho em direção aos povos do mundo. O cristianismo tornou-se tão plural quanto aqueles a quem alcançou. Entretanto, essa maré teve altos e baixos. Foi uma história de evangelização, mas também de preconceitos, discórdias, jogos de poder e tudo que envolve qualquer cultura humana. O pecado também está presente nessa equação.

Entre outros males, o cristianismo ampliou gradativamente sua diferença – e até mesmo o confronto – com relação ao judaísmo, e isso aconteceu por vários motivos. Uma das razões, presentes nas origens do cristianismo, diz respeito ao acirramento das discussões com as comunidades judaicas acerca da interpretação das Escrituras hebraicas. Como já mencionei, a hermenêutica cristã tem sua base na revelação de que Jesus Cristo cumpre as promessas antigas dadas por Deus a Israel, enquanto a hermenêutica judaica se desenvolveu a partir do eixo da *Torá* interpretada pela *Mishná* e pelo *Talmude*. Nisso já vemos uma diferença significativa. A outra razão está no fato de que, em alguns lugares, o cristianismo tornou-se a cultura dominante associando-se a reinos e impérios, e, nessas circunstâncias, a oposição aos judeus foi mais incisiva. Foi o que aconteceu, por exemplo, com os expurgos de judeus ocorridos na Inglaterra (1290), na França (1394), na Espanha (1492) e ainda na Alemanha, com as chacinas locais ao longo da Idade Média e a expulsão de judeus no século 15.[72]

Eu poderia listar ainda outros males advindos ao longo dos séculos na relação entre igreja e poder. Corrupção do papado, venda de cargos eclesiásticos, ritualização da fé e inclusão de uma série de penduricalhos legais que acompanhavam a salvação graciosa de Deus podem ser citados como alguns dos problemas da igreja cristã ocidental. Assim, no século 16, emergiu a Reforma Protestante. Os reformadores, embora fossem plurais e com diferentes ênfases (alguns associados aos Estados e outros autônomos com relação aos poderes políticos), partiram de uma mesma perspectiva: voltar às "raízes" da fé cristã.[73]

A ideia não era nova. Eusébio de Cesareia (c. 265-339) criou a norma de que a igreja "verdadeira" é aquela oriunda da primeira comunidade de cristãos. Isso significa que tudo que dela procede deve ser uma expressão da essência imutável daquela origem. Foi esse o critério adotado pelos reformadores em seus argumentos contra Roma: eles reivindicavam ser a legítima continuidade da igreja primitiva. O passado da igreja estava corrompido, e era necessário voltar às origens. Nesse sentido, os reformadores estavam plenamente alinhados ao humanismo, cujos pensadores forjaram a ideia de "Idade Média" – o tempo obscuro da cristandade, tornando necessário renascer a cultura anterior do classicismo greco-romano. Partindo da mesma premissa, os reformadores vincularam sua busca ao lema *ad fontes*. As fontes originais, no caso protestante, eram os textos fundadores da igreja primitiva: a Bíblia nas línguas originais.[74]

Disso emerge o conceito de *sola Scriptura* ("apenas a Escritura"), que revela não só a ênfase no passado, mas também a oposição do movimento reformador ao magistério católico romano, que estabelecia novos artigos de fé e prática independentes da Bíblia.[75] Ou seja,

72 LANGE, Nicholas. *Povo judeu*. Barcelona: Folio, 2007, p. 34-5.
73 LINDBERG, Carter. *História da Reforma*. Rio de Janeiro: Thomas Nelson Brasil, 2017, p. 34-5.
74 LINDBERG, *História da Reforma*, p. 27-8.
75 BERRETT, Matthew. *Teologia da Reforma*. Rio de Janeiro: Thomas Nelson Brasil, 2017, p. 15.

a tradição protestante não apenas instaurou a ênfase na Bíblia (que já era a base da tradição católica), como também passou a usar a Bíblia contra a tradição. Entrou em jogo, assim, o dilema da livre interpretação da Bíblia, um dos bastiões do protestantismo. Dilema porque a Bíblia foi utilizada pelos primeiros reformadores em sua luta contra a tradição católica, mas seria também empregada pelos radicais anabatistas contra os próprios líderes da Reforma.[76]

Assim, os movimentos da Reforma tiveram como um de seus fundamentos a exclusividade da Bíblia como autoridade e norma de fé. Ao mesmo tempo, rompiam com a tradição pregressa, resultando, assim, na rejeição de boa parte da simbologia construída ao longo de mil anos. A dispersão do movimento em novas comunidades interpretativas foi uma tendência que se manteve nas igrejas oriundas do protestantismo, passou pelos movimentos evangélicos e chegou aos dias atuais.

O retorno dos judeus ao imaginário cristão

Entre as muitas consequências da Reforma, atenho-me aqui à relação do cristianismo com os judeus, e isso se deu pela maneira como a Bíblia passou a ser preferencialmente interpretada.

A tradição cristã havia desenvolvido quatro sentidos de interpretação do texto bíblico: o literal (ou histórico), o alegórico (ou doutrinário), o moral (ou tropológico) e o anagógico (ou escatológico). O objetivo era atender à profundidade da Escritura. A travessia do mar Vermelho, por exemplo, poderia ser interpretada como um acontecimento histórico: como alegoria, por ser símbolo do batismo cristão; como moral, pela obediência na travessia das dificuldades da vida; como anagógico, com relação à esperança da travessia da morte para a vida eterna. A partir da Reforma, esses sentidos permaneceram na hermenêutica, mas o primeiro, o literal, ganhou destaque. Lutero e Calvino rejeitaram o método alegórico, o que favoreceu o sentido simples e literal da Bíblia.[77]

76 LINDBERG, *História da Reforma*, p. 235.

77 KLEIN, William; HUBBARD JR., Robert; BLOMBERG, Craig. *Introdução à interpretação bíblica*. Rio de Janeiro: Thomas Nelson Brasil, 2017, p. 107, 113-5.

Os antigos métodos de interpretação continuam ativos e funcionando muito bem, já que continuamos usando Josué como exemplo de coragem e santificação, mas não para estimular nossos irmãos a conquistar terras pelas armas. Apesar disso, a leitura literal da Bíblia ganhou relevância crescente. O que ela fez de diferente na tradição protestante foi recolocar os antigos israelitas (e depois os judeus) na perspectiva de um povo histórico. Aquele povo descrito na Bíblia viveu uma experiência dramática com sua Terra Prometida, sobre a qual recaíam promessas que, tomadas literalmente, parecem não ter sido cumpridas. É o caso da posse da terra que vai desde o "ribeiro do Egito até o grande rio, o Eufrates" (Gênesis 15:18), do reino messiânico sobre o mundo inteiro a partir de Jerusalém (Zacarias 14:17) ou da conversão dos judeus depois que o evangelho for pregado a todo o mundo (Romanos 9—11). A leitura literal do texto bíblico precisa lidar com essas promessas, o que gera também alguns problemas. Como conciliar uma promessa de tão vasto território que englobaria hoje países como Israel, Egito, Jordânia, Líbano, Síria e parte do Iraque? Como conciliar um governo de Jesus Cristo sobre um Israel terreno, se a vasta maioria dos judeus não o reconhece como o Messias prometido?

Tais questões, promovidas pela leitura literal da Bíblia, reabriram entre os protestantes o debate sobre as promessas de Deus feitas ao povo de Israel. Elas se cumpriram na igreja? Se algo não se cumpriu nos descendentes físicos de Abraão, deverá acontecer no futuro? O que o povo judaico e o atual Estado de Israel têm a ver com essas expectativas? E qual a relação da igreja com Israel? Por isso, emergiu com força a questão escatológica, que abordaremos no próximo capítulo.

+++

Vimos o escopo teórico para compreendermos o que será analisado nos próximos capítulos: a razão pela qual os evangélicos são apaixonados por Israel. Minha intuição partiu de algo muito óbvio: nossa paixão pelas coisas dos judeus deriva de nosso amor pela Bíblia.

A Bíblia é uma obra literária de grande complexidade, cujas narrativas envolvem pluralidade e constante interpretação. A linguagem altamente metafórica e simbólica coopera para ampliar nossas possibilidades hermenêuticas. Isso nos deixa até constrangidos, pois tentamos unir suas múltiplas vozes em uníssono em nossas teologias sistemáticas. A realidade, porém, é dura conosco, pois percebemos muitas maneiras distintas de interpretar os mesmos textos. Os cristãos não concordam com outros cristãos a respeito de muita coisa, e isso fica ainda mais evidente quando comparamos nossa interpretação com as das comunidades judaicas.

No entanto, vimos que o ser humano é simbólico por natureza, e a forma com que nos relacionamos com a realidade passa pela linguagem, que nunca é inequívoca, mas sempre passível de interpretação. O ser humano necessita de interpretação. Além disso, nossos desejos são direcionados pelas liturgias, que articulam símbolos e mitos, e, assim, moldam nossos hábitos. Tudo isso só pode acontecer porque o ser humano é essencialmente narrativo. Precisamos organizar o caos dos acontecimentos em algo que faça sentido, pois o ser humano precisa narrar para organizar a própria existência. Por isso, produzimos textos, que passam também a influenciar nossa vida e comunidade.

Esse é o resultado visto na experiência de judeus e cristãos ao longo de sua história. As próprias comunidades de fé construíram suas narrativas e redigiram seus textos. Depois, esses textos – a Bíblia hebraica e a Bíblia cristã – passaram a produzir suas identidades. Judaísmo e cristianismo basearam em seus livros sua forma de ler o mundo e a si mesmos, e produziram muitos outros livros com base em suas tradições originais, multiplicando sentidos, símbolos e aplicações.

Portanto, as identidades judaicas e cristãs são construções narrativas. O que descobri foi que, nos últimos dois séculos, e especialmente em nosso tempo, as narrativas dessas duas religiões e de seus múltiplos desdobramentos estão se entrecruzando, e esses entrecruzamentos estão mergulhados no caldo da formação das identidades. Trata-se da forma como percebemos e vemos a nós mesmos no mundo, bem como do papel do outro em nosso destino, o que explica também a visceralidade da questão.

3 ESCATOLOGIA

As identidades pessoais e coletivas são narrativas e prospectivas, ou seja, o que esperamos do futuro também opera na maneira como enxergamos a nós mesmos e o mundo. Os cristãos confessam que Jesus Cristo ressuscitou e irá retornar para consumar a história, e esse foi o cerne da proclamação dos apóstolos, que produziu uma perspectiva ao mesmo tempo histórica e escatológica: os cristãos definem sua identidade tanto pelo passado – as narrativas fundantes sobre Cristo e os apóstolos – quanto na expectativa do futuro – as profecias relativas ao retorno de Cristo e ao estabelecimento definitivo do reino de Deus. Esse é um princípio importante na origem do cristianismo, mantido na Reforma.[1]

Como observa o teólogo Oscar Cullmann (1902-1999), tanto o judaísmo quanto o cristianismo são profundamente marcados pela crença na história da salvação, conduzida pelos atos salvíficos de Deus, o que os distingue das outras religiões.[2] Mas o processo não é simples, pois há duas forças antagônicas se chocando nessa história: uma constante e uma contingência. A constante é o plano divino; a contingência são os eventos singulares que resistem aos desígnios de Deus.

1 LINDBERG, *História da Reforma*, p. 25.
2 CULLMANN, Oscar. *História da salvação*. São Paulo: Fonte, 2020, p. 47.

Em outras palavras, trata-se de uma força de realização e outra de irrealização. É o que acontece no Antigo Testamento quando os profetas predizem tanto a salvação quanto o juízo divino. Segundo Cullmann, essas questões estão intimamente ligadas ao problema do "retardo da Parusia".[3] Jesus veio, cumpriu sua missão ao morrer e ressuscitar, subiu aos céus (onde está assentado à direita de Deus) e prometeu voltar para consolidar o reino. Nessa longa narrativa, há um ponto intermediário no qual se insere a história da igreja.

O judaísmo também é escatológico, mas sua esperança está voltada para o futuro, na expectativa da vinda do Messias ou de uma era messiânica. No cristianismo, com a vinda do Messias no passado, algo inteiramente novo foi produzido. Há uma tensão entre o presente e o futuro, entre o que já foi cumprido em Jesus e o que ainda será consumado, e essa tensão já aparece no Novo Testamento: seus autores tanto retomam a proclamação de João Batista – "O Reino dos céus está próximo" (Mateus 4:17) – quanto celebram a vinda do reino de Deus na pessoa de Jesus (Lucas 11:20) e a vitória sobre a morte em sua ressurreição. Por isso, os livros do Novo Testamento colocam lado a lado as afirmações do "já" e do "ainda não". A fé sabe que tudo se cumpriu, e a esperança aguarda que tudo se conclua.[4] Essa é a tensão em cuja base o cristianismo se constituiu e na qual opera desde suas origens: o reino de Deus já realizado na obra de Jesus Cristo, porém ainda não consumado em seu retorno.

O teólogo George Eldon Ladd (1911-1982) segue basicamente o mesmo entendimento de Cullmann a respeito da tensão entre presente e futuro, diante de um reino já realizado, mas ainda não consumado. Entretanto, ele discorda da ênfase maior dada por Cullmann ao divisor da história, a morte e a ressurreição de Cristo, em detrimento do ponto definitivo: a parúsia. Optando por uma linha do tempo semelhante, mas com pequenos ajustes (segundo a proposta de Geerhardus Vos), Ladd conclui que, na vinda de Cristo, houve uma invasão do

---

3 CULLMANN, *História da salvação*, p. 275-6.
4 CULLMANN, *História da salvação*, p. 299-300.

futuro no presente da história humana, e chama esse tempo "era vindoura". Assim, a igreja estaria vivendo entre duas eras: "A antiga era prossegue em atividade, mas os poderes da nova era invadiram-na".[5] A igreja, então, vivencia a tensão da sobreposição de eras: a era presente, terrenal e marcada pela corrupção; e a era vindoura, o próprio reino de Deus cuja vontade está estabelecida nos céus.

Voltando a Cullmann, o fato de as testemunhas bíblicas verem a si mesmas como personagens de um grande drama conduzido por Deus tem algumas consequências importantes para a dogmática e a sistemática cristã. Uma delas é que a presença do Espírito Santo é um sinal do tempo do "já", sendo um elemento do "tempo do fim" realizado. A terceira pessoa da Trindade é uma força do futuro reino presente na igreja de hoje.[6] Note o seguinte: Cullmann estava se referindo à presença do Espírito na igreja desde os tempos apostólicos, mas é justamente esse conceito teológico que está na base fundamental do pentecostalismo moderno, vinculado diretamente à noção de "já" do reino de Deus – como veremos adiante. Cullmann reconhece que a permanência de Israel na história recente do mundo é prova de que a história da salvação segue seu curso, apesar das piores perseguições aos judeus. O povo eleito, preservado por Deus, estaria esperando a condução divina à sua plenitude no grande final escatológico.[7] Essa é, precisamente, uma expectativa relacionada ao "ainda não" do reino de Deus.

Assim, os discursos cristãos – especialmente os dos evangélicos – encontram-se configurados exatamente sobre o paradoxo da certeza de um reino que já veio, mas que ainda não foi consumado. Tanto o imediatismo do "já" quanto a espera do "ainda não" fazem parte do *éthos* escatológico cristão, especialmente do evangélico.

5 LADD, George Eldon. *Teologia do Novo Testamento*. São Paulo: Exodus, 1997, p. 66.
6 CULLMANN, *História da salvação*, p. 512.
7 CULLMANN, *História da salvação*, p. 520-1.

Os milenismos na escatologia cristã

Vez por outra, dou aula sobre o Apocalipse na escola bíblica dominical. Sempre me impressiona o fato de que a maioria dos manuais de estudo desse livro se concentra na ideia do Milênio – que aparece apenas em sete versículos, quase no final da visão de João (Apocalipse 20:1-7). Quase todos os estudos escatológicos de que participei iniciam pelo final do livro, abordando as correntes interpretativas desses poucos versículos.

Isso revela uma tendência que marca, inclusive, outras esferas de atuação das igrejas. Como observa David Bosch (1929-1992), uma das características mais marcantes das missões protestantes britânicas no passado foi o milenismo, que ele classifica como "a visão bíblica de um último período áureo dentro da história".[8] Ou seja, a urgência de evangelizar o mundo estava atrelada à perspectiva da volta iminente de Cristo. Mas a doutrina escatológica por trás dessa perspectiva nunca foi necessariamente a mesma. Em geral, nossas categorias de crenças milenistas as dividem em pós-milenismo, pré-milenismo e amilenismo.

Até o século 18, no contexto do protestantismo britânico, prevalecia o **pós-milenismo**,[9] doutrina bastante difundida entre os puritanos ingleses, especialmente entre os migrantes para as colônias americanas. O pós-milenismo teve grande adesão durante a expansão colonizadora e o tempo de relativa paz e prosperidade na Europa. Mas as coisas mudaram. No final do século 18 e início do século 19, o mundo ocidental viveu um longo período de turbulência política e revoluções sociais, especialmente na Guerra Americana da Independência (1775-1784), na Revolução Francesa (1789-1793) e nas Guerras Napoleônicas (1809-1815), as quais alimentaram um gradativo pessimismo com

---

8 BOSCH, David J. *Missão transformadora: mudanças de paradigma na teologia da missão*. 5. ed. São Leopoldo: EST; Sinodal, 2021, p. 378.

9 Na interpretação pós-milenista, o reino de Deus será gradativamente implantado no mundo por meio da pregação do evangelho, no esforço missionário que alcançará todos os povos do mundo, os quais encontrarão a solução de seus problemas no desenvolvimento tecnológico e na adoção de princípios sociais cristãos. No final dessa era de progresso, quando a paz estiver totalmente estabelecida, Jesus voltará para "encerrar a história e iniciar o estado esterno". FERREIRA, Franklin. *Teologia sistemática: uma análise histórica, bíblica, e apologética para o contexto atual*. São Paulo: Vida Nova, 2007, p. 1104.

relação à perspectiva do reino de Deus. Cresceu então o interesse pela interpretação "pré".[10]

O **pré-milenismo** tende a defender a ideia de que o mundo está em decadência e seu destino final será o reino de Deus, mas apenas quando a degeneração tiver atingido seu auge.[11] Trata-se de um movimento complexo, mas que tem em comum uma concepção bastante melancólica a respeito dos não cristãos (e até mesmo dos cristãos sinceros), dividindo a realidade em um grande confronto entre bem e mal e considerando a conversão uma saída "das trevas absolutas para a luz absoluta".[12] O sistema favorece, de certa maneira, uma visão dualista e combativa da realidade.

Existe ainda o **amilenismo**,[13] que foge do literalismo interpretativo do Milênio, razão pela qual seus adeptos costumam se distanciar dos jornais e das "revelações escatológicas" sobre acontecimentos da política internacional de nosso tempo. Isso não significa, entretanto, que os amilenistas não creiam na volta histórica de Cristo ou no estabelecimento do reino de Deus. A diferença principal é que os acontecimentos do reino de Deus já estão em curso desde a primeira vinda de Jesus.

De qualquer forma, em todas as vertentes escatológicas – seja da ótica otimista do pós-milenismo, do pessimismo pré-milenista, seja da neutralidade amilenista – existe a perspectiva de que algumas coisas aconteceram no passado, mas há algo a ser concluído no final dos tempos. E esses fatos ainda por se cumprir – o "ainda não" do reino de Deus – envolvem, entre outras coisas, a condição dos judeus em seu relacionamento com Jesus Cristo e o papel de Israel com relação às promessas divinas do Antigo Testamento.

---

10 SIZER, Stephen. *Christian Zionism: Road-map to Armageddon?* Downers Grove: IVP Academic, 2004, p. 30-2.

11 "Segundo o pré-milenismo histórico, a ordem dos eventos pode ser assim resumida: 1) época presente da igreja, da evangelização e da apostasia do homem; 2) grande tribulação de sete anos, ascensão do Anticristo e perseguição da igreja; 3) volta de Cristo, arrebatamento, primeira ressurreição e batalha do Armagedom; 4) inauguração do milênio e prisão de Satanás no abismo; 5) fim do milênio, soltura de Satanás e rebelião das nações; 6) derrota final de Satanás, ressurreição dos ímpios e julgamento final; 7) estado eterno. FERREIRA, *Teologia sistemática*, p. 1102.

12 BOSCH, *Missão transformadora*, p. 382.

13 O amilenismo, que poderia ser chamado "milenismo realizado", acredita que o Milênio não é algo a ocorrer no futuro, mas em processo de realização desde a primeira vinda de Cristo. As profecias a Israel estariam cumpridas na igreja em sentido espiritual, não literal. Sustenta os acontecimento relacionados com a tribulação ao modo do pré-milenismo histórico, mas crê que o julgamento final e o início do estado eterno ocorrerão imediatamente após a volta de Cristo. FERREIRA, *Teologia sistemática*, p. 1102-3.

O protestantismo britânico e a conversão dos judeus

Mas o que os judeus têm a ver com as doutrinas escatológicas? Uma das afirmações das doutrinas milenistas, com base no texto bíblico de Romanos 9—11, é que os judeus aceitarão Jesus como seu Messias. Nas versões mais antigas dessa interpretação, está implicada apenas a conversão; nas versões de um século para cá, significa também a restauração nacional na Palestina. Um dos primeiros a prever a conversão iminente do povo judeu, considerado por isso o pai da doutrina da restauração dos judeus em Jerusalém, foi o clérigo inglês **Thomas Brightman** (1562-1607). Depois dele, outros protestantes também defenderam a ideia de que, um dia, os judeus viriam à fé em Cristo e se tornariam parte da igreja cristã.[14]

O interesse pelo povo judeu trouxe consigo a pesquisa geográfica da Terra Santa, justamente na ascensão mundial do Império Britânico, durante o século 19. Nesse tempo, foram publicados livros como *The Land and the Book* [A terra e o livro] (1858, de William Thomson) e o romance sionista *Daniel Deronda* (1876, de George Eliot). A Palestina também passou a receber a atenção de muitos artistas, que ilustravam o território até então esquecido pelos cristãos.[15] Arqueólogos de toda a Europa e dos Estados Unidos escavavam o Oriente Próximo e redescobriam os grandes impérios em sítios no Egito e na Mesopotâmia, em um frenesi que se intensificou desde o final do século 18 e ao longo do século 19[16] e trouxe à vista dos europeus a cultura material dos locais e dos tempos bíblicos. A sequência de descobertas arqueológicas, expedições militares e publicação de guias de viagens incendiou a imaginação popular, abastecida por mais de dois mil livros sobre a Terra Santa, publicados entre 1800 e 1875. Como ápice dessa atenção, foi criado em 1865 o Fundo de Exploração da Palestina, organizado por acadêmicos e religiosos britânicos com o objetivo de pesquisar história, geologia, arqueologia, topografia e ciências naturais na Palestina Bíblica e no Levante.[17]

14 SIZER, *Christian Zionism*, p. 28-9.
15 SAND, Shlomo. *A invenção da terra de Israel: de Terra Santa a terra pátria*. São Paulo: Benvirá, 2014, p. 187.
16 FINKELSTEIN, Israel; SILBERMAN, Neil Asher. *A Bíblia desenterrada*. São Paulo: A Girafa Editora, 2003, p. 33-6.
17 SIZER, *Christian Zionism*, p. 33.

A febre em torno dos povos antigos e dos judeus encontrou eco entre os protestantes britânicos no que diz respeito às doutrinas milenistas. Em 1809, o teólogo anglicano **Georg Stanley Faber** (1773-1845) publicou um livro sobre Gênesis no qual profetizou que em 1867 a maioria dos judeus retornaria à sua terra com o auxílio de uma potência marítima ocidental e se converteria à fé cristã.[18] Isso não aconteceu, mas, a partir do sentimento produzido pela exploração geográfica da Palestina, do reconhecimento das raízes bíblicas do povo judeu e da necessidade de sua conversão ao cristianismo, alguns entusiastas milenistas passaram a pregar e a investir dinheiro em uma possível restauração judaica em sua terra de origem. O bispo anglicano **Edward Bickersteth** (1825- 1906), por exemplo,

> escreveu livros, iniciou e organizou um grande número de apresentações para encorajar a emigração dos filhos de Israel para o Oriente. Ele acreditava que só o estabelecimento do reino de Israel faria o filho de Deus retornar à terra e ocasionaria a plena cristianização do mundo.[19]

Outros importantes colaboradores da causa da conversão de judeus levantaram-se durante o século 19. Lewis Way (1772-1840), um dos fundadores da London Jews Society (LJS, Sociedade de Judeus de Londres),[20] comprou uma mansão em Emsworth e fundou um colégio para converter judeus, além de promover causas ligadas à emancipação judaica e à colonização da Palestina, pressionando estadistas a apoiar a formação de uma pátria judaica. **Charles Simeon** (1759-1836), membro da mesma sociedade, era apaixonado pelo trabalho de evangelização de judeus e pregava a restauração de Israel, crendo que os judeus deveriam voltar para a Palestina como cristãos. **Joseph Wolff** (1795-1862), judeu alemão convertido ao catolicismo e depois ao anglicanismo, foi o primeiro grande missionário da sociedade missionária londrina. Por fim, **Charles Haddon Spurgeon** (1834-1892) acreditava e pregava sobre a conversão dos judeus e sua restauração à Terra Santa, seguindo uma interpretação muito próxima do pré-milenismo histórico.[21]

---

18 SAND, *A invenção da terra de Israel*, p. 188.
19 SAND, *A invenção da terra de Israel*, p. 189.
20 LJS é a sigla reduzida da London Society for Promoting Christianity amongst the Jews (Sociedade Londrina para a Promoção do Cristianismo entre os Judeus).
21 SIZER, *Christian Zionism*, p. 35-41.

Enfim, o contexto britânico do século 19 era de entusiasmo. O mundo foi conquistado pelo império civilizador, cujas ciências descortinaram o passado perdido do Oriente Próximo e reaproximaram os britânicos dos antigos povos bíblicos. A expectativa protestante pelo milênio de Cristo, tanto pela via otimista pós-milenista quanto pelo pessimismo pré-milenista, incitava pregadores na empreitada de trazer os judeus à fé cristã e de, assim, promover o reino de Deus. Entretanto, a relação entre igreja, povo de Israel e o reino milenar de Cristo contaria com um novo ingrediente teológico, mais radical: o dispensacionalismo.

A gênese do dispensacionalismo britânico

O protestantismo britânico do século 19 vivenciava um intenso sectarismo: além da Igreja Anglicana, havia ramificações puritanas de presbiterianos, congregacionais, batistas e metodistas, todos envolvidos em missões com um viés pós ou pré-milenista. Havia igrejas confessionais estabelecidas e reconhecidas pelo poder público, mas que manifestavam internamente uma grande insatisfação. Eram cristãos que buscavam uma vida espiritual mais intensa, porém não encontravam respostas para suas expectativas nas igrejas das quais eram membros. Para eles, havia algo errado.

John Nelson Darby e a igreja em ruínas

Um popular ex-ministro presbiteriano da Escócia chamado **Edward Irving** (1792-1834) pregava sobre os juízos e terrores que se abateriam sobre o mundo antes da volta de Cristo. Ele considerava a Revolução Francesa e a Revolução Industrial sinais do iminente retorno de Cristo e estava convencido de que a igreja dos gentios havia acabado. Entre 1826 e 1830, um rico banqueiro chamado Henry Drummond (1786-1860), conhecido de Irving e entusiasta das profecias sobre o fim dos tempos, passou a promover encontros em sua mansão a fim de debater o cumprimento das profecias bíblicas, especialmente no que se referia ao julgamento da igreja visível e ao retorno do povo judeu à Palestina. Os encontros, que reuniam cerca de vinte pessoas, foram denominados Parlamento Profético e Escola de Profetas, e suas discussões repercutiram no jornal *Morning Watch* [Sentinela da manhã].[22]

Outra conferência profética semelhante à de Albury aconteceu entre 1830 e 1833, em Powerscourt House (próximo a Dublin, Irlanda). Eram promovidas por lady Powerscourt para algumas dezenas de participantes e contava com a participação de diversos pregadores, entre eles **John Nelson Darby** (1800-1882), ex-ministro anglicano que havia rompido com a igreja oficial. Esse pregador seria determinante para o futuro do movimento pré-milenista, configurando o que viria a ser conhecido como **dispensacionalismo**. Darby acabou por dominar as conferências com sua liderança carismática e pela exposição de um pensamento bastante semelhante ao de Irving: a visão pessimista dos acontecimentos mundiais e a esperança do retorno de Cristo, ao mesmo tempo que denunciava a igreja estabelecida.[23]

Darby também participava de outro grupo em Dublin, na casa de um dentista chamado Groves, de quem vieram os dois princípios que regiam o movimento: 1) cada Dia do Senhor deveria ser reservado para partir o pão em memória da morte de Jesus; 2) o ministério do evangelho deveria proceder apenas do chamado de Cristo e da ação do Espírito Santo, não da ordenação de homens, ou seja, de igrejas institucionalizadas.[24] Darby participava das reuniões lideradas por Groves pelo menos desde 1827 e logo alçou a liderança, especialmente por causa de seu magnetismo pessoal. Com entusiasmo missionário, Darby abriu novas frentes na Inglaterra, Alemanha, Suíça, França e Estados Unidos.[25] Como era contrário ao uso de nomes denominacionais, passou a utilizar o termo Brethren ("irmãos") para denominar o grupo (o termo Irmãos de Plymouth surgiu na cidade de Plymouth, sudoeste da Inglaterra, de 1940 em diante, nomenclatura que

22 SIZER, *Christian Zionism*, p. 43-9.
23 SIZER, *Christian Zionism*, p. 50-1.
24 BASS, Clarence. *Backgrounds to Dispensationalism*. Grand Rapids: Eerdmans, 1960, p. 65-71.
25 SIZER, *Christian Zionism*, p. 51.

designa o movimento até hoje). Na Irlanda, os Irmãos ficaram conhecidos como darbystas, tamanha a influência de John Darby.[26]

A natureza dos grupos dos quais Darby participava e liderava era marcada pela decepção com a igreja na forma que se encontrava. A experiência fundante do pensamento teológico de Darby pode ser resumida no pronunciamento frequente de suas pregações e de seus escritos: "A igreja está em ruínas". Para ele, a igreja perdera a unidade, o poder e a santidade, deixara de testemunhar e se tornou um centro de maldade e de orgulho humano. Sua natureza foi tão distorcida que acabou por se opor totalmente à razão pela qual havia sido instituída por Cristo. Para John Darby, a igreja falhou e deverá sofrer o juízo divino.[27]

Por causa da corrupção da igreja em todas as suas manifestações históricas – o catolicismo, as igrejas reformadas e as confissões protestantes –, emergiu o conceito de **dispensação**, que é a maneira pela qual "Deus revela algo para a humanidade, que esta não consegue cumprir, e com isso surgem uma nova dispensação e uma nova revelação". A ideia não era nova: Ireneu de Lyon mencionou quatro dispensações: o pacto com Adão, até o Dilúvio; com Noé, até o êxodo; com Moisés, até o nascimento de Jesus; com Cristo, até o fim dos tempos.[28] Contudo, se em interpretações pregressas havia a convicção de a igreja ser o povo redimido final e manifesto da vontade de Deus, em Darby ela se tornou uma dispensação que falhou como as outras. Adão caiu, Noé pecou, os israelitas fizeram um ídolo de ouro e Arão ofereceu fogo estranho, os descendentes de Davi apostataram e, quando Israel também foi cortado, então veio a igreja. No entanto, ela também caiu de seu propósito e igualmente encontrará o fim. E, a esse respeito, há outra novidade na leitura darbysta: a igreja começou a se corromper logo após ter nascido, ainda no livro bíblico de Atos, e permaneceu decadente até que o extremo pecado atual demonstrou toda a sua ruína. A responsabilidade é da própria igreja, corrompida e desviada de seus

26 BASS, *Backgrounds to Dispensationalism*, p. 72.
27 BASS, *Backgrounds to Dispensationalism*, p. 100-2.
28 GONZÁLEZ, Justo. *Breve dicionário de teologia*. São Paulo: Hagnos, 2009, p. 94-5.

princípios.[29] A lógica aplicada às dispensações anteriores também se aplica à igreja: assim como Deus deu fim àquelas, também o fará com esta. Mesmo que queira, o crente verdadeiro não poderá restaurar a igreja, e qualquer tentativa de fazê-lo resultará em fracasso, pois, segundo Darby, Deus nunca restaurou uma dispensação fracassada, mas sempre promoveu um novo meio de lidar com o ser humano.[30]

Mas, para Darby, o fato de a igreja visível estar em ruínas não implicava a inexistência de um verdadeiro corpo de Cristo. A assembleia dos crentes é a reunião dos salvos em nome de Cristo, com a ação do Espírito Santo, livres de autoridades externas (como as instituições). Essa igreja é o corpo de Cristo como entidade separada para a qual os verdadeiros crentes são conduzidos. Como parte do corpo de Cristo, ela tem uma existência celestial, e este é um ponto fundamental de sua eclesiologia: "A igreja não é terrena, mas celestial, pois sua existência está em Cristo".[31] O fato de não ser terrena é uma das bases para a ideia de arrebatamento (assunto que será abordado mais adiante), pois a igreja precisa ser compreendida como celestial e composta por pessoas celestiais, associadas a Cristo em sua glória. Portanto, qualquer restauração da noiva de Cristo só será possível na eternidade, quando o Senhor a reunir para si mesmo.[32] Só então ela estará reformada conforme seu propósito original.

Darby entende que a dispensação da igreja falhou, mas isso não envolve as promessas de Cristo, já que ele mesmo é o fiador, razão pela qual congregará para si os verdadeiros membros de seu corpo. Entretanto, há uma dispensação anterior, a de Israel, que, diferentemente da igreja, tem uma existência terrena, e cujas promessas também são inalienáveis, princípio associado à emergência de uma nova hermenêutica literalista mais radical.

29 BASS, *Backgrounds to Dispensationalism*, p. 103-4. O conceito de dispensação, embora utilizado anteriormente, foi desenvolvido como um sistema teológico. Por isso, segundo Paul Wilkinson, sua origem deve ser creditada a John Darby, pois Darby entendia os acordos de Deus com a humanidade em termos de períodos definidos com precisão. WILKINSON, Paul Richard. *For Zion's Sake: Christian Zionism and the Role of John Nelson Darby*. Milton Keynes: Paternoster, 2007, p. 98.
30 BASS, *Backgrounds to Dispensationalism*, p. 105-6.
31 BASS, *Backgrounds to Dispensationalism*, p. 112.
32 BASS, *Backgrounds to Dispensationalism*, p. 117.

A hermenêutica literalista e o reino de Deus dividido

As doutrinas milenistas estavam na origem de diversos novos movimentos no século 19, como os de santidade e de conservadorismo evangélico, todos engajados em projetos missionários. Esses movimentos aderiram a dois princípios que seriam definitivos na formulação de uma nova hermenêutica. Primeiro: o direito ao julgamento individual na leitura das Escrituras, representado pelo lançamento da Aliança Evangélica Mundial (1846), em Londres, quando se afirmou que cada crente poderia chegar a uma interpretação do texto livre das estruturas eclesiásticas. Segundo: a inerrância da Bíblia, ou seja, a compreensão literal de todas as suas afirmações como verdadeiras. Para muitos desses grupos, a interpretação literal da Bíblia foi insatisfatória na Reforma, devendo ser continuada e ampliada. O individualismo da interpretação (com o abandono da tradição eclesiástica) e a leitura literalista e radical do texto sagrado resultaram na fragmentação dos grupos protestantes, cada um defendendo dogmas inegociáveis, usados para acusar outros grupos, sempre com um apelo direto às Escrituras.[33]

Princípio semelhante se deu com John Darby. Procurando uma fé simples, voltada para o ensino das Escrituras – e apenas para elas –, ele abandonou o argumento abstrato e o que entendia como um estudo estranho ao texto bíblico, construído ao longo de séculos por uma "igreja em ruínas", e decidiu simplesmente abrir a Bíblia para extrair dela sua orientação.[34] O princípio basilar da doutrina de Darby era um rígido literalismo da Bíblia, especialmente no que se refere ao elemento profético. Essa leitura da Escritura, denominada "sentido simples" por seus defensores, tornou-se a marca característica do dispensacionalismo.[35]

Esse novo tipo de literalismo hermenêutico foi fundamental para a estrutura do pensamento dispensacionalista: apesar de Cristo ser o

33 BOSCH, *Missão transformadora*, p. 381-2.
34 BASS, *Backgrounds to Dispensationalism*, p. 61.
35 POCOCK, Michael. The Influence of Premillennial Eschatology on Evangelical Missionary Theory and Praxis from the Late Nineteenth Century to the Present. *International Bulletin of Missionary Research*, New Heaven, USA, v. 33, n. 3, p. 129-36, jul. 2009, p. 131.

cumprimento das profecias do Antigo Testamento acerca do Messias, as promessas concernentes à terra, tendo por alvo o povo bíblico de Israel, permanecem válidas, mesmo depois da vinda de Cristo, e devem ser interpretadas literalmente. Na compreensão dispensacionalista, as promessas dadas a Abraão, segundo as quais o povo judeu tem eterno direito divino sobre Canaã, ainda não teriam sido cumpridas – ou o foram apenas de maneira limitada, no período veterotestamentário. Por essa razão, demandariam uma realização ainda por vir, cujo tempo propício seria a história recente, mais especificamente após 1880.[36] Claro que há outros problemas a resolver nessa interpretação. As promessas relativas a Israel exigem um cumprimento literal. Da mesma forma, as promessas relativas à igreja devem ser preservadas. A engenhosa solução encontrada por Darby, que viria a ser o segundo pilar dos teólogos dispensacionalistas, é a dicotomia, a radical separação entre Israel e igreja.

De acordo com essa perspectiva, há duas atuações paralelas de Deus na história humana: a primeira, por meio de Israel, cujas promessas estão estabelecidas no Antigo Testamento; a segunda, da igreja, cuja existência aparece registrada no Novo Testamento. Ambos os relacionamentos com Deus não terminaram bem: Israel rejeitou o Messias, e a igreja abandonou as ordens de Cristo. Israel foi uma dispensação que teve fim quando veio a igreja, a qual, por sua vez, estaria com seus dias contados, aguardando o iminente juízo divino. Mas promessas incondicionais foram feitas por Deus a ambos e demandam cumprimento. Como resolver essa dualidade? Darby a soluciona separando as esferas de esperança das promessas: a esperança da igreja está na glória celestial de Cristo, enquanto a esperança de Israel está no reino messiânico e terrenal de Cristo em Jerusalém:

> Este resumo reflete novamente a dicotomia do sistema – que há uma esperança diferente para a igreja e para Israel. A esperança da igreja é que ela compartilha a glória de Cristo, tanto terrestre quanto celestial. A esperança de Israel é o reino na terra, com Cristo sentado no trono de Davi.[37]

---

36 CHAPMAN, Colin. Premillennial Theology, Christian Zionism, and Christian Mission. *International Bulletin of Missionary Research*, New Heaven, USA, v. 33, n. 3, p. 137-44, jul. 2009, p. 137.
37 BASS, *Backgrounds to Dispensationalism*, 132.

Há também promessas de glória terrena para a igreja, mas a glória especial, aquela que revela sua natureza, é que os santos ressurgirão antes dos incrédulos para ocupar lugar de destaque no plano divino, como corpo de Cristo, compartilhando sua glória – pois a glória da igreja na terra é puramente transitória, e sua esperança está em Cristo, no céu. Nesse ponto, nasceu uma doutrina jamais conhecida até então: o arrebatamento em separado dos santos antes da volta de Cristo.[38] Segundo essa concepção, os santos da igreja (os verdadeiros cristãos, não corrompidos pela igreja arruinada) serão elevados aos céus com os santos ressuscitados, antes do início das tribulações finais. Eles ficarão livres das pragas descritas no Apocalipse e depois de sete anos retornarão com o Senhor para testemunhar a implantação do reino milenar na terra. É justamente nesse momento que entra o aspecto terrenal das promessas de Deus: o trono do Messias em Jerusalém será literal, o povo israelita ocupará toda a Terra Prometida (do Egito à fronteira do Iraque), o Templo será reconstruído no mesmo local em que Salomão ergueu o seu e toda a terra reconhecerá Israel como o povo favorecido de Deus. Isso acontecerá no momento em que o remanescente de Judá sair da Grande Tribulação e tiver reconhecido Jesus como o Messias. Só então Cristo voltará e dará início ao reino milenar, tendo Israel como glória e governo do mundo.[39]

Na concepção de Darby, a igreja não é o cumprimento das profecias referentes ao povo de Deus do Antigo Testamento: é o Corpo de Cristo. Além disso, teve seu tempo e seu propósito cumpridos. Israel permanece com as promessas de glória terrena, enquanto a igreja as tem em nível celestial. Israel e a igreja permanecem distintos como reino de Deus.

A doutrina de Darby, que já existia em forma embrionária na abordagem de Edward Irving, não foi unanimemente aceita. Charles Spurgeon, já mencionado, defendia a restauração, mas não apoiava as ideias dispensacionalistas. Mesmo entre os Irmãos de Plymouth havia desacordo, como no caso de Benjamin Newton (1807-1899), um

38 BASS, *Backgrounds to Dispensationalism*, p. 133-9.
39 BASS, *Backgrounds to Dispensationalism*, p. 139.

dos primeiros líderes do movimento, que rejeitou o arrebatamento da igreja e a ideia de que os judeus seriam abençoados à parte da fé em Jesus Cristo, de forma separada da igreja. Para ele, isso equivalia "praticamente a dizer que há duas formas de cristianismo, dois evangelhos, dois caminhos e dois fins de salvação".[40] Mas, apesar das discordâncias neste ou naquele ponto, a doutrina prosperou entre os Irmãos tanto na Europa quanto nos Estados Unidos.

O dispensacionalismo nos Estados Unidos

John Darby realizou sete visitas à América do Norte, entre 1862 e 1877. Ele nutria afeição especial pelo Canadá e deixou fortes impressões na cidade de Gelph a respeito da doutrina da segunda vinda de Cristo. A primeira visita aos Estados Unidos foi para encorajar os Irmãos de Plymouth oriundos da França e da Suíça, mas nos quinze anos seguintes ele viajou por todo o país, inclusive em plena Guerra Civil.[41]

A maior parte do tempo foi investido em Boston, Chicago e St. Louis, cidades que viriam a se tornar centros do dispensacionalismo. Em Boston, encontrou um aliado importante: Adoniram Judson Gordon (1836-1895), o famoso pregador batista e compositor de hinos sacros que se tornaria um dos principais propagadores de sua doutrina. Em Chicago, Darby causou profundo impacto no evangelista e editor Dwight Lyman Moody (1837-1899). Durante sua estada em St. Louis, estabeleceu relações próximas com ministros importantes, como James Hall Brokes (1830-1897). A presença de Darby deixou marcas indeléveis: 88 grupos de Irmãos se reunindo regularmente e o impulso para a Conferência Bíblica e Profética Americana, que plantou firmemente a escatologia dispensacionalista no mapa teológico americano.[42]

40 SIZER, *Christian Zionism*, p. 53.
41 WILKINSON, *For Zion's Sake*, p. 241.
42 WILKINSON, *For Zion's Sake*, p. 242-7.

A difusão do dispensacionalismo americano

As visitas de John Darby na América do Norte foram sementes para a difusão do dispensacionalismo entre os americanos, que encontraram bom solo entre os respeitáveis ministros protestantes avivamentistas, líderes das agências missionárias e pastores de grandes igrejas conservadoras. Nesse contexto, foram importantes as conferências bíblicas de verão, promovidas pelos movimentos conservadores, que estavam em sua fase inicial de organização. Entre seus promotores, figuravam pré-milenistas conhecidos, como James Inglis (1813-1872) e George Needham (1840-1902).[43] Com a morte de Inglis, as reuniões foram suspensas até serem retomadas em 1875, na cidade de Chicago, já com a participação de James Brookes (1843-1921), Nathaniel West (1826-1906) e William J. Erdman (1834-1903). Adoniran Judson Gordon juntou-se ao grupo em Swampscott, Massachusetts, em 1876. Na agenda dos encontros, incluía-se a fé dispensacionalista, por meio das exposições de Brookes sobre o arrebatamento pré-tribulacionista típico de Darby. A partir de então, decidiram reunir-se novamente em Watkins Glen, Nova York, sob o nome de Believers' Meeting for Bible Study [Encontro de Crentes para Estudo da Bíblia], em que o tema da volta de Cristo e de seu governo sobre Israel, a igreja e o mundo recebeu atenção especial. Novos encontros foram realizados em Old Orchard (1881), Mackinac Island (1882) e Niagara-on-the-Lake, Ontário, Canadá (de 1883 a 1897), quando o nome mudou para Conferência Niágara. Com inspiração nesses encontros, foi promovida a primeira Conferência Bíblica e Profética Americana, realizada em Nova York, em 1878, e um segundo encontro em Chicago, no qual os defensores do dispensacionalismo ganharam proeminência. Depois de 1884, uma crise se instaurou no movimento, em razão da oposição sistemática do pastor batista canadense Robert Cameron, que diminuiu significativamente a influência das ideias de Darby. Entretanto, os dispensacionalistas continuaram unidos aos demais conservadores na oposição ao modernismo teológico.[44]

43 WEBER, Timothy P. *On the Road to Armageddon: How Evangelicals Became Israel's Best Friend*. Grand Rapids: Baker Academic, 2004, p. 32-4.
44 WILKINSON, *For Zion's Sake*, p. 247-50.

A partir dos anos 1880, do mesmo movimento das conferências bíblicas emergiram os institutos bíblicos – escolas de formação de leigos, livres do estudo de grego e hebraico, mais interessados no evangelismo que em uma exegese técnica.[45] Alguns exemplos dessas instituições são o Instituto Bíblico de Dwight Moody, fundado em 1886, e o Instituto Bíblico de Los Angeles, criado em 1908, com o apoio financeiro dos irmãos milionários do petróleo Lyman e Milton Stewart, que financiaram também os doze volumes de *The Fundamentals* [Os fundamentos]. Ambos os institutos seriam protótipos de treinamento bíblico e missionário para fazer frente aos seminários, então dominados pela hermenêutica histórico-crítica.[46] Os principais seminários protestantes com foco escatológico dispensacionalista emergiram desse movimento, como o Seminário Teológico de Dallas e a Trinity Evangelical Divinity School [Escola Evangélica de Divindade Trindade], em Deerfield, Illinois, além de muitos seminários batistas do sul, atualmente pré-milenistas em sua escatologia.[47]

Para Timothy Weber, o motivo mais importante da aceitação do dispensacionalismo entre os evangélicos americanos foi a defesa da Bíblia em uma época na qual sua autoridade era questionada pelo liberalismo teológico. Além disso, a alta crítica acabou desencorajando os cristãos de ler e interpretar o texto sagrado – função destinada aos especialistas –, enquanto os dispensacionalistas defendiam a liberdade de qualquer um tomar o texto usando apenas uma concordância bíblica e métodos de leitura. Evidentemente, o sistema forçava o conteúdo da Bíblia para dentro do complexo sistema dispensacional, porém a estava salvando de seus detratores, e isso foi fundamental para muitos conservadores.[48] Outra característica do dispensacionalismo de Darby era a lealdade à doutrina apostólica, especialmente na crença sobre a volta de Cristo, que o colocava diretamente em oposição aos liberais de então. Além disso, ele defendia a intervenção sobrenatural de Deus

45 WEBER, *On the Road to Armageddon*, p. 35.
46 AMMERMAN, Nancy T. North American Protestant Fundamentalism. In: MARTY, Martin E.; APPLEBY, R. Scott (orgs.). *Fundamentalisms observed*. Chicago: The University of Chicago Press, 1994, p. 21.
47 POCOCK, The Influence of Premillennial Eschatology..., p. 132.
48 WEBER, *On the Road to Armageddon*, p. 36-9.

na história, que culminava no literalismo apocalíptico de uma luta de anjos, demônios e do Senhor para estabelecer a justiça no mundo – e isso coincidia com os grandes avivamentos e o então incipiente pentecostalismo.[49] Daí a acolhida efusiva no movimento pentecostal (apesar de os dispensacionalistas serem originariamente contrários ao pentecostalismo), uma vez que muitos de seus pioneiros viam nessa escatologia um "apoio útil para enfatizar a segunda vinda pré-milenista de Cristo, o arrebatamento da igreja, os sete anos da Grande Tribulação, o Milênio e o julgamento cataclísmico que marcará o fim da presente ordem". As características essenciais do dispensacionalismo, inclusive o lugar de Israel nos tempos finais, continuam a ser doutrinas fundamentais para as Assembleias de Deus (americanas), a maior denominação pentecostal do mundo.[50]

Assim, o dispensacionalismo de John Nelson Darby encontrou campo fértil entre os americanos por ecoar os temores e as aspirações de muitos conservadores em meio à crise desencadeada pela modernidade. Para combater o inimigo comum, uniram-se em uma coalizão interdenominacional, um imenso movimento do qual os dispensacionalistas faziam parte. Se nas décadas iniciais não obtiveram completa respeitabilidade entre os teólogos conservadores nem conquistaram o *mainstream* teológico, permaneceram ativos ao longo do século 20 por terem conseguido se tornar uma subcultura bastante flexível e popular.[51]

A consolidação do dispensacionalismo americano

Alguns teólogos americanos foram profundamente inspirados por John Darby e adotaram o dispensacionalismo como um sistema teológico e escatológico fundamental de seu pensamento. O primeiro deles foi **James Hall Brookes** (1830-1897), pastor presbiteriano de Walnut Street que endossou o pré-milenismo futurista e a distinção entre Israel e igreja, e se tornou o mais influente porta-voz do

49 WEBER, *On the Road to Armageddon*, p. 41-2.
50 WILKINSON, *For Zion's Sake*, p. 251.
51 WEBER, *On the Road to Armageddon*, p. 43.

dispensacionalismo na época ao promover classes bíblicas, publicar livros e periódicos como a revista *The Truth* [A verdade], e organizar a Conferência Profética de Nova York (1878), além de palestrar nas reuniões de Niágara. Foi ele o discipulador de Cyrus Scofield, de quem falaremos mais adiante.[52]

William Eugene Blackstone (1841-1935) era metodista e um bem-sucedido homem de negócios. Ele encontrou grande motivação na visão dispensacional, especialmente no que se refere ao restabelecimento nacional de Israel. Em 1887, fundou a Chicago Hebrew Mission for the Evangelization of the Jews [Missão Hebraica de Chicago para a Evangelização dos Judeus] e escreveu, em 1908, o livro *Jesus is Coming* [Jesus está vindo], que vendeu mais de um milhão de cópias em três edições.[53] Blackstone ficou famoso, inclusive entre a comunidade judaica, por seu ativismo político em prol do restabelecimento da pátria judaica na Palestina – trataremos de sua atuação política no capítulo 5.

Outra figura importante foi **Arno Clemens Gaebelein** (1861-1945), judeu imigrante da Turíngia convertido ao protestantismo que servia como ministro metodista nos Estados Unidos. Em parceria com Ernst Stroeter, buscou mudar a evangelização de judeus, insistindo em que os convertidos não precisavam abandonar a identidade judaica. Criou uma comunidade cristã messiânica com símbolos judaicos, guarda do sábado e incorporação das festas judaicas em sua liturgia.[54] Sua posição foi muito contestada, segundo os argumentos de seus opositores, por comprometer o evangelho da graça, o que o levou a se mudar para a Alemanha, onde deu continuidade ao trabalho de evangelização de judeus.[55]

No campo educacional, o nome mais importante do dispensacionalismo talvez tenha sido **Dwight Lyman Moody**, que mostrou muita simpatia pelo povo judeu e pela restauração nacional na Palestina em

52 SIZER, *Christian Zionism*, p. 68.
53 ICE, Thomas. Lovers of Zion: A History of Christian Zionism. *Article Archives*, Lynchburg, USA, Paper 29, p. 1-27, maio 2009, p. 17. Disponível em: https://digitalcommons.liberty.edu/pretrib_arch/29/.
54 WILKINSON, *For Zion's Sake*, p. 254.
55 WEBER, *On the Road to Armageddon*, p. 124-5.

seus escritos. Embora mais discreto na especulação sobre os sinais do retorno de Cristo, tinha a convicção de que Israel era um povo separado da igreja. Sua maior contribuição à causa dispensacionalista foi por meio da Chicago Evangelization Society [Sociedade de Evangelização de Chicago], fundada em 1886 e depois renomeada para Instituto Bíblico Moody, importante instituição voltada ao treinamento de líderes, o que conferiu respeitabilidade ao dispensacionalismo.[56]

Cyrus Ingerson Scofield (1843-1921) é considerado o mais importante divulgador do dispensacionalismo no mundo. Foi profundamente influenciado por James Brookes, que o doutrinou após sua conversão, em 1879, além de ter sido próximo a Dwight Moody. Em 1890, lançou um curso bíblico por correspondência, que seria usado pelo Instituto Moody para promover o dispensacionalismo em todo o mundo. Publicou a *Bíblia de referência Scofield* em 1909 (revisada em 1967), por meio da qual produziu a mais sistemática e popular expressão do dispensacionalismo clássico.[57] A combinação de um formato atraente, notas ilustrativas e referências bíblicas cruzadas levou sua Bíblia a ser considerada o mais influente livro entre os evangélicos conservadores durante a primeira metade do século 20.[58] Outra participação de Scofield foi como diretor da Southwestern School of the Bible [Escola de Bíblia do Sudoeste], em Dallas, onde influenciou Lewis Sperry Chafer (1871-1952) a fundar o Seminário Teológico de Dallas, hoje o principal difusor do dispensacionalismo.[59]

O apelo midiático do dispensacionalismo americano

A fundação do Estado de Israel (1948) e a vitória israelense na Guerra dos Seis Dias (1967) impulsionaram o dispensacionalismo. Como representantes de uma corrente teológica profética que aparentemente estava se cumprindo – uma vez que, de fato, Israel havia se tornado uma nação organizada na Terra Santa –, os dispensacionalistas lançaram-se em uma indústria nova e crescente: a da profecia bíblica. Dominando

56 SIZER, *Christian Zionism*, p. 70.
57 WILKINSON, *For Zion's Sake*, p. 256-7.
58 SIZER, *Christian Zionism*, p. 75.
59 COUCH, Mal. *Dictionary of premillennial theology*. Grand Rapids: Kregel Publications, 1996, p. 392.

a linguagem dos meios de comunicação mais modernos, atingiram em cheio a cultura popular.[60]

Essa habilidade de se comunicar com as massas já se percebia em nomes como William Blackstone, cujo livro *Jesus is Coming* tornou-se um sucesso de vendas em seu tempo. Também a *Bíblia de Scofield*, com seu apelo visual e linguagem acessível, tornou-se extremamente popular. O maior exemplo dessa capacidade comunicativa, porém, deve ser creditado a **Hal Lindsey**, ainda vivo enquanto escrevo este livro. Lindsey é um pastor formado no Seminário de Dallas, instituição em que estudou o dispensacionalismo com seus principais teólogos. Tornou-se diretor da Cruzada Estudantil e Profissional para Cristo (hoje CRU) na Universidade da Califórnia durante os anos de 1960, desenvolvendo uma linguagem adequada a uma geração que vivia os horrores da guerra do Vietnã e o clima tenso da Guerra Fria (lembre-se, por exemplo, da crise dos mísseis soviéticos em Cuba, em 1962). Suas palestras sobre escatologia resultaram em um livro de grande sucesso, *The Late Great Planet Earth* [lançado no Brasil com o título *A agonia do grande planeta Terra*], publicado em 1970.[61] O livro de Lindsey foi amplamente distribuído por livrarias seculares, farmácias, bancas de aeroportos e supermercados, exatamente no tempo em que os americanos passaram a se interessar pelo sobrenatural e pelo paranormal.[62]

A literatura sobre profecias explodiu no meio protestante a partir do sucesso de Lindsey, abrindo-se um novo mercado pré-milenista para televangelistas como Oral Roberts (1918-2009), Rex Humbard (1919-2007), Kenneth Copeland, Jimmy Swaggart, Jerry Falwell (1933-2007) e Jim Bakker. Nos anos de 1990, foi criado o *Armageddon Books* [63] – um site para venda de livros, filmes e materiais diversos sobre escatologia, ativo até hoje e que registra a imensa quantidade de material que os dispensacionalistas produziram e continuam produzindo.[64]

---

60 WEBER, *On the Road to Armageddon*, p. 187.
61 No Brasil, publicado como *A agonia do grande planeta terra*.
62 WEBER, *On the Road to Armageddon*, p. 188-90.
63 Disponível em: https://www.armageddonbooks.com.
64 WEBER, *On the Road to Armageddon*, p. 192.

Mas sua influência não se limitou ao campo da literatura sensacionalista: estendeu-se também ao meio acadêmico conservador. Autores importantes foram despontando, como John Walvoord (1910-2002), Charles Ryrie (1925-2016) e Dwight Pentecost (1915-2014), entre outros, e das mais diversas linhas, que vão do dispensacionalismo clássico ao progressivo.

Contudo, a maior recepção popular foi mesmo no campo da literatura profética sobre o fim dos tempos. **Tim LaHaye** (1926-2016), pastor batista e autor de livros de sucesso na área de autoajuda e psicologia cristã, começou a escrever sobre profecia no início dos anos de 1970. Preocupado com a diminuição da ênfase no arrebatamento pré-tribulacionista entre as igrejas, veio a ser um dos fundadores do Pre-Trib Research Center [Centro de Pesquisas Pré-Trib], em Dallas.[65] Em parceria com Jerry Jenkins, autor de mais de 140 livros cristãos, LaHaye transformou a escatologia dispensacionalista em uma narrativa empolgante, publicada a partir de 1995 na forma de 12 livros, todos parte de um grande romance ficcional intitulado *Deixados para trás*. A obra foi um estrondoso sucesso de vendas, cujos três primeiros livros ganharam até uma versão cinematográfica.[66] Essa série é um exemplo de como os dispensacionalistas trabalham bem a questão da comunicação de massa, com publicação livros, sites, filmes e documentários diversos. O resultado desse trabalho pode ser visto no site exclusivo da franquia: LeftBehind.com.[67] A série tocou fundo na cultura norte-americana, e os ataques terroristas sofridos em 11 de setembro de 2001 ampliaram a visão apocalíptica que o cenário parecia confirmar.[68]

Uma das estratégias dispensacionalistas ao trabalhar o imaginário popular está na constante avaliação dos noticiários e em que medida estão confirmando as profecias escatológicas. Hal Lindsey faz exatamente isso em um segundo livro de sucesso, intitulado *Os anos 80:*

65 Disponível em: https://www.pre-trib.org.

66 Foram produzidos três filmes: Deixados para trás: o filme (2000), Deixados para trás II: Comando Tribulação (2003) e Deixados para trás III: mundo em guerra (2006). O primeiro filme teve uma refilmagem, estrelada por Nicolas Cage, em 2014, sob o título de O Apocalipse. MOURA, Marcelo. *A franquia Left Behind – Deixados para trás* (2000-2014). Disponível em: https://noset.com.br/franquia-left-behind-deixados-para-tras-2000-2014.

67 Disponível em: https://www.tyndale.com/sites/leftbehind.

68 WEBER, *On the Road to Armageddon*, p. 196.

contagem regressiva para o juízo final, no qual lista uma série de acontecimentos e prevê o que deveria acontecer no contexto político internacional.[69] Mas talvez o exemplo mais extremo seja o *Rapture Index* [Índice do arrebatamento], criado em 1995 pelo evangelista Todd Strandberg. Trata-se de uma análise de 45 categorias proféticas, como terremotos, tecnologia para a marca da Besta, guerras, fome, peste, ecumenismo e apostasia, que, a exemplo da Dow Jones, classifica cada categoria com notas de 1 a 5, cuja soma mostra quanto o mundo está se aproximando do final. Segundo o autor, a pontuação 145 significa "apertem os cintos", pois o arrebatamento estaria bem próximo. Após os ataques terroristas de 11 de setembro de 2001, a pontuação chegou a 182.[70] O site continua ativo: depois do anúncio da transferência da embaixada americana para Jerusalém, a pontuação chegou a 187; no momento em que escrevo estas linhas, tendo como pano de fundo histórico a guerra de Israel contra o Hamas na Faixa de Gaza, o número subiu para 188.[71]

As diferentes escolas dispensacionalistas hoje

O que descrevi até agora foi a emergência do dispensacionalismo e seu predomínio na cultura evangélica americana. Esse crescimento se deu naquilo que se convencionou chamar **dispensacionalismo clássico**. Entretanto, como bem observa o teólogo Michael Vlach, o dispensacionalismo não é uma tradição estática, congelada no tempo. Tendo isso em perspectiva, Vlach apresenta, além do clássico, as versões revisada e progressiva. O **dispensacionalismo revisado** ou **modificado** data aproximadamente dos anos de 1950 a 1985, em cuja versão houve o afrouxamento de algumas distinções entre Israel e igreja, pois não enfatiza tanto o dualismo terreno e celestial entre ambos, contudo mantém a distinção antropológica, que deverá permanecer por toda a eternidade. A outra variante, surgida depois de 1985, foi o **dispensacionalismo progressivo**, que se refere a uma progressão das sucessivas

69 LINDSEY, Hal. *Os anos 80: contagem regressiva para o juízo final*. Rio de Janeiro: Record, 1982.
70 WEBER, *On the Road to Armageddon*, p. 211-2.
71 Faça sua pesquisa e descubra a quantas anda o arrebatamento segundo o *Rapture Ready*. Disponível em: https://www.raptureready.com/rapture-ready-index.

dispensações e defende maior continuidade entre Israel e a igreja que os outros dois tipos. Para os dispensacionalistas progressivos, há uma igualdade espiritual, mas que não resulta em identidade funcional – ou seja, Israel permanece etnicamente distinto para o reino milenar.[72]

Por fim, Vlach também descreve, de forma esclarecedora, as listas de crenças essenciais do dispensacionalismo. Charles Ryrie elaborou uma lista em 1965 com três elementos fundamentais; John Feinberg apresentou, em 1988, uma lista com seis conceitos essenciais; em 1993, Craig Blaising e Darrell Bock elaboraram uma lista de oito características comuns do dispensacionalismo. Tomando por base essas listas, Vlach elaborou sua definição de dispensacionalismo, sustentada em seis pontos e que pode ser resumida da seguinte forma: 1) a revelação do Novo Testamento não anula ou cancela o significado original do Antigo Testamento; 2) existem tipos, mas Israel não é substituído pela igreja; 3) Israel e igreja são distintos; 4) há unidade espiritual entre judeus e gentios, e um papel futuro para Israel; 5) a nação de Israel será salva e restaurada com uma função única no reino milenar; 6) os múltiplos significados de "semente de Abraão" não cancelam as promessas de Deus para os judeus.[73] Penso que o que apresentei até aqui faz jus à lista de Vlach.[74]

O dispensacionalismo no Brasil

Há certa idealização na sociedade brasileira com relação aos Estados Unidos, que considera superior praticamente tudo que vem da parte norte da América. Esse fenômeno atinge especialmente o meio evangélico, como bem percebe o sociólogo Gedeon Alencar a respeito do

72 VLACH, Michael J. *Dispensacionalismo: crenças essenciais e mitos comuns*. Eusébio: Peregrino, 2016, p. 22-6.

73 VLACH, *Dispensacionalismo*, p. 35-55.

74 Provavelmente, alguns dispensacionalistas não ficarão satisfeitos com minha apresentação de sua doutrina. Não é minha tarefa dirimir as pendências em torno da doutrina, já que a discussão entre os próprios dispensacionalistas está longe de terminar. Vários elementos do dispensacionalismo clássico estão ausentes na variação progressiva, por exemplo: o número de dispensações; a separação entre igreja e Israel não é tão bem estabelecida; a reconstrução do Templo e a retomada dos sacrifícios em Jerusalém também é rejeitada. Veja a crítica aos progressistas em BIGALKE JR., Ron. *Problems with Progressive Dispensationalism*. Disponível em: https://www.pre-trib.org/articles/ron-bigalke/message/problems-with-progressive-dispensationalism/read.

"deslumbramento" evangélico por tudo que vem do exterior, redundando em uma importação de estratégias eclesiásticas *made in USA*.[75] Por isso, o primeiro ponto a considerar é a profunda influência sofrida pelos evangélicos do Brasil oriunda de seus irmãos da América do Norte.

A conexão brasileira com os Estados Unidos

Certa vez, eu estava em um culto da igreja batista de Porto Alegre da qual eu era membro. Um conhecido, ex-assembleiano e agora ateu, estava sentado ao meu lado. Naquele dia, havíamos recebido a visita de um pastor americano, que pregava com a tradicional tradução executada pelo pastor da igreja. Em dado momento, esse conhecido cochichou: "Os batistas babam quando aparece um americano". Tive de rir. Ele estava certo. De maneira muito consistente, sempre vi pastores americanos recebendo uma atenção desproporcional em qualquer igreja batista que eu tenha frequentado.

Essa americanização da tradição evangélica brasileira se dá por várias razões. Uma delas está na origem eclesiástica da maior parte das denominações protestantes históricas. Mesmo o luteranismo, de origem alemã, tem um vínculo americano pela Igreja Evangélica Luterana do Brasil, que veio do Sínodo do Missouri. Já o protestantismo missionário tem praticamente todas as suas vertentes como resultado de um impulso inicial americano, segundo Antônio Gouvêa Mendonça.[76] Além das igrejas missionárias, diversas instituições paraeclesiásticas norte-americanas chegaram ao Brasil depois da metade do século 20.[77] A partir dos anos 1970, o Brasil recebeu ainda mais organizações, como Jovens da Verdade, Palavra da Vida, Mocidade para Cristo e Sepal (Serviço de Evangelização para a América Latina), que "abriram caminho para que jovens de diferentes igrejas se reunissem e se conhecessem em congressos, acampamentos, campanhas, reuniões de

---

75 ALENCAR, *Protestantismo tupiniquim*, p. 143.

76 MENDONÇA, Antonio Gouvêa. O protestantismo no Brasil e suas encruzilhadas. *Revista USP*, São Paulo, n. 67, p. 48-67, set/nov 2005, p. 53. Disponível em: https://www.revistas.usp.br/revusp/article/download/13455/15273.

77 MENDONÇA, Antônio Gouvêa; VELASQUES FILHO, Prócoro. *Introdução ao protestantismo no Brasil*. São Paulo: Loyola, 1990, p. 142.

estudo, institutos bíblicos e seminários teológicos".[78] A inauguração da informalidade e de certo "ecumenismo" entre os projetos conservadores de igrejas produziu um campo fértil para a divulgação de ideias e teologias de origem americana. Foi justamente nesse meio que o dispensacionalismo penetrou com sucesso.

Mas devemos considerar que os protestantes históricos não são expressivos, e sim minoritários em relação aos demais evangélicos brasileiros. O "protestantismo" que deu certo no Brasil foi o pentecostalismo, porém, a ligação original com os Estados Unidos, nesse caso, não existe. Como aponta Gedeon Alencar, as Assembleias de Deus, apesar de terem berço americano, foram trazidas pelos europeus lá residentes, o que fez muita diferença. Segundo ele, as igrejas das primeiras décadas não tinham ligação nenhuma com o *American way of life* e acabaram seguindo um caminho bem distinto.[79] Entretanto, a influência dos Estados Unidos emergiu a partir dos anos de 1950, quando o pentecostalismo recebeu cada vez mais inovações teológicas e institucionais de missionários americanos que chegavam ao Brasil.[80]

A influência americana observada na "primeira onda" do pentecostalismo foi mais explícita na "segunda onda", iniciada pelos missionários dos Estados Unidos na fundação da Igreja Quadrangular. Por fim, a influência americana na "terceira onda", o neopentecostalismo, também foi profunda, especialmente pela importação da doutrina da prosperidade, formulada por Kenneth Hagin (1917-2003). Ele foi um dos muitos autores americanos traduzidos no Brasil, como Thomas Lee Osborn (1923-2013), Frank Peretti, Benny Hinn, C. Peter Wagner (1930-2016), entre outros. Além disso, muitos brasileiros foram estudar em seminários teológicos americanos e outros tantos pregadores foram trazidos ao Brasil para participar de congressos como preletores.[81] Por isso, Ricardo Mariano conclui: "Estes exemplos, não

78 BELLOTTI, Karina. Entre a cruz e a cultura pop: mídia evangélica no Brasil. In: FERREIRA, João Cesário Leonel (org.). *Novas perspectivas sobre o protestantismo brasileiro*. São Paulo: Fonte; Paulinas, 2009, p. 293.

79 ALENCAR, Gedeon. Pentecostalismo clássico. Congregação Cristã no Brasil e Assembleias de Deus: construção e identidade. In: DIAS, Zwinglio Mota; PORTELLA, Rodrigo; RODRIGUES, Elisa (orgs.). *Protestantes, evangélicos e (neo) pentecostais: história, teologias, igrejas e perspectivas*. São Paulo: Fonte, 2013, p. 170.

80 MARIANO, Ricardo. *Neopentecostais: sociologia do novo pentecostalismo no Brasil*. São Paulo: Loyola, 1999, p. 39.

81 MARIANO, *Neopentecostais*, p. 40-1.

exaustivos, são suficientes para mostrar as crescentes influência e penetração de modismos teológicos e de instituições americanos no pentecostalismo brasileiro recente".[82] David Bledsoe, ao fazer um levantamento da história do pentecostalismo e do neopentecostalismo no Brasil, concorda em que "o pentecostalismo brasileiro tem sido um receptor do pentecostalismo americano desde o seu início", mas não sem remodelamentos. Nunca se trata de uma transferência pura de doutrinas e práticas, por isso, "o movimento neopentecostal brasileiro mostra semelhanças e interdependências com o pentecostalismo global e americano. Não obstante, demonstra suas próprias peculiaridades e distinções locais".[83]

A conexão histórica das igrejas brasileiras com os Estados Unidos resultou na replicação de algumas características. A primeira é a **associação voluntária** do crente convertido, trazido pelos missionários avivamentistas de cepas congregacional, presbiteriana, metodista e batista.[84] Os mais honrados herdeiros do avivamentismo tradicional americano no Brasil, porém, provavelmente são os pentecostais, com sua tradicional ênfase na experiência de fé.[85] A segunda característica é o **fundamentalismo**.[86] Embora não tenha sido veiculada no Brasil nenhuma obra substancial como o *The Fundamentals* americano, podemos aferir seus princípios tanto pela afirmação quanto pela negação. A afirmação seria a fervorosa manutenção dos fundamentos da fé, ou seja, da ortodoxia protestante, presente em boa parte das igrejas evangélicas históricas e pentecostais clássicas. Já a negação é a tendência ao sectarismo, a exclusão dos "hereges" (ou seja, os que divergem em algum ponto da doutrina), considerados "impuros" ou

82 MARIANO, *Neopentecostais*, p. 41.

83 BLEDSOE, David Allen. *Movimento neopentecostal brasileiro: IURD: um estudo de caso*. São Paulo: Hagnos, 2012, p. 55-8.

84 MENDONÇA, Antonio Gouvêa. *O celeste porvir: a inserção do protestantismo no Brasil*. 2. ed. São Paulo: Aste; São Bernardo do Campo: Instituto Metodista de Ensino Superior, 1995, p. 190.

85 MENDONÇA; VELASQUES FILHO, *Introdução ao protestantismo no Brasil*, p. 87.

86 Como observa Roger Olson, o fundamentalismo teve dois momentos nos Estados Unidos: um de 1910 até 1925, quando ocorreu a emergência do movimento como uma defesa da ortodoxia protestante contra as inovações modernistas do liberalismo teológico; outro depois de 1925, quando a discussão arrefeceu e se acrescentou a crença de que os cristãos verdadeiros deveriam evitar contato com os falsos cristãos e suas organizações, por serem doutrinariamente impuros. Isso resultou na principal característica do fundamentalismo: o sectarismo. Desde então, para ser um crente verdadeiro, você deve assinar todos os itens da lista de "fundamentos da fé", inclusive questões secundárias, como o tipo de escatologia em que você crê. OLSON, Roger E. *História da teologia cristã: 2000 anos de tradição e reformas*. São Paulo: Vida, 2001, p. 569-82.

mesmo falsos cristãos. Como há muitas ortodoxias distintas, a lista de hereges também é enorme. A terceira característica seria a **escatologia pré-milenista.** Sua tendência se explica pela proposta contracultural dos evangélicos americanos e brasileiros de enxergar o mundo como um campo de batalha, no qual homens e mulheres são convocados a esperar o arrebatamento e o começo do Milênio.[87] Assim como nos Estados Unidos, a tendência escatológica da maioria das igrejas veio a ser o dispensacionalismo, como veremos adiante.

O brasileiro e o sobrenatural

Os brasileiros são atraídos pelo sobrenatural. Em uma classificação famosa, José Bittencourt Filho afirma existir uma "mentalidade média dos brasileiros", uma representação religiosa coletiva gestada ao longo dos séculos iniciais da formação do Brasil, que ele denomina **matriz religiosa brasileira.** Essa matriz teria em sua composição três elementos fundantes. Os dois primeiros: o catolicismo ibérico, impregnado pela magia medieval, somado às religiões indígenas e a elas vinculado pela mestiçagem. O terceiro: a religião trazida pelos escravos da África, com a qual se articulou por meio do sincretismo. A essa "amálgama" de religiões, construída ao longo de três séculos, seria acrescido o espiritismo kardecista europeu, o qual concluiu, no século 19, a configuração da matriz religiosa brasileira.[88] Uma das crenças que compõem essa matriz é o **sobrenaturalismo**, presente nas culturas que a formaram: a católica ibérica, a ameríndia, a africana e a kardecista. Ela produziu a convicção de que os mundos espiritual, natural e cotidiano estão interligados e são mutuamente influenciados, o que atualmente é partilhado pela maioria dos brasileiros.[89]

Outro pesquisador, Antônio Máspoli Gomes, aponta algo semelhante. Segundo ele, os movimentos messiânicos do Brasil (especialmente do final do século 19 e início do século 20, como Canudos e Contestado) revelam uma "raiz mítica e religiosa" impregnando a

---

87 BONINO, José Miguez. *Rostos do protestantismo latino-americano*. São Leopoldo: Sinodal, 2002, p. 38.
88 BITTENCOURT FILHO, José. *Matriz religiosa brasileira: religiosidade e mudança social*. Petrópolis: Vozes; Rio de Janeiro: Koinonia, 2003, p. 41.
89 BITTENCOURT FILHO, *Matriz religiosa brasileira*, p. 50-1.

alma portuguesa e brasileira. Essa raiz poderia ser encontrada em três fontes: o catolicismo popular, os mitos indígenas e o sebastianismo português. O catolicismo popular trouxe uma interpretação particular do Messias e do messianismo, na ardente expectativa da vinda de um mensageiro divino que implementaria o justo reino de Deus. A crença indígena da Terra sem Males, na qual haveria fartura e paz, constituiu o universo religioso do sertanejo. Por fim, o sebastianismo, a crença portuguesa do século 16 de que o rei D. Sebastião (morto em batalha em 1578) voltaria com uma miríade de anjos para salvar seu país foi muito difundida no Brasil pelo padre português Antônio Vieira.[90]

Assim, o sobrenaturalismo da matriz ou imaginário religioso brasileiro, manifestado, entre outras vertentes, na expectativa messiânica, seria um elemento que pode estar compondo a estrutura teológica de pensamento em diversos segmentos da cultura evangélica brasileira. Sua manifestação parece evidente se for considerado o neopentecostalismo, dada sua "empedernida batalha cósmica entre Deus e o Diabo pelo domínio da humanidade".[91]

Mas qual a relação entre o dispensacionalismo e o caráter sobrenaturalista do brasileiro? Penso que o sistema se posiciona como uma crença com todos os ingredientes sensacionalistas e mágicos que nos agradam, mesmo quando pensamos nossas comunidades como um povo "nadando contra a maré". O problema é que fazemos parte do mesmo rio cultural sem nos darmos conta disso. Obviamente, o dispensacionalismo aproxima-se do messianismo por tratar da volta do verdadeiro Messias, Jesus Cristo, mas seus pressupostos envolvem outros aspectos apocalípticos – no sentido catastrófico do termo – que remetem ao sobrenatural. Convém lembrar que o arrebatamento pré-tribulacionista, com a fértil imaginação de carros e aviões desgovernados durante o rapto da igreja, está no centro de tudo e talvez seja o aspecto mais invocado popularmente. As figuras do Anticristo, da

90 GOMES, Antônio Máspoli de Araújo. As fontes do messianismo milenarista brasileiro em uma perspectiva mítico-religiosa. In: ARAGÃO, Gilbraz; CABRAL, Newton; VALLE, Edênio (orgs.). *Para onde vão os estudos da religião no Brasil?* São Paulo: ANPTECRE, 2014, p. 139-84.

91 MARIANO, *Neopentecostalismo*, p. 44.

besta que emerge do mar, do Dragão, de demônios em forma de gafanhotos e de todas as outras criaturas fantásticas descritas de maneira tão vívida no Apocalipse são trazidas a um literalismo catastrófico que talvez esteja encontrando abrigo em uma crença geral previamente estabelecida no imaginário religioso brasileiro, o que pode ter influenciado o sucesso da proposta dispensacionalista.

Publicações dispensacionalistas no Brasil

Se observarmos a literatura escatológica publicada no Brasil, perceberemos quanto o dispensacionalismo é influente e longevo. O mais antigo livro publicado no Brasil, com orientação escatológica dispensacionalista, foi *Maranata* (do presbiteriano Alfredo Borges Teixeira), em 1921. Depois dele, outros presbiterianos publicaram *A Bíblia e o fim do mundo*, *A Bíblia e o tempo* (ambos de Antônio Alvarenga), *Profecias e dispensações* (de Samuel Ladeira) e *As coisas que em breve devem acontecer* (Francisco de Assis Ladeira).[92] Entretanto, a exemplo do que ocorreu nos Estados Unidos, a explosão da literatura dispensacionalista só se deu após a Guerra dos Seis Dias (1967), por meio de traduções de obras norte-americanas. Um livro rapidamente traduzido para o português foi *O conflito árabe-israelense e... a Bíblia* (de Wilbur Smith), que descreve os árabes como descendentes de Ismael e Edom, e, por isso, uma etnia em ódio perpétuo contra o povo de Deus.[93] *A agonia do grande planeta Terra* (de Hal Lyndsey), sucesso mundial de vendas na casa dos 30 milhões de cópias,[94] foi traduzido e publicado no Brasil em 1973 e listado entre os livros mais influentes da história entre os evangélicos brasileiros.[95]

---

92 MENDONÇA; VELASQUES FILHO, *Introdução ao protestantismo no Brasil*, p. 141-2.

93 SMITH, Wilbur M. *O conflito árabe-israelense... e a Bíblia*. São Paulo: IBR, 1970, p. 75.

94 ROCHA, Daniel. *Fim dos tempos nos Estados Unidos: escatologia, fundamentalismo religioso e identidade nacional em Hal Lindsey e Tim LaHaye* (1970-1980). Tese (doutorado). Belo Horizonte: Universidade Federal de Minas Gerais, 2017, p. 209.

95 Conforme Ricardo Gouvêa: "calcado no pré-milenismo dispensacionalista de Scofield, este 'best-seller' apocalíptico empolgou os profetas do fim do mundo no Brasil com sua interpretação literalista imprudente e seu patriotismo americano acrítico. Lindsey foi o arauto de três décadas das mais absurdas especulações escatológicas em nossas igrejas". GOUVÊA, Ricardo Quadros. *Quarenta livros que fizeram a cabeça dos evangélicos brasileiros nos últimos quarenta anos*. Disponível em: https://bibliotecadamemorial.wordpress.com/2011/07/27/quarenta-livros-que-fizeram-a-cabeca-dos-evangelicos-brasileiros-nos-ultimos-quarenta-anos.

Um fator importante a considerar é que boa parte dos livros evangélicos no Brasil é publicada por professores de seminários, como o reverendo Alfredo Teixeira (1878-1975), docente do Seminário Teológico da Igreja Presbiteriana Independente durante 35 anos.[96] Considerando-se que, em geral, a escrita é posterior à experiência acadêmica ou eclesiástica, posso deduzir o tamanho da influência desses autores na formação teológica de líderes e ministros, com seu ensino chegando às igrejas locais. Também são essas figuras eminentes que produzem Bíblias comentadas, outro foco de minha pesquisa. Por serem produzidas por autoridades teológicas ou eclesiásticas, caem no gosto popular como consulta rápida, além de serem um verdadeiro filão comercial. A mais famosa delas é a *Bíblia de estudo Scofield*,[97] cujo autor sistematizou o dispensacionalismo em 1909, tornando-se uma referência para os fundamentalistas desde então, só perdendo em relevância para a série *The Fundamentals,* de 1910.[98] Outras Bíblias comentadas foram publicadas no Brasil por dispensacionalistas conhecidos, como Charles Ryrie, Tim LaHaye, Finis Dake, John MacArthur e Jimmy Swaggart, sem falar nas produções coletivas. As Bíblias publicadas pela Assembleia de Deus, por exemplo, são dispensacionalistas.

O teólogo batista Harald Schaly ilustrou bem a elevada influência do dispensacionalismo no Brasil em um livro publicado em 1984. A citação é longa, mas vale o registro:

> Hoje este sistema se infiltrou em quase todas as denominações, e é extremamente ativo, sendo propagado através de livros, artigos e programas sensacionalistas de rádio e televisão. Como esta escola escatológica não foi aceita por nenhuma das grandes denominações históricas, mas encontrou, em todas elas, um número considerável de adeptos, entre eles muitos pastores, as tendências destes têm sido, sem se afastarem das fileiras denominacionais, formarem um interdenominacionalismo escatológico. E, como nenhum dos seminários, geralmente credenciados pelas denominações existentes, aceitou este sistema escatológico estranho a toda história e tradição cristã, criaram um grande número de institutos bíblicos, dos

96 Conforme informação da contracapa da edição comemorativa ao cinquentenário de sua publicação. TEIXEIRA, *Maranata ou O Senhor Vem*.

97 *Bíblia de estudo Scofield*. São Paulo: Holy Bible, 2009.

98 *Os fundamentos para o século 21: examinando os principais temas da fé cristã*. São Paulo: Hagnos, 2009, p. 25-6.

> quais o mais notável é o Moody Bible Institute. Só recentemente estabeleceram seu próprio seminário, que é o Dallas Theological Seminary. Mas ainda hoje o grupo dispensacionalista mantém fortes preconceitos contra a educação teológica clássica dos seminários em geral e tende a acusar, a todos que não rezam por sua cartilha, como teologicamente modernistas. [...] No Brasil, este sistema escatológico é adotado pelos Batistas Regulares, que são apoiados, financeira e doutrinariamente, dos Estados Unidos, pela organização lá conhecida como Mid-Missions. Também encontramos este sistema escatológico adotado por vários pastores, alguns de projeção, da Convenção Batista Brasileira, apesar de a Declaração de Fé das Igrejas Batistas do Brasil professar a escatologia tradicional aceita pela maioria da cristandade e em princípio expressa no Credo Apostólico. A Casa Publicadora das Assembleias de Deus tem publicado vários livros cuja posição é dispensacionalista, expressa nas obras de Orlando Boyer, *Daniel Fala Hoje*, *A Visão de Patmos*, e numa obra recente, *O Alinhamento dos Planetas*, de Nels Lawrence Olson, além de outros. A organização interdenominacional Palavra da Vida ensina este sistema escatológico em seus institutos, e, ainda que um tanto discretamente, procura disseminá-lo através de seus acampamentos e sua literatura.[99]

Enfim, como Schaly ressalta, a literatura dispensacionalista – com seu subproduto político do sionismo cristão – teve ampla penetração no contexto brasileiro há décadas e continua exercendo imensa influência até hoje. Evidentemente, o dispensacionalismo não é monolítico, isto é, há diferenças significativas entre os diversos grupos que assim se autodenominam. Entretanto, para fins da pesquisa a respeito da paixão por Israel, importa registrar que todos eles defendem a importância dos judeus e de sua nação para o tempo do fim.

+++

Como tratei no início deste capítulo, a fé cristã é essencialmente escatológica. Ela defende que o reino de Deus se fez presente na pessoa de Jesus de Nazaré. Entretanto, o cristianismo também vive certa tensão entre o que já foi realizado do reino e o que ainda não foi consumado. Vivemos nesse paradoxo.

---

99 SCHALY, Harald. *O pré-milenismo dispensacionalista à luz do amilenismo*. Rio de Janeiro: JUERP, 1984, p. 13-4.

Os textos da vasta apocalíptica cristã estão vinculados ao futuro do "ainda não". Os sinais dos tempos do fim são buscados e identificados por essa perspectiva, e os símbolos e metáforas da Bíblia são as expressões que fazem a ponte entre o passado do texto e o presente do leitor, tendo por pano de fundo a expectativa do que está por se realizar. O cristão se percebe participante de um drama mundial que pode, eventualmente, ser decifrado nas páginas do jornal do dia, por isso, os apocalipses em geral – tanto o Apocalipse do cânone cristão quanto os textos apócrifos – apresentam algumas características em comum, e uma das mais importantes é o interesse no destino histórico, porém apresentado de forma simbólica. O que está por vir é uma batalha cósmica entre o bem e o mal, concluída quando o bem prevalecer. Entretanto, como é difícil averiguar a conexão entre a realidade cósmica e a história concreta, fica sempre aberta a possibilidade de que algum acontecimento súbito venha a simbolizar o conflito espiritual profetizado. Esse fato só será percebido pela "pessoa sábia", capaz de "ler os sinais dos tempos", como aponta Gerald Bray.[100] Gostamos da sensação de estar vendo algo que ninguém mais percebe, não é? Assim, a expectativa de que o futuro finalmente está despontando abre a porta para uma especulação constante. Nesse campo, são jogadas as partidas da interpretação escatológica de cunho apocalíptico, quando não sensacionalista.

Portanto, a linha do "ainda não" do reino de Deus está vinculada às interpretações milenistas evangélicas clássicas, das quais o dispensacionalismo faz parte. Israel tem um papel importante no fim, devendo ser apoiado, mas basicamente observado. Israel, nesse caso, é o "outro" da igreja, aquele que deve ser cuidado e convertido a Jesus Cristo, o Messias prometido pelas Escrituras. Esse é o aspecto milenista da paixão por Israel.

100 BRAY, Gerald. *História da interpretação bíblica*. São Paulo: Vida Nova, 2017, p. 461.

4
JUDAIZAÇÃO

Este capítulo merece uma explicação inicial. Optei pelo título "Judaização" por não ter encontrado expressão melhor. A palavra carrega um sentido negativo, uma vez que é usada nos setores ortodoxos do protestantismo para criticar o uso de elementos judaicos em movimentos de outras denominações, especialmente pentecostais e neopentecostais. Não é essa minha intenção aqui. Quero compreender o fenômeno observando cada caso na perspectiva de seu praticante. Por isso, ao longo deste capítulo, usarei o conceito de judaização em dois sentidos: um amplo e outro estrito.

A **judaização em sentido amplo** é aquela definição mais simples, que consta nos dicionários: "A observação, total ou parcial, das leis e dos ritos judaicos por parte de pessoas que não são originalmente judeus". A partir dessa definição, bastante inclusiva, é possível analisar diversos grupos evangélicos que se aproximam dos símbolos, ritos e leis judaicas. A **judaização em sentido estrito**, por sua vez, seria aquela criticada no Novo Testamento: "A crença na necessidade de observar a Lei para a salvação ou o orgulho de ser parte de uma elite espiritual que se manifesta em ritos e símbolos judaicos". Os pressupostos do sentido estrito de judaização serão descritos adiante, quando explico a judaização indesejada pelos autores do Novo Testamento.

Os dois conceitos de judaização me permitem analisar os movimentos em seus diversos espectros teológicos, ainda que, esteticamente, sejam muito semelhantes, mas verificando suas intencionalidades e intensidades variadas. Ver um pastor usando um *talit* não significa necessariamente o mesmo tipo de aproximação ao judaísmo.

Mas vamos primeiro entender o que o Novo Testamento tem apontado como um desvio dos gentios cristãos ao adotarem as práticas judaicas e depois verificar se o que acontece em cada caso evangélico brasileiro reflete o mesmo problema.

A judaização criticada no Novo Testamento

Desde cedo na história da igreja já havia discussões sobre judaização, com os primeiros embates ocorrendo no contexto das mais antigas cartas do Novo Testamento. Isso aconteceu porque o cristianismo nasceu entre os judeus do primeiro século. As fronteiras entre judaísmo e cristianismo não eram delimitadas; pelo contrário: havia uma fluidez entre elas, e as expressões das comunidades seguidoras de Jesus de Nazaré podiam apresentar múltiplas formas, tanto na crença quanto na prática.[1] Era bastante natural que os gentios integrados às comunidades adoradoras do Messias de Nazaré passassem a praticar rituais judaicos e até mesmo se tornassem judeus. Essa era, na verdade, a prática nas sinagogas, que permitiam a participação de gentios como "amigos", os "tementes a Deus", ou passando pela conversão ao judaísmo, como "prosélitos", que se tornavam efetivamente judeus. Entretanto, isso acarretou um problema teológico para as nascentes comunidades cristãs, problema este enfrentado pelo apóstolo Paulo.

A igreja de Antioquia da Síria, que Barnabé e Paulo pastoreavam, viveu a primeira experiência da igreja em que houve esforço por um novo tipo de vida comunitária "transétnica e "translocal", com responsabilidade mútua – uma comunidade mundial.[2] O critério para parti-

1 SELVATICI, Monica. Construção de fronteiras entre o judaísmo e o cristianismo no Império Romano: os judaizastes e a retórica antijudaica no movimento cristão dos séculos I e II d.C. *Romanitas* – Revista de Estudos Greco-latinos, n. 1, p. 23-37, 2013. Disponível em: https://doi.org/10.17648/rom.v0i1.6251, p. 25.
2 WRIGHT, Nicholas Thomas. *Paulo: uma biografia*. Rio de Janeiro: Thomas Nelson Brasil, 2018, p. 115.

cipar dessa comunidade não era a obediência à Lei, que não era capaz de salvar, e sim ser parte da família da aliança, definida "pela fidelidade de Jesus, o Messias". Como afirma N. T. Wright, "nada que a lei dissesse devia se interpor entre um seguidor de Jesus e outro".[3] Jesus era o verdadeiro *Kyrios*, o verdadeiro Senhor, e todos os que nele creem passam a fazer parte de uma família única, que congrega todos os povos da terra, como foi prometido a Abraão, os quais se assentam à mesma mesa com Deus. Não importava mais se fossem judeus ou gregos, escravos ou livres, homens ou mulheres – todos estavam incluídos, sem abandonar suas características (Gálatas 3:28).[4] A salvação, portanto, está atrelada exclusivamente à fé em Jesus, de modo que eu pertenço a esse reino sendo quem sou – um gentio – e permaneço como tal.

Paulo viu essa nova realidade ser ameaçada pela postura dos próprios apóstolos, no famoso episódio em que repreende Pedro e Barnabé pela atitude com os gentios em Antioquia (Gálatas 2:11-14). A palavra "judaizar" (Ἰουδαΐζω) aparece pela primeira vez no Novo Testamento nesse contexto e tem sido normalmente traduzida por "viver como os judeus". Pedro havia chegado a Antioquia e, provavelmente entusiasmado pelo que via lá, entrou em comunhão plena com a igreja, composta de gentios e judeus. Entretanto, isso feria as regras dietéticas judaicas, que não permitiam a um judeu comer com um gentio. Lembre-se do episódio de Pedro, que não queria entrar na casa de Cornélio (Atos 10:28). Assim que a comitiva de Jerusalém chegou, Pedro apartou-se dos gentios, o que, inadvertidamente, lhes enviava uma mensagem sobre sua condição: eles eram inferiores e necessitavam de algo mais para ser plenamente participantes da comunidade de Jesus. Ou seja, as práticas judaicas seriam cruciais no estatuto da salvação. Assim, Paulo pergunta como Pedro podia "obrigar gentios a viverem como judeus" (Gálatas 2:14) – ele estava judaizando.

Qual foi, então, o problema central na luta de Paulo contra os pregadores judaizantes? Uma simples imitação das práticas judaicas por parte dos gentios? Ou algo mais profundo? O ponto fundamental era

3 WRIGHT, *Paulo*, p. 171.
4 WRIGHT, *Paulo*, p. 184-5.

que havia uma percepção soteriológica no ato de assumir as tradições judaicas – nesse caso, a circuncisão e a guarda da Lei (Atos 15:1). Essa prática estaria em consonância com os costumes judaicos comuns nas sinagogas, em que determinados grupos acreditavam que o gentio só poderia ser salvo caso se tornasse judeu – ou seja, se cumprisse toda a Lei (Atos 15:5).[5]

A carta de Paulo aos gálatas demonstra intensa indignação justamente pelo fato de os crentes gentios da Galácia estarem cogitando serem circuncidados. Conhecedor do judaísmo, ele sabia que isso significaria tornar-se efetivamente um judeu e submeter-se a toda a *Torá* (Gálatas 5:1-10). Para ele, a questão era muito clara: não é possível agarrar-se ao Messias e à Lei ao mesmo tempo, uma vez que a Lei jamais significou salvação. Somos salvos exclusivamente pela fé, de tal modo que a marca é a transformação no coração, não o corte na genitália. Judeus e gentios, circuncidados ou não, estão igualados em Cristo.[6] A questão sempre foi recorrente nas igrejas pastoreadas por Paulo: o apóstolo insistia que nada mais era necessário para a salvação em termos de observação de regras: o que Jesus havia feito era suficiente – daí o aviso a Tito acerca da presença do "grupo da circuncisão" em Creta (Tito 1:10). O problema de Paulo com os judaizantes foi constante em sua carreira apostólica e mencionado em praticamente todas as suas cartas.

Além do problema da muleta para a salvação, parece que havia também a tendência de se hierarquizar crentes "mais espirituais" e "menos espirituais", justamente com base nas demonstrações externas e visíveis das práticas religiosas. Quando escreveu aos colossenses, Paulo recomendou que não se permitissem levar por tabus alimentares da lei mosaica, celebrações de lua nova e de sábados, e, por incrível que pareça, por uma "adoração de anjos" (Colossenses 2:16-19). Sua preocupação era com o misticismo, que, por meio de ascetismo e jejuns, atingia certas "visões" em experiências de êxtase – isso tudo

5 KEENER, Craig S. *Comentário histórico-cultural da Bíblia: Novo Testamento*. São Paulo: Vida Nova, 2017, p. 434.

6 WRIGHT, Nicholas Thomas. *Paulo para todos: Gálatas e Tessalonicenses*. Rio de Janeiro: Thomas Nelson Brasil, 2020, p. 79-83.

vinculado a um sentimento de falsa humildade que, na verdade, revelava orgulho.[7] Nesse caso, não está sendo atacada diretamente a questão da salvação por meio de obras, mas a demonstração orgulhosa de piedade pela obediência rigorosa e disciplinada a práticas judaicas e helenistas.

Portanto, a advertência contra a judaização pecaminosa no Novo Testamento teria duas formas de manifestação, em minha opinião: 1) a crença na necessidade de observar a Lei para a salvação; e 2) o orgulho de fazer parte de uma elite espiritual que se manifestava em ritos e símbolos judaicos. Por isso, esse conceito – a judaização segundo a Bíblia – é o que denominei "judaização em sentido estrito".

Muito facilmente se classifica como "judaização" qualquer uso da simbólica judaica por parte dos evangélicos. Tenho cá minhas reservas. Tive imensa surpresa ao ler a biografia de Eugene Peterson e descobrir que ele orava de joelhos, coberto com um *talit* e recitando o saltério em hebraico, no tradicional movimento judaico de balançar para a frente e para trás.[8] Isso faz dele um judaizante? Penso que não. Isso significa que não posso classificar como judaização em sentido estrito qualquer uso da simbólica judaica ou mesmo a prática de rituais e a celebração de festas da *Torá*. Em alguns casos, é possível estar em perspectiva, de fato, a crença na salvação (ou no complemento dela) ou mesmo certa soberba litúrgica. Trata-se também do que costumamos classificar como "legalismo". Em muitos outros casos, porém, não é o que está acontecendo. Há muitas situações que devem ser entendidas como judaização em sentido amplo.

É preciso aprofundar a análise. Cada caso é um caso.

A ressonância simbólica do Antigo Testamento

Quando estudei a paixão por Israel no meio evangélico, identifiquei igrejas em que os símbolos judaicos eram usados no culto, especialmente o *talit* e o *shofar*. Entrei em contato com várias igrejas

---

7 A prática de dirigir veneração a anjos, embora reprimida por fariseus, era comum na Diáspora judaica. KEENER, *Comentário histórico-cultural da Bíblia*, p. 686.

8 COLLIER, Winn. *Fogo em meus ossos: a biografia de Eugene H. Peterson*. São Paulo: Mundo Cristão, 2022, p. 12.

para tentar entrevistar o pastor, mas nenhuma delas respondeu. Em um caso, com quem consegui intermediar o contato por meio de outro pastor de quem sou amigo, recebi a resposta de que a pessoa não queria ser entrevistada porque sua igreja só usava os símbolos judaicos como ilustração. Ou seja, não havia uma reflexão teológica por trás da incorporação daqueles elementos. Era um caso de judaização em sentido amplo.

Isso me leva à seguinte pergunta: por que buscar símbolos judaicos para incrementar a liturgia? Penso que temos dois pontos interdependentes que podem nos ajudar a responder: o vazio simbólico provocado pela Reforma e a busca por símbolos no passado judaico do cristianismo.

A Reforma e o vazio de símbolos

A Reforma Protestante teve como preocupação principal o desmantelamento de todo um universo de "penduricalhos" no entorno da obra salvadora de Cristo na cruz. Daí o confronto com a tradição da igreja pela sustentação da exclusividade da Bíblia como regra de fé. Com isso veio a desconstrução de boa parte do universo simbólico cristão, pois havia uma profusão do uso de imagens que, verdade seja dita, provocavam atitudes idólatras. Diante do radicalismo da situação do catolicismo medieval, a resposta protestante também foi radical. O sentimento iconoclasta foi intenso, especialmente pelos expoentes do anabatismo, como Andreas Karlstadt (1486-1541). Esse reformador promoveu uma quebradeira de imagens na Alemanha, mas deixou bem claro que não se tratava de um simples ato de vandalismo, e sim de um processo altamente ritual, para demonstrar a formação de uma nova concepção de mundo.[9] O sentimento iconoclasta também foi intenso em Zurique, entre as comunidades reformadas de Ulrico Zuínglio (1484-1531), o que também pode ser aferido nas comunidades da Genebra de João Calvino (1509-1564).[10] Só Lutero sustentou o uso de imagens na liturgia, em razão de seu apreço pelas artes, porém os movimentos calvinista e puritano rejeitaram a arte sacra no que

9 LINDBERG, *História da reforma*, p. 134-9.
10 LINDBERG, *História da Reforma*, 432-7.

se refere a aspectos imagéticos por considerá-la mundana. Os novos desenvolvimentos do protestantismo, como o metodismo no século 18 e os avivamentos do século 19, mantiveram o desinteresse pelas artes visuais.[11]

Como tudo na Reforma, não houve unanimidade, tampouco uniformidade. O rompimento com a tradição litúrgica foi extremamente variada. Muitas denominações mantiveram seus calendários litúrgicos, e as imagens continuaram a ser usadas no anglicanismo, e, em menor escala, no luteranismo – os vitrais, por exemplo, permaneceram na maioria das linhas protestantes, inclusive com um padrão arquitetônico próximo ao gótico. Mas a grande massa do protestantismo, que viria a ser forjada nos Estados Unidos, derivava dos reformados, especialmente do puritanismo, de modo que rejeitou a imagem e, com ela, a arte sacra (à exceção dos vitrais).

No capítulo 3, em que tratei da escatologia, defendi o princípio de que o movimento evangélico brasileiro é filho e dependente dos Estados Unidos, carregando consigo as mesmas características: associação voluntária, fundamentalismo e escatologia pré-milenista. Entretanto, para além dessas características (e como resultado delas), o protestantismo brasileiro e suas derivações pentecostais se constituíram no confronto contra os católicos, especialmente por meio dos batistas e presbiterianos durante os anos de 1890 a 1960, décadas em que padres, bispos, pastores e reverendos se atacavam mutuamente na arena pública.[12]

E qual o resultado no caso brasileiro? Um protestantismo de influência puritana e avivalista, com forte influência anabatista, em confronto com o catolicismo. Se tomarmos por base apenas o aspecto da liturgia e da simbólica, temos uma vertente iconoclasta contra o barroco do catolicismo brasileiro – o estilo arquitetônico predominante no período. Assim, estabeleceu-se um contraste: de um lado, um protestantismo "asséptico" lutando contra a "idolatria católica", visível na estética vazia, marcando um contradiscurso à profusão da arquitetura barroca, repleta de imagens. Além disso, boa parte do movimento

11 ROOKMAAKER, H. R. *A arte moderna e a morte de uma cultura*. Viçosa: Ultimato, 2015, p. 41.
12 SOUZA, Edilson Soares. *Cristãos em confronto: Brasil, 1890-1960*. Curitiba: CRV, 2014, p. 17.

protestante não dispunha de recursos para a construção de grandes templos: as estruturas eram mais simples, de paredes nuas, sem a arte costumeiramente constituída no catolicismo. Nesse caso, parte da rejeição ao estético e simbólico se deu não apenas por teologia, mas por necessidade.[13]

O que isso significou para as igrejas derivadas do protestantismo iconoclasta, no qual se inclui o pentecostalismo? Uma liturgia esvaziada de símbolos visuais. Muitas comunidades evangélicas desconfiam até mesmo dos calendários litúrgicos históricos do protestantismo. Além disso, temos uma preocupação com possíveis "origens pagãs" de símbolos cristãos, o que provoca ainda maior afastamento, inclusive de tradições como o Natal e as festas de advento que o antecedem. O "cheiro de catolicismo" espanta muitos evangélicos.

O problema é que o ser humano, como vimos ao abordar as identidades narrativas, é um *homo simbolicus*, ou, de acordo com a denominação de James Smith, um *homo liturgicus*. Precisamos dos símbolos para comunicar e nos conectar uns com os outros. Também precisamos das liturgias para compartilhar e celebrar nossas experiências com Deus, unindo nossas narrativas do arcabouço metafórico e simbólico a algo que seja corporalmente expresso, tanto de forma individual quanto coletiva. Mas as igrejas estão esvaziadas desses elementos porque seus precursores rejeitaram sistematicamente as tradições do passado.

A busca de símbolos no Antigo Testamento

Onde muitos evangélicos buscam uma reserva dos símbolos que lhes faltam? Na própria Bíblia. Como vimos no capítulo 2, a Bíblia reúne uma imensa potência imaginativa em símbolos e metáforas a serem resgatados pelos adoradores em todas as épocas. Assim, a sede por representação simbólica seria suprida pelo uso de elementos que têm origem no próprio texto sagrado, como a menorá, o *talit* e o *shofar*, objetos que, de fato, são mencionados nas Escrituras e faziam parte da

13 A exceção parece ser alguns casos em que o gótico surge como manifestação de uma arte sacra possível no meio evangélico. É o caso da "catedral" presbiteriana do Rio de Janeiro, ou mesmo de muitas igrejas assembleianas, em que o arco ogival, típico do gótico, é usado para compor as janelas. Em algumas igrejas, aparece o vitral, embora muitos evangélicos o associem ao catolicismo e, por tabela, a imagens proibidas.

devoção nos tempos bíblicos. Assim, o potencial de ressonância das narrativas bíblicas, nas quais eles aparecem, chega ao evangélico de hoje, que imita aquele povo em seus objetos litúrgicos.

O mesmo pode acontecer, penso eu, com relação ao costume de celebrar festas judaicas – que são, a rigor, festas ordenadas por Deus no Pentateuco. Tomemos um exemplo recente. Até a primeira metade do século 20, as tradicionais igrejas batistas do interior do Rio Grande do Sul, compostas por agricultores, celebravam o Pentecostes como uma verdadeira festa da colheita, entregando na igreja as "primícias". Os líderes da igreja vendiam os produtos na comunidade, cuja renda era revertida para o sustento pastoral. Não existia salário para os membros "dizimarem". Então, a prática de uma festa da *Torá* não os tornava judaizantes em sentido legalista: era, isto sim, uma solução prática de uma sociedade agrícola. Da mesma forma, há igrejas que celebram o *Pessach* apenas com o intuito de conhecer a tradição do ponto de vista judaico; outras comemoram todas as festas da *Torá* usando apenas sua nomenclatura, mas sem a carga ritual das tradições do judaísmo. Enfim, trata-se de imitação litúrgica.

O uso desses símbolos não precisa ser necessariamente "judaização", no sentido de requisito para a salvação ou de inclusão no grupo especial de santificados. Pode ser apenas a reverberação de símbolos que, antes de serem judaicos, são apenas bíblicos.

O desejo pelas origens do cristianismo

O entendimento de que os evangélicos buscam símbolos litúrgicos no Antigo Testamento prepara o caminho para o que iremos tratar agora: o resgate do passado perdido da Bíblia. Esse desejo deriva da ideia de que podemos reviver, de alguma forma, a experiência dos antigos – mais especificamente, a experiência das origens da fé cristã. Trata-se de uma das mais potentes crenças da identidade religiosa: a possibilidade de retornarmos a uma pureza original.

As religiões da Antiguidade, de certa maneira, acreditavam e celebravam uma regeneração do tempo em festas como o Ano-Novo.

Era necessário retornar ao ato primordial dos deuses ao criarem o mundo por meio de um ritual em que os símbolos imitassem o arquétipo celestial do centro e a origem do cosmos. As festas de Ano-Novo, assim, eram uma espécie de volta no tempo, em que a realidade, que foi se desgastando, encontrava renovação.[14] Nós, os "modernos", temos muitos resquícios dessas práticas, conservando rituais laicizados de Ano-Novo, que sustentam a mesma ideia de renovação do tempo. Cantamos: "Adeus ano velho, feliz ano novo, que tudo se realize no ano que vai nascer", não é mesmo?

Permanece entre nós a crença no momento originário, o que influencia tanto as esferas nacionais quanto cotidianas. O historiador David Lowenthal demonstra como as sociedades modernas valorizam o passado por sua antiguidade, que pode ser invocada por diferentes razões: por ser o primeiro; pelo afastamento temporal do presente; por funcionar como uma fonte primordial; por sua primitividade (ou seja, por estar intocado pela modernidade). Por isso, buscamos a linhagem perdida de nossos antepassados, ressuscitamos línguas mortas, escavamos fósseis e estabelecemos museus para expor o que nos precedeu. E esse desejo pela manutenção do passado não aconteceu apenas a partir da modernidade: alguns "pais da igreja", por exemplo, reivindicavam a confiabilidade da crença cristã pela antiguidade de Moisés, cronologicamente anterior aos oráculos gregos.[15] Como resultado, nossas sociedades – e eu diria: comunidades religiosas – buscam resgatar o passado perdido, tentando restaurar ou reencenar o que não mais existe. Tentamos trazer de volta a antiga condição, mais pura, verdadeira e autêntica.[16]

Essa mesma ideia de retorno ao "tempo em que as coisas eram puras" está presente inclusive como mito político. O historiador Raoul Girardet identifica um mito que se articula com a ideia de um "salvador da Pátria", algo comum nas arenas políticas do Ocidente: a ideia

14 ELIADE, *O mito do eterno retorno*, p. 18-20.
15 LOWENTHAL, David. *The Past Is a Foreign Country – Revisited*. Cambridge: Cambridge University Press, 2015, p. 111-3.
16 LOWENTHAL, *The Past Is a Foreign Country*, p. 464-5.

de uma Idade do Ouro, um tempo antigo melhor e mais brilhante, idealizado na mente de pessoas decepcionadas com o presente. Elas passam, assim, a construir um mito fundador com muitos esquecimentos e rejeições, porém recheados de emoção e fervor, criando uma mensagem potente de mobilização.[17] Por isso, olhar para o passado perdido, "aquele tempo em que as coisas funcionavam", é parte comum nas narrativas de políticos nas eleições. O passado sempre é, de alguma forma, idealizado.

A busca da origem pura está presente no discurso de todas as tradições cristãs. Eusébio de Cesareia (c. 265-339) criou a norma de que a "igreja verdadeira" é aquela oriunda da primeira comunidade de cristãos e que todo o desenvolvimento posterior dependente necessariamente da mesma essência imutável. Ele escreveu em um contexto no qual havia uma disputa teológica entre ortodoxos e arianos e deu suporte para aquela que seria, dois séculos depois, a Igreja Católica Apostólica Romana. Entretanto, foi exatamente este o argumento dos protestantes contra Roma: eles reivindicavam ser a legítima continuidade da igreja primitiva. Mas isso não parou na Reforma: todo movimento posterior declarou-se legítimo por sua fidelidade aos princípios essenciais dos apóstolos. Em cada púlpito reformador, havia a afirmação da corrupção da igreja de seu tempo e o clamor por um retorno às origens.[18]

Esse é, portanto, um desejo presente em todas as denominações cristãs. Eu mesmo, como batista, em algum momento aprendi sobre a Teoria JJJ (Jerusalém-Jordão-João), que situava os batistas em um momento anterior à própria origem da igreja e os associava a João Batista e ao movimento de Jesus! Essa ideia já foi absolutamente descartada pelos historiadores batistas sérios, mas o simples fato de ela existir revela o desejo de também ser a "igreja original", aquela que guardou a pureza da mensagem apostólica. E essa igreja original é a igreja de Atos, alvo do desejo de originalidade de cada denominação.

---

17 GIRARDET, Raoul. *Mitos e mitologias políticas*. São Paulo: Companhia das Letras, 1987, p. 12.
18 LINDBERG, *História da reforma*, p. 27.

A chuva serôdia no primeiro pentecostalismo

Um elemento importante ao considerar a aproximação dos evangélicos dos símbolos judaicos está relacionado com o "já" do reino de Deus (abordado no capítulo 3). Trata-se de uma perspectiva eclesiástica segundo a qual estamos vivendo, no presente, as bênçãos relativas ao tempo do fim, e essa perspectiva teve início no movimento pentecostal dos Estados Unidos.

O ambiente cultural americano era propício à ideia de ser um povo especial, abençoado por Deus. A formação do nacionalismo dos Estados Unidos teve como base a ideia puritana da nação divinamente escolhida para ser luz entre os povos, uma identidade forjada como o Novo Israel de Deus. Os peregrinos do Mayflower haviam fundado colônias na América do Norte "com o auxílio divino para uma missão providencial" naquela terra de abundância e liberdade.[19] Tratava-se de uma religião civil profundamente marcada pelo imaginário bíblico.

Além disso, o protestantismo dos Estados Unidos foi marcado pelos movimentos de avivamento. Você certamente já ouviu falar dos "Grandes Avivamentos" do eixo anglo-saxão. O Segundo Grande Avivamento, iniciado na Inglaterra no final do século 18, ganhou força nos Estados Unidos, onde assumiu um tom mais popular, emotivo e devoto. O modelo que veio a prosperar foi a assembleia de avivamento, ou "reunião de acampamento", ocasião em que multidões se reuniam no campo para ouvir as pregações dos pastores. Nessas reuniões, começaram a ocorrer manifestações extremas de emoção: algumas pessoas choravam, outras riam, outras ainda tremiam. Eram reuniões carismáticas que passaram a ser realizadas todos os anos. Esse movimento, embora tivesse origem entre os presbiterianos, veio a ser abraçado especialmente por metodistas e batistas, ocasião em que os pregadores leigos vislumbraram a imensa oportunidade de trazer à prática da igreja a forma simples da língua do povo.[20]

A experiência do sobrenatural das manifestações carismáticas levou os americanos a se imaginar vivendo algo muito parecido com os

19 GONZÁLEZ, Justo L. *História ilustrada do cristianismo: a era dos reformadores até a era inconclusa*. 2. ed. São Paulo: Vida Nova, 2011, v. 2, p. 380.
20 GONZÁLEZ, *História ilustrada do cristianismo*, v. 2, p. 378-9.

episódios extraordinários descritos na Bíblia. Os fatos ocorridos nas tendas dos avivamentistas eram descritos como a "glória shekinah", a mesma que havia tomado o Tabernáculo e o Templo em seus cerimoniais de inauguração (Êxodo 40:34; 2Crônicas 7:1-2). Ou seja, para os avivamentistas – e para os pentecostais depois deles –, as manifestações do poder de Deus em seus cultos era a mesma ocorrida nas narrativas da glória de Deus invadindo as tendas do Antigo Testamento.[21] Este era, basicamente, um dos elementos fundamentais para a emergência do movimento pentecostal no século seguinte: a certeza de que o sobrenatural da Bíblia continuava ativo em nossa era, com base no princípio da imutabilidade de Deus. Deus é o mesmo, assim como seus dons, e isso respingava também no princípio de que a experiência do Pentecostes continuava sendo possível. Com isso, as igrejas passaram a buscar a restauração da experiência apostólica, com todos os elementos sobrenaturais do Novo Testamento.[22]

Tal ideia estabelecia uma ponte direta entre a igreja do presente com a dos primórdios. A explicação teológica, entretanto, não foi tanto a continuidade dos dons (como hoje se invoca), mas a volta iminente de Cristo. Os pentecostais do início do século 20 sentiram que estavam vivendo experiências ligadas à profecia do derramamento do Espírito nos últimos dias (Joel 2:28), mas isso não foi dito a respeito do que aconteceu durante o Pentecostes em Jerusalém, com os apóstolos (Atos 2:16-17)? Sim, mas a figura do "derramamento" remete ao regime de chuvas no Israel bíblico, termo usado por Tiago como símbolo da segunda vinda de Jesus (Tiago 5:7-8). Então, a metáfora foi determinante para o sistema, já que as chuvas na Palestina ocorrem em dois momentos. O primeiro é na primavera, durante o plantio, chamado "chuva temporã"; o segundo é no outono, quando caem as últimas chuvas, intensas, a "chuva serôdia", depois das quais as plantações amadurecem para a colheita (Deuteronômio 11:14; Zacarias 10:1). Tendo por base esse padrão de chuvas, nascia o Movimento da Chuva Serôdia, nomenclatura usada com

21 WILLIAMS, Joseph. The Pentecostalization of Christian Zionism. *Church History*, v. 84, Issue 1, p. 159-94, 2015. Disponível em: https://doi.org/10.1017/S0009640714001747, p. 164-5.
22 DAYTON, Donald. *Raízes teológicas do pentecostalismo*. Natal: Carisma, 2018, p. 60-1.

frequência para designar o pentecostalismo em seus primórdios. Um de seus principais defensores foi o pastor **David Wesley Myland** (1858-1943). Para os primeiros pentecostais, portanto, o Pentecostes original de Atos eram as primeiras chuvas, as temporãs; o pentecostalismo do século 20 corresponderia às últimas chuvas, as serôdias, com o derramamento especial do Espírito Santo pouco antes da colheita, na volta de Cristo.[23] Os pentecostais passaram a estabelecer paralelos ainda mais literais com o texto bíblico, pois estavam vivendo as mesmas experiências dos judeus da igreja do primeiro século. Essa ideia nutriu o desejo de conexão com a terra de Israel a tal ponto que o aumento das chuvas reais em Jerusalém, em 1908, foi diretamente associado, por escritores de jornais pentecostais, à chuva espiritual derramada entre eles.[24]

A certeza de se estar vivendo o fim dos tempos pelo derramamento do Espírito Santo está entranhada no *éthos* pentecostal: é a "prova escatológica" de ser esta a "última chuva" antes da vinda definitiva e plena do reino de Deus. Trata-se de uma percepção escatológica centrada na experiência.[25] Por isso, a identidade hermenêutica pentecostal não está vinculada a um método de interpretação da Bíblia, seja histórico-gramatical, seja histórico-crítico, mas a uma "revivência da experiência" em sua leitura do texto sagrado. De acordo com essa perspectiva, os sinais da glossolalia, do batismo no Espírito Santo e das profecias narrados em Atos são os mesmos vividos pelas comunidades pentecostais de nosso tempo.[26]

Um dos resultados dessa conexão simbólica foi o ressurgimento de uma identidade judaica entre os pentecostais americanos. Um fenômeno curioso foi a retomada de uma antiga narrativa britânica, que afirmava serem os anglo-saxões os descendentes das dez tribos perdidas de Israel, o que alimentava, no século 19, a noção de superiori-

---

23 DAYTON, *Raízes teológicas do pentecostalismo*, p. 61-3.

24 WILLIAMS, *The Pentecostalization of Christian Zionism*, p. 167.

25 TERRA, Kenner. A história da hermenêutica pentecostal: origens e desenvolvimento (parte II). In: SIQUEIRA, Gutierres; TERRA, Kenner. *Autoridade bíblica e experiência no espírito: a contribuição da hermenêutica pentecostal-carismática*. Rio de Janeiro: Thomas Nelson Brasil, 2020, p. 101-38.

26 TERRA, Kenner. Experiência no Espírito, racionalidade e hermenêutica. In: SIQUEIRA, Gutierres; TERRA, Kenner. *Autoridade bíblica e experiência no espírito: a contribuição da hermenêutica pentecostal-carismática*. Rio de Janeiro: Thomas Nelson Brasil, 2020, p. 173-205.

dade imperial britânica. Da mesma forma, determinados grupos afro--americanos pentecostais reivindicavam ser os descendentes das dez tribos, ideia defendida por pregadores como **Frank Sandford** (1862-1948) e **Charles Fox Parham** (1873-1929), inclusive incorporando temas e rituais judaicos – o que reforçou um sentido mais literal de identificação dos pentecostais com Israel. As formas litúrgicas dramatizadas fomentaram uma identificação bem mais abrangente com Israel que a conexão por meio de concepções teológicas abstratas, solidificando uma "comunidade imaginada", baseada em supostos laços biológicos com o povo de Israel.[27] Mais tarde, o movimento **New Order of the Latter Rain** [Nova ordem da chuva tardia] comparou a retomada do controle da Palestina pelos judeus à restauração espiritual dos verdadeiros crentes, o Israel espiritual.[28] Desde então, cada vez mais igrejas pentecostais passaram a usar o *shofar*, a celebrar feriados judaicos, a usar a bandeira de Israel e a estrela de Davi, e a relembrar as raízes judaicas do cristianismo.[29]

O fenômeno do uso de elementos judaicos tem sido algo amplo e permanente no pentecostalismo? Não. A maioria das igrejas pentecostais clássicas tem mantido apenas a bandeira de Israel, mas a lógica intrínseca do pentecostalismo permite a emergência de fenômenos desse tipo. Não se trata de uma "judaização" em sentido soteriológico, nem necessariamente da ostentação de uma elite espiritual, embora isso possa acontecer. Trata-se muito mais de uma judaização em sentido amplo, de uma aproximação identitária pela via dos símbolos.

Em boa parte das igrejas pentecostais em que estão presentes os símbolos judaicos – como o *talit*, o *shofar* e principalmente a bandeira de Israel –, o que ocorre é um entrecruzamento de identidades narrativas. Envolve uma identificação simbólica com o passado da igreja, que era judaico, por meio de elementos do presente do judaísmo e do Estado de Israel. Assim, as narrativas bíblicas passam a ser vividas na experiência pentecostal: os símbolos judaicos integram sua liturgia pelo vínculo com o "povo de Deus" da Bíblia, e o Israel de hoje é

27 WILLIAMS, *The Pentecostalization of Christian Zionism*, p. 170-5.
28 WILLIAMS, *The Pentecostalization of Christian Zionism*, p. 179.
29 WILLIAMS, *The Pentecostalization of Christian Zionism*, p. 183.

celebrado como parte do grande mover de Deus na história, do qual grupos pentecostais fazem parte, como o derramamento final do Espírito sobre a terra.

O comportamento é especialmente cultural, o que reverbera inclusive em situações pouco ortodoxas, como é o caso do famoso Complexo de Israel, um conjunto de favelas dominado por traficantes que se identificam como evangélicos. Trata-se de um fenômeno recente, que acompanha um processo no qual a cultura da periferia, especialmente da favela, se pentecostalizou. Se antes a hegemonia cultural do pobre do Rio de Janeiro era católica (ou umbandista), as últimas décadas assistiram a um crescimento tão acentuado das igrejas pentecostais nessas regiões que a própria cultura local mudou: de católica, passou a pentecostal. O restante da sociedade acompanhou: se antes o chefe do tráfico tinha por protetor São Jorge, o santo guerreiro, doravante veio a ter Jesus, o Senhor dos Exércitos. O Deus guerreiro do Israel do Antigo Testamento forneceu o imaginário para batalhas muito concretas dos traficantes evangélicos na luta por controle territorial contra outras facções criminosas e forjou uma identidade pentecostal marcada pelo uso intensificado da simbólica bíblica e judaica em seu cotidiano.[30]

Evidentemente, não estou entrando no mérito da moralidade da situação nem culpando o pentecostal. O exemplo mostra quanto o símbolo pode se ressignificar e ser incorporado nas mais diferentes dinâmicas sociais, especialmente quando a religião entra em cena.

Os novos apóstolos

A "busca pelas origens" fica evidente em outro caso, posterior ao pentecostalismo, no qual também há um caráter escatológico. Esse movimento pretende restaurar o apostolado a fim de preparar a igreja para a volta de Cristo. Assim como o pentecostalismo, trata-se da ideia do amadurecimento da seara para a colheita final, mas com foco

30 Para compreender a complexidade e a ambiguidade do fenômeno do traficante evangélico no Rio de Janeiro, recomendo vivamente o seguinte livro: COSTA, Viviane. *Traficantes evangélicos: quem são e a quem servem os novos bandidos de Deus*. Rio de Janeiro: Thomas Nelson Brasil, 2023.

no retorno ao primeiro modelo de liderança da igreja.[31] São os **novos apóstolos** do neopentecostalismo.

A ideia não era recente. Edward Irving, que já citei no capítulo 3 (quando descrevi as origens do dispensacionalismo), já invocava a questão apostólica no início do século 19. Ele, que anunciava o final dos tempos, chegou até mesmo a prever a volta de Cristo para 1868. Além da restauração de Israel e do avivamento dos judeus, Irving esperava manifestações extraordinárias do Espírito Santo, especialmente a restauração do ministério apostólico como o caminho para purificar a igreja. Após a morte prematura de Irving, aos 42 anos, sua igreja acabou adotando o nome de Igreja Católica Apostólica, seguindo sua visão de restauração do ministério dos apóstolos, porém rejeitando seus elementos carismáticos. O argumento, baseado na busca pelas origens, era que a igreja havia se desviado, sendo necessário, portanto, restaurar o ministério dos apóstolos para que voltasse a ser o que era.[32]

Na emergência dos apóstolos de nosso tempo, aconteceu algo muito semelhante ao pentecostalismo da chuva serôdia. As profecias de Joel também foram lembradas nesse caso. Entretanto, os novos apóstolos invocaram o excerto imediatamente anterior ao mencionado no episódio do Pentecostes de Jerusalém (Atos 2:14-21, quando Pedro se refere a Joel 2:28-32). Enfatizou-se o tempo em que Deus restituiria a Israel o que "os gafanhotos destruíram", concedendo ao seu povo uma vida de abundância e exaltação (Joel 2:25-27). Estaria ocorrendo então a restituição dos verdadeiros atributos da igreja, perdidos ao longo dos séculos. Para os novos apóstolos, a primeira restituição teria ocorrido na Reforma, quando Lutero e seus sucessores restauraram a teologia e a doutrina, e avançado com John Wesley e o pentecostalismo, trazendo de volta os movimentos da santidade e do Espírito Santo. A terceira etapa teria ocorrido a partir dos anos 1990, quando Deus restituiu a igreja à sua forma original, referida no livro de Atos. Essa igreja seria liderada por apóstolos e recheada de eventos milagrosos –

---

31 Boa parte dos argumentos da Nova Reforma Apostólica foi listada a partir da pesquisa de LOPES, Augustus Nicodemus. *Apóstolos: a verdade bíblica sobre o apostolado*. São José dos Campos: Fiel, 2014, p. 232.

32 LOPES, *Apóstolos*, p. 208-11.

uma **Nova Reforma Apostólica**, que traria um impacto muito maior sobre a igreja e o mundo. Uma vez que o pentecostalismo faz parte do momento anterior à restauração apostólica, passou a ser considerado um passado a ser rejeitado, uma vez que não aderiu ao governo dos apóstolos. Portanto, a última onda do Espírito Santo, segundo seus defensores, está no movimento neopentecostal, que tem restaurado os apóstolos e profetas em todos os lugares do mundo.[33]

O movimento de "apóstolos reformadores" surgiu nos Estados Unidos, e seu principal proponente foi Charles Peter Wagner, famoso por suas pregações e seus livros sobre o movimento de crescimento das igrejas nos anos 1970 a 1980, depois pela batalha espiritual entre 1980 e 1990, e, por fim, como líder da Nova Reforma Apostólica.[34] O ponto central do movimento é o "messianismo escatológico", o "último mover de Deus na história, preparando a sua igreja para a vinda de Jesus Cristo".[35]

Quais os principais conceitos do movimento? Segundo o reverendo Nicodemus, é possível resumi-los em seis pontos, relacionados basicamente com o governo da igreja: 1) *governo apostólico*, a restauração do mesmo poder miraculoso e da autoridade dos apóstolos do primeiro século, exercendo poder inquestionável sobre a igreja; 2) *o ofício do profeta*, ativo, ainda hoje, como o segundo elemento de governo (1Coríntios 12:28), trazendo novas revelações divinas na condução da igreja dos dias atuais; 3) *dominionismo*, ou seja, a interpretação do "venha o teu Reino" (Mateus 6:10) como uma forma de domínio da igreja sobre a sociedade por meio de apóstolos de mercado, que trariam valores de justiça, prosperidade, paz e amor ao mundo, recebendo em troca a transferência de riquezas dos perversos para a igreja; 4) *teocracia*, a ideia de que os cristãos com a mentalidade do reino de Deus estejam atuando nas "sete montanhas" do mundo – as áreas de religião, família, educação, governo, mídia, artes/entretenimento e negócios; 5) *revelações extrabíblicas*, pois Deus continua se revelando aos apóstolos, mas

33 LOPES, *Apóstolos*, p. 273-6.
34 LOPES, *Apóstolos*, p. 237-8.
35 LOPES, *Apóstolos*, p. 242.

sem contradição ao que está afirmado na Bíblia; 6) *sinais e prodígios* da parte dos apóstolos.[36]

No Brasil, o movimento foi abraçado por diversas igrejas e pregadores. As principais influências sobre os brasileiros foram o costa-riquenho Rony Chaves e o americano C. Peter Wagner. Hoje é possível falar em centenas de apóstolos brasileiros.[37] Também há diferentes redes apostólicas. As principais talvez sejam a Rede Apostólica Cristã (liderada por Ricardo Wagner), o Conselho Apostólico Brasileiro (com nomes como Valnice Milhomens e Neuza Itioka), a Coalizão das Igrejas Apostólicas, a Confederação das Igrejas Evangélicas Apostólicas do Brasil (de Estevam Hernandes) e a Coalizão Internacional de Apóstolos (de Renê Terra Nova).[38] Existem ainda diversas outras instituições e apóstolos que não fazem parte dessas redes, como o apóstolo Valdomiro Santiago e Adelino de Carvalho, e outros tantos espalhados pelas incontáveis igrejas neopentecostais.

Mas o que Israel e os judeus têm a ver com a restauração apostólica? Eles estão vinculados ao imaginário evangélico pelo mesmo motivo da chuva serôdia: há uma identificação simbólica com o Israel bíblico. Muitos desses movimentos também são basicamente dispensacionalistas: Israel ainda é o povo especial de Deus e está vivendo o cumprimento das profecias do Antigo Testamento, cujo destino está entrelaçado com o da igreja. Mas eles vão além, pois sua identificação com os judeus passa a invocar os símbolos. Apóstolos profetizaram as "bênçãos das Doze Tribos de Israel" sobre o Brasil. Valnice Milhomens defendeu a guarda do sábado e celebração de festas judaicas em sua igreja. Renê Terra Nova, como já apresentei no primeiro capítulo, é representante no Brasil da Embaixada Cristã Internacional Jerusalém e promove anualmente a Festa dos Tabernáculos em Jerusalém, além de promover também festas judaicas como o Purim e o Chanucá.[39] Além disso, um elemento muito importante nos movimentos

36 LOPES, *Apóstolos*, p. 255-65.

37 Você pode encontrar uma imensa lista de apóstolos constantemente atualizada por César Aquino Bezerra em *Ministério César*. Disponível em: https://www.ministeriocesar.com.

38 LOPES, *Apóstolos*, p. 286.

39 LOPES, *Apóstolos*, p. 312-4.

apostólicos são os "decretos do mundo espiritual", que serão utilizados na "batalha espiritual" – ou seja, os atos proféticos que determinam acontecimentos na realidade concreta do mundo.[40] De acordo com a lógica dos novos apóstolos, os antigos profetas de Israel provocavam os acontecimentos históricos por meio de seus "atos proféticos" – as "representações teatrais" de Jeremias e Ezequiel, por exemplo (Jeremias 13:1-11; Ezequiel 4:1-17).

Por isso, a simbólica do Antigo Testamento ganha ainda mais força no movimento neopentecostal, pois fornece as metáforas para os atos realizados no presente político e social da nação. Trata-se de uma imanência da profecia, a concretização da palavra em fato histórico. E o próprio Estado de Israel é visto como a prova de que as profecias divinas se cumprem na história. Enfim, o caso do neopentecostalismo e de seus novos apóstolos e profetas é também uma identidade narrativa profundamente marcada pela identificação com o povo judeu e seu país.

O restauracionismo

Um movimento que tem se desenvolvido como uma forma de busca das raízes da igreja é denominado **restauracionismo**, cuja busca é por uma conexão com a "igreja original", que era ligada a Israel, em contraposição ao desenvolvimento do cristianismo que levou à filiação da igreja a Roma. A originalidade da igreja estaria no movimento de Jesus, a igreja judaica que emergiu logo após o derramamento do Espírito Santo no cenáculo, no dia do Pentecostes.

Assim, para o restauracionista, os séculos posteriores ao primeiro século da história da igreja foram de prostituição espiritual com o pensamento greco-romano. Diferentemente dos menonitas, por exemplo, que apontam para a queda da igreja após o apoio do poder estatal em Constantino, os restauracionistas situam-na já no segundo século, quando teve início a formação da ortodoxia cristã. Para eles, os

40 BARBOSA JÚNIOR, Antônio de Oliveira. *A Nova Reforma Apostólica: um estudo acerca dos novos discursos e práticas políticas observadas entre os evangélicos no Brasil (1960-2015)*. Dissertação (Mestrado). São Luís: Universidade Federal do Maranhão, 2017, p. 161-2.

cristãos dos séculos 2 ao 4 teriam baseado seus credos nos raciocínios lógicos da filosofia grega e deixado de lado a doutrina dos apóstolos e os fundamentos da *Torá*. Por isso, o movimento restauracionista questiona as doutrinas da Trindade e a cristologia, firmadas nos quatro primeiros concílios (de Niceia a Calcedônia). Há, portanto, uma rejeição à tradição hermenêutica cristã, considerada filosófica demais ou mesmo paganizada.

Os defensores do movimento restauracionista compartilham com os judeus messiânicos a ideia de que os cristãos devem seguir os regulamentos da Lei. Defendem seus princípios a partir da teologia paulina, segundo a qual os gentios constituem o elemento externo enxertado na oliveira de Israel (Romanos 11:17-18), podendo, a partir de então, participar da mesma seiva e, assim, receber as mesmas bênçãos e promessas do primeiro povo de Deus. Nesse sentido, o crente gentio se beneficiaria da lei judaica do dízimo, das festas bíblicas e do aprofundamento do estudo da *Torá*.[41] Por isso, um dos principais vínculos do movimento com o Israel bíblico ocorre por meio da celebração das festas judaicas. Um dos argumentos centrais é que muitos dos ensinos de Jesus estavam conectados com essas celebrações e eram usados para ilustrar verdades do reino de Deus ou mesmo para transmitir novas orientações. Veja o caso da ceia do Senhor, por exemplo, estabelecida durante uma cerimônia pascal.

Os restauracionistas também sustentam um princípio escatológico. Para eles, os últimos tempos têm sido de reaproximação da igreja com Israel, cumprindo-se a oração do salmista: "Orem pela paz de Jerusalém: 'Vivam em segurança aqueles que te amam!'" (Salmos 122:6). O princípio do retorno às raízes judaicas significa a volta aos profetas e à *Torá*, buscando a purificação de um paganismo cultural impregnado na tradição cristã. A palavra restauração é a chave, baseada no discurso de Pedro após a cura de um paralítico no templo de Jerusalém: "É necessário que ele [Cristo] permaneça no céu até que chegue o

---

41 As informações sobre os reconstrucionistas no Brasil foram fornecidas pelo meu amigo Alexandre Kaman, entusiasta do movimento. Ainda não há uma pesquisa ou bibliografia aprofundada sobre esses grupos. As metáforas agrárias do cultivo na Bíblia são exploradas em suas obras, por exemplo, OLIVEIRA, Alexandre Barreto de. *Manifestando a vida de Deus*. Rio de Janeiro: Grupo Renascer, 2022.

tempo em que Deus restaurará todas as coisas, como falou há muito tempo, por meio dos seus santos profetas" (Atos 3:21). Na interpretação dos restauracionistas, o que deve ser restaurado para que os céus deixem de refrear a volta de Cristo é a condição original da igreja.

Portanto, a restauração seria o retorno cristão à obediência à *Torá*. Entretanto, o movimento mantém a separação entre judeus e gentios, ambos permanecendo como são dentro dessa comunidade. Por isso, não há a ideia de circuncidar um gentio; ele permanece gentio, porém ligado às práticas judaicas, especialmente no que diz respeito às festas. Essas festas fazem parte do conjunto de regras que indicariam o caminho de volta aos propósitos de Deus. A palavra hebraica utilizada para esse propósito é *Teshuva*, que significa "retorno", uma resposta ao arrependimento. Assim, as festas proporcionam uma revisão de atos com relação a Deus e ao próximo, reconectando-se também com a criação – uma vez que as festas eram basicamente agrárias. Assim, a regeneração da natureza e do homem seria parte do retorno ao início de tudo, o que o reconectaria ao próprio Éden.

Em resumo: o restauracionismo segue uma lógica muito semelhante à da chuva serôdia do pentecostalismo, como parte do movimento situado próximo à volta do Messias. Entretanto, credita valor bem maior à *Torá* e aos seus preceitos na busca por um retorno ao primitivo. Daí a preocupação com a guarda do sábado e com sua estética altamente judaica no uso do nome hebraico de Jesus, *Yeshua*, e com as festas também em suas expressões hebraicas originais – *Shabat*, *Rosh Hashaná*, *Yom Kipur*, *Pessach* etc. Trata-se da construção de uma identidade narrativa de matriz judaica, mas por grupos que permanecem gentios.

O movimento efraimita (ou das duas casas)

Certa vez, deparei-me com uma crítica a um vídeo que gravei sobre a história da salvação, baseado em Oscar Cullman. Essa crítica afirmava que eu estava "rasgando a Bíblia" por ignorar a restauração prometida às "tribos perdidas de Israel". Eu estava diante de um **efraimita.**

Trata-se de um pensamento que não consegui incluir nas outras categorias criadas para este capítulo. Então, precisei abrir uma seção especial para esse grupo, uma vez que não se trata de uma busca do retorno à igreja primitiva, tampouco algo que tenha relação com os aspectos escatológicos do pentecostalismo. Além disso, o efraimismo não conta com nenhuma organização (até onde eu tenha descoberto). O que essa ideia sustenta? Uma ligação bastante literal, especificamente com o Israel que existiu na Antiguidade como nação separada de Judá e descrita na literatura teológica como "Reino do Norte".

"Efraim" é um dos termos pelos quais os autores bíblicos denominam as tribos do norte, identificadas como o reino de Israel nos livros históricos e proféticos após o cisma (Oseias 4:17). Às vezes, é identificado como "descendentes [ou casa] de José" (Amós 5:6). O movimento efraimita também é chamado "as duas casas de Israel", baseado em textos que utilizam essa nomenclatura ao se referir à casa de Judá e à casa de Israel (1Reis 12:16; Ezequiel 37:15-22). Esse sistema defende a ideia de que as tribos perdidas de Israel (do Reino do Norte, destruído em 722 a.C.) se misturaram às nações e que os cristãos, gentios que se converteram a Jesus, na verdade são descendentes biológicos daquelas tribos. Assim, a ideia da salvação acontece bem literalmente – os salvos são descendentes do antigo povo de Deus, que se misturou às nações. Trata-se de uma salvação pelo sangue do próprio crente: você faz parte do povo de Deus por ter a genética do povo santo do passado. O resultado prático é que os verdadeiros crentes não judeus, mas que pertenceriam às tribos perdidas, são convocados a retornar à *Torá* e às demais práticas do judaísmo e até mesmo a praticar circuncisão.[42] Afinal, você é cristão porque é descendente das outras tribos; não é judeu, mas é um "israelita perdido".

O movimento efraimita é raro. Não me lembro de tê-lo encontrado em alguma igreja, mas é bastante frequente na internet – o lugar tenebroso em que tudo acontece. Há problemas teológicos e históricos sérios nessa doutrina, razão pela qual é condenada por toda a teologia cristã ortodoxa e também pelo judaísmo messiânico. Para começar, os

42 JUSTER, Daniel. *Raízes judaicas: entendendo as origens da nossa fé*. São Paulo: Impacto, 2018, p. 319.

efraimitas desconsideram o fato de que os membros das outras tribos se uniram a Judá em diversos momentos, como no próprio cisma (2Crônicas 11:16-17), durante as grandes reformas religiosas de Ezequias (2Crônicas 30:1-14) e Josias (2Reis 23:15-20), além de ter havido a possibilidade do retorno de outras tribos do cativeiro com os judaítas (Esdras 1:3). O mais importante, porém, é que essa doutrina ignora que a nova aliança se refere a uma salvação levada a todas as nações, não apenas às tribos de Israel separadas como povo de Deus no Antigo Testamento.[43] O cerne da defesa de Paulo era que os gentios foram salvos em Cristo apenas pela fé, jamais por pertencerem a uma genealogia ou por qualquer obra meritória.

Trata-se, portanto, de um movimento de busca das origens no povo bíblico de Israel do Norte, que tenta construir uma identidade vinculada ao passado, embora partindo de premissas altamente especulativas de um vínculo sanguíneo literal com ascendência nas "tribos perdidas da casa de Israel". A mim, parece ser uma nova versão da ideia britânica de os ingleses serem descendentes dessas tribos (o efraimismo britânico), aplicada dessa vez à igreja como um todo.

O caminho do judaísmo messiânico

Não me lembro de ter ouvido falar de judaísmo na minha infância e adolescência, ou seja, nos anos 1970 e 1980. Ijuí, pequena cidade do interior do Rio Grande do Sul na qual cresci, não tinha comunidades judaicas. Também não me recordo de nenhum estudo específico sobre o tema nas igrejas batistas de que fui membro na minha vida adulta. Havia casos de preletores judeus convertidos a Jesus, mas não me lembro de um movimento judaico-messiânico. Entretanto, essa perspectiva mudou bastante nas duas últimas décadas e tem influenciado de forma significativa a questão da judaização no contexto evangélico brasileiro.

Deixei o judaísmo messiânico de fora durante minha pesquisa acadêmica porque meu foco de investigação eram os evangélicos. O judeu

43 JUSTER, *Raízes judaicas*, p. 320.

que se converte a Jesus, portanto, não era objeto da pesquisa. Entretanto, algumas aproximações se fizeram necessárias, porque as similaridades de grupos evangélicos com o judaísmo messiânico acabaram se mostrando frequentes. Além disso, há um afluxo muito grande de gentios para as sinagogas messiânicas, o que acaba colocando esse grupo em minha perspectiva de análise.

De qualquer forma, percebo o fenômeno um tanto nebuloso e particularmente difícil de interpretar. Isso se dá, provavelmente, por sua posição intermediária entre o judaísmo e o cristianismo. Refiro-me a uma "posição intermediária" da perspectiva cristã, entretanto, preciso lembrar que, para os diversos judaísmos, o judaísmo messiânico tornou-se apóstata ao se converter a Jesus e abandonar a comunidade de Israel. Para os judeus tradicionais, o judaísmo messiânico é apenas um tipo de cristianismo que faz uso de elementos e rituais judaicos.[44] Contudo, mantenho aqui a caracterização que os próprios judeus messiânicos aplicam a si mesmos: são judeus que creem em Jesus como o Messias de Israel.

Apesar de o judaísmo messiânico ser, em tese, o típico cristianismo primitivo, o fenômeno tem sido relativamente recente em termos históricos. A conversão de judeus ao cristianismo – em sua vertente evangélica, para ser mais preciso – tem sido bem mais frequente desde o início dos anos 1970, pelo menos no contexto americano. Tanto que pesquisadores como o antropólogo Yaakov Ariel não os denominam "judeus messiânicos", mas "judeus evangélicos". Esses grupos, segundo ele, optaram por manter as identidades étnica e cultural judaicas, combinando-as com a fé em Jesus como Salvador. Tais grupos têm posições políticas favoráveis ao Estado de Israel e escatologicamente estão bem próximos dos evangélicos em geral – ou seja, são sionistas e pré-milenistas.[45] Isso significa que há muitos pontos de contato entre as crenças dos judeus messiânicos e dos evangélicos, o que pode acabar ocultando as diferenças relevantes.

---

44 TRAVASSOS, Deborah Hornblas. *Judaísmo messiânico no Brasil: a Beit Ser Shalom: um estudo de caso.* Dissertação de Mestrado. São Paulo: USP, 2008, p. 105-11.
45 ARIEL, Yaakov. *An Unusual Relationship: Evangelical Christians and Jews*. New York: New York University Press, 2013, p. 7.

Qual a dificuldade que senti ao investigar grupos autoidentificados com o judaísmo messiânico no Brasil? Eu não conseguia distinguir exatamente se eram judeus de origem que se haviam convertido a Jesus, judeus que já eram cristãos e passaram a se identificar com a tradição judaica ou evangélicos gentios que, em dado momento, haviam se tornado judeus messiânicos – ou seja, que converteram sua identidade cristã ao judaísmo cultural. Em alguns casos, só consegui perceber que se tratava de gentios que se haviam tornado judeus quando encontrava alguma narrativa do processo de "conversão" do líder de determinada sinagoga, por exemplo, que antes era evangélico e passou a ser judeu messiânico.

Enfim, até o momento, não tenho clareza sobre o assunto. Por isso, nas próximas páginas, atenho-me a algumas pesquisas e percepções genéricas que proporcionarão ao leitor apenas uma ideia aproximada da complexidade do fenômeno, e peço desculpas antecipadas caso eu não tenha sido totalmente preciso quanto à sua caracterização teológica ou doutrinária.

Uma situação doutrinária intermediária

O judaísmo messiânico não é um movimento que apresente qualquer tipo de unidade nacional ou internacional. Há associações, porém nada que se pareça com os grandes sistemas denominacionais do cristianismo. Por isso, também não me pareceu haver uma doutrina unificadora que estabeleça pontos fundamentais como uma cristologia ou mesmo uma doutrina de Deus sólida, a exemplo da Trindade desenvolvida pelo cristianismo.

Daniel Juster, judeu messiânico americano, apresenta diferentes posições do movimento, como no que se refere à soteriologia. Há uma evidente pergunta que o crente comum faz, mas que também preocupa os teólogos: como acontece a salvação dos judeus? Embora haja entre os judeus messiânicos a convicção de que toda salvação procede apenas de Jesus (*Yeshua*), isso não significa necessariamente que todo judeu tenha de expressar explicitamente a fé nele. Disso deriva uma "teologia da dupla aliança", que aponta para a possível salvação dos judeus pela sua resposta positiva à aliança abraâmica e mosaica, ainda que rejeite Jesus como Messias de Israel. Segundo seus defensores (que eu não saberia dizer quantos nem quem são), isso aconteceria mais ou menos como se passava com relação aos judeus *antes* da vinda de Cristo, os do Antigo Testamento: eles não conheciam Jesus, mas seriam salvos por ele se fossem fiéis à aliança mosaica.[46] Tendo essa premissa por base, há hoje judeus messiânicos que não se preocupam necessariamente com a evangelização dos judeus, sendo o evangelho uma maximização da oportunidade de salvação, mas não uma exclusividade. No próximo capítulo, ao tratar do sionismo cristão, veremos que essa dualidade aparece também entre os evangélicos.

Ao que parece, o judaísmo messiânico não faz restrições à defesa da divindade de Jesus e sua adoração. Esse é o ponto mais complicado no diálogo com os judeus, já que, para o judaísmo clássico, seria um ato de idolatria. Ou seja, em termos cristológicos os judeus messiânicos aprovam a doutrina cristã do Filho divino encarnado na pessoa de Jesus de Nazaré. Entretanto, parece haver certa reticência em subscrever a doutrina clássica da Trindade, já que ela deriva de reflexões filosóficas e ontológicas do campo grego do pensamento e foi desenvolvida pelos cristãos gentios nos primeiros séculos de nossa era. Assim, a terminologia sobre a doutrina de Deus permanece expressa em termos mais difusos, tratando, por exemplo, de uma "unipluralidade de Deus". São termos utilizados por poderem ser extraídos diretamente da *Tanach* (a Bíblia hebraica).[47] Contudo, isso não significa que as sinagogas judaico-messiânicas não creiam na Trindade, apenas que não há unanimidade sobre a questão, tampouco uma expressão doutrinária clara.[48]

Por que essa ambiguidade se manifestou nas doutrinas de Deus em determinados judaísmos messiânicos? Penso que foi pela rejeição

---

46 JUSTER, *Raízes judaicas*, p. 214-21.
47 JUSTER, *Raízes judaicas*, p. 227-36.
48 Por exemplo, a Union of Messianic Jewish Congregations [União das congregações judaicas messiânicas] menciona o Pai, o Filho e o Espírito Santo (embora não explique sua "economia"), assim como reitera a divindade de Jesus em sua declaração de fé. *Union of Messianic Jewish Congregations. UMCJ Statement of Faith*. Disponível em: https://www.umjc.org/statement-of-faith. Já no Brasil, a Congregação Messiânica B'nei Or sustenta a unicidade divina em uma única pessoa com três manifestações do mesmo YHWH como Pai, Filho e Espírito Santo, bastante distinta da ortodoxia cristã, que sustenta três pessoas com uma única natureza. *Congregação Messiânica B'nei Or. Emunatênu [Nossa fé]*. Disponível em: https://judaismonazareno.org/nossa-fe.

à hermenêutica cristã dos primeiros séculos, que buscava explicar os conceitos bíblicos recorrendo a metodologias extrabíblicas de argumentação filosófica e lógica. Ou seja, a doutrina cristã era de origem bíblica, mas foi estabelecida e consolidada em linguagem e na lógica gregas. Em minha opinião, ao abandonar a explicação tradicional cristã, ficou faltando aos heterodoxos de determinados judaísmos messiânicos percorrer a reflexão e o debate na definição de outra ortodoxia que tenha Jesus como pedra angular. Esse caminho, como sabemos pela história do pensamento cristão, é bastante longo e envolve centenas ou milhares de grandes pensadores. Acaso o judaísmo messiânico terá escopo para alcançar essa profundidade teológica e doutrinária com outra linguagem? Só o tempo dirá.

Mas por que estou tratando das provisoriedades teológicas do judaísmo messiânico? Não se trata de uma crítica ao movimento, pois suas decisões doutrinárias dizem respeito exclusivamente a ele. O alvo de meu interesse é que parece haver a mesma reticência teológica nos movimentos evangélicos que se aproximaram do judaísmo. Como eles rejeitaram boa parte das elaborações teológicas dos concílios cristãos (que são gentílicos), o resultado foi a busca de subsídio teórico nas próprias tradições judaicas (e até mesmo no *Talmude*). Mas como pensar as doutrinas cristãs em bases teóricas judaicas que basicamente rejeitaram Jesus como o Messias de Israel e não aprofundaram uma "messiologia" como a "cristologia" cristã? Esse é um dilema que cada grupo precisa resolver.

Os cristãos gentios entre os judeus messiânicos

O judaísmo messiânico é um movimento que, em tese, seria formado basicamente por judeus que creem em Jesus. Entretanto, o que tem ocorrido com uma frequência cada vez maior é a participação de gentios nas comunidades judaicas messiânicas, e isso pode ter relação com a virada dos estudos históricos a respeito da igreja primitiva nas últimas décadas.

Dois fatores derivados das mesmas pesquisas acadêmicas podem ter feito emergir o interesse dos cristãos pelo judaísmo messiânico.

Em primeiro lugar, as buscas atuais pelo Jesus histórico têm operado basicamente na ênfase em Jesus como judeu, no contexto do judaísmo do primeiro século. Nesse sentido, a busca pelo Jesus judeu e pelo cristianismo judaico do primeiro século pode reforçar a ideia de que vivenciar práticas judaicas aproximaria o crente da experiência primitiva – tratei basicamente disso na questão da busca pelas origens do cristianismo. Além disso, as pesquisas sobre o Jesus histórico, ao lado de uma crítica moderna das fontes, também têm separado progressivamente Jesus do cristianismo que dele derivou nos séculos seguintes. Cada vez mais, provoca-se estranhamento entre o movimento de Jesus e as doutrinas ou práticas dos cristãos posteriores. Ou seja, no efeito pendular, se antes havia no entendimento geral dos cristãos uma separação entre Jesus e judaísmo, agora a situação está se invertendo: Jesus começa a ser radicalmente separado do cristianismo.[49]

Segundo Solange Carmo, isso teve efeito na participação de gentios no judaísmo messiânico. O destaque atribuído à judaicidade de Jesus, além da supervalorização das culturas antigas e de uma busca pelo conservadorismo perdido no mundo atual, provocou um novo fenômeno, que tem sido denominado **superjudeu**. Quem é essa figura? É o evangélico decepcionado com as denominações pelas quais passou e que se identifica como judeu, mesmo sem ter ascendência judaica. Isso acaba causando uma situação extremamente ambígua: em sentido estrito, o judaísmo messiânico se referiria apenas a membros de origem judaica; em sentido amplo, apareceu um judaísmo messiânico cujos membros se dizem ou se identificam como judeus.[50] Ou seja, o termo "judeu messiânico" pode designar qualquer pessoa que se identifique como judeu sem ser necessariamente judeu de origem. Trata-se de uma questão puramente identitária.

Por isso, muitos gentios participam ativamente de comunidades judaico-messiânicas. Isso é uma realidade nos Estados Unidos, e não vejo razões para acreditar que não seja também no Brasil. Daniel

---

49 CARMO, Solange Maria; ANDRADE, Aila Luiza Pinheiro de. O processo da pesquisa sobre Jesus histórico e o surgimento do Judaísmo Messiânico. *Horizonte*, Belo Horizonte, v. 13, n. 40, p. 2194-220, out./dez. 2015. Disponível em: https://doi.org/10.5752/P.2175-5841.2015v13n40p2194, p. 2213.

50 CARMO; ANDRADE, O processo da pesquisa sobre Jesus histórico..., p. 2214-5.

Juster reconhece que o influxo de gentios nas comunidades judaico-messiânicas tornou-se imenso desde os anos 1990 e maior ainda no século 21. Para ele, os gentios que passam a fazer parte das congregações messiânicas o fazem por três motivos: 1) por acreditar que o judaísmo messiânico é a forma ideal de igreja da nova aliança, o que ele considera uma motivação errada, já que diversas formas de ser igreja são igualmente válidas; 2) por amar a vida e as expressões culturais dos judeus; 3) pelo amor ao povo judeu e pelo desejo de viver com ele para conquistá-lo para Jesus. Entretanto, como ele próprio confessa, há alguns problemas: as divisões nas igrejas de origem dos evangélicos que migraram para o judaísmo messiânico; a possível ideia entre eles de que a cultura judaica é superior às demais culturas, o que também seria uma espécie de xenofobia; a confusão exercida sobre a própria comunidade judaica, quando judeus de origem chegam a uma congregação judaico-messiânica e encontram poucos judeus em meio a muitos gentios.[51]

Como resultado, observa-se a presença constante e cada vez maior de gentios entre os judeus messiânicos, a ponto de muitas dessas comunidades serem agora não mais formadas por judeus de origem, mas por evangélicos gentios que passaram a se identificar com os judeus. Esse fenômeno nos leva ao próximo "degrau" da progressão dos evangélicos na direção do judaísmo, que abordarei a seguir.

Evangélicos caminhando para o judaísmo

Como já mencionei, nem sempre podemos classificar qualquer grupo que adote símbolos judaicos como praticantes de uma judaização em sentido estrito, criticada segundo a Bíblia. Muitas vezes, são apenas gentios utilizando-os sem necessariamente buscarem se tornar judeus por um motivo soteriológico ou por orgulho espiritual. Entretanto, há casos em que vemos isso acontecer.

51 JUSTER, *Raízes judaicas*, p. 324-6.

Um Jesus sem divindade

Um fenômeno que tenho visto crescendo nas mídias sociais, especialmente no YouTube e no Instagram, é a mudança gradativa do estatuto de Cristo. O principal ponto de divergência tem sido sua divindade. De certa maneira, é uma tendência que em parte tem sua base na pesquisa do Jesus histórico, especialmente nas obras de Bart Ehrman, que procuram demonstrar que a ideia de Jesus ser Deus foi historicamente construída, não tendo sido, segundo ele, uma afirmação original de Jesus, tampouco dos apóstolos.[52] Essa também parece ser a tônica defendida por grupos evangélicos que se aproximam dos pressupostos do judaísmo. É o caso, por exemplo, do autointitulado rabino Yossef Akiva, ex-pastor evangélico que se converteu a um judaísmo messiânico e tem levado muitos membros de igrejas a deixarem suas tradições para se aproximar da *Torá*. Algum tempo atrás, ele ficou famoso e causou alvoroço nas mídias por ter negado a divindade de Jesus.[53] Akiva, nesse sentido, passou a seguir um modelo cristológico muito próximo do ebionismo, uma explicação judaica dos primeiros séculos para o caráter e a natureza de Jesus.[54]

A mim, parece que não são poucos os que trilham por esse caminho. Entrevistei algumas pessoas que participaram dos movimentos judaizantes nos estudos que realizei, e um dos fenômenos destacados foi a eventual progressão do cristianismo em direção ao judaísmo.

---

52 EHRMAN, Bart D. *Como Jesus se tornou Deus*. São Paulo: LeYa, 2014. A perspectiva de Ehrman parece ignorar que toda reflexão sobre o divino é sempre posterior à experiência com Deus. Os israelitas descritos no Antigo Testamento, por exemplo, durante séculos não tiveram nenhuma noção monoteísta, mesmo depois do Sinai. Até o final da história de Israel, há necessidade de os profetas defenderem que há um único Deus (Isaías 44:6-20). Todo amadurecimento teológico carece de reflexão e direcionamento progressivo da revelação do próprio Deus. O mesmo se dá, a meu ver, na questão da divindade de Jesus. Embora tenhamos referências apenas indiretas à sua divindade nas narrativas de sua vida (como a afirmação do "Eu Sou", em Marcos 14:62), o amadurecimento desse princípio viria em um momento posterior da igreja primitiva, como nas cartas paulinas (Colossenses 1:15-20; Efésios 1:22-23), no prefácio do evangelho de João (João 1:1-4), nas afirmações da geração divina do Filho (Hebreus 1:1-12) e especialmente na adoração dedicada ao Cordeiro nos mesmos termos relativos a Deus (Apocalipse 5:13; 22:13).

53 *Yossef Akiva esclarece todas as polêmicas*. Disponível em: https://www.youtube.com/live/U69tk712RNY?si=d97228pANB-0BuXv. A resposta de Akiva sobre a não divindade de Cristo está mais clara no minuto 53.

54 O ebionismo é um modelo judaico para explicar Jesus que limita a interpretação de sua identidade a categorias herdadas do judaísmo. O problema com os ebionistas era que a vinda de Jesus representava a invasão de algo totalmente novo na história humana e na própria história da salvação. As categorias anteriores não eram suficientes para dar conta do que significava a presença do Emanuel. MCGRATH, *Heresia*, p. 134-43.

Primeiramente, esse crente evangélico está insatisfeito com sua igreja, seja doutrinária, seja liturgicamente. Ele a deixa e migra para o judaísmo messiânico, mergulhando então nas tradições judaicas. Entretanto, muitas vezes o processo continua em direção a um judaísmo mais efetivo, que é o estágio final e pleno de judaização em sentido estrito. Em alguns casos, há apostasia, ou seja, a negação de Jesus e a conversão efetiva ao judaísmo.

Esse fenômeno também se dá como uma busca de identidade. Um dos grupos constituintes do Brasil no início da colonização foi o dos "marranos", os *Bnei Anussim*, convertidos à força ao catolicismo ibérico do século 14 (alguns os chamam "batizados em pé" ou "cristãos novos"). Existe a possibilidade de que muitos brasileiros sejam descendentes desses judeus, mas que tenham perdido a identidade judaica, diluída em quatro séculos de casamentos com os mais variados grupos na pluralidade típica do Brasil. Então, com base em um estudo de sobrenomes, muitos desses evangélicos acabam "descobrindo" sua identidade judaica.[55]

O processo final de judaização pode ter muitas variantes. Esse evangélico pode continuar crendo no Cristo divino em uma comunidade judaico-messiânica; também pode acabar em um grupo também de intitulados judeus messiânicos, mas que negam sua divindade; pode ainda abandonar completamente a fé em Jesus e migrar definitivamente para o judaísmo. Além disso, nessa pluralidade de reinvenções identitárias, há um caso curioso, que abordarei na próxima seção.

Os evangélicos judaizantes

Um caso radical, pesquisado por Manoela Carpenedo, foi por ela definido como **evangélico judaizante**.[56] A antropóloga observou esse grupo em Porto Alegre, embora existam comunidades da mesma filiação em outras cidades do Brasil. Para eles, a autoridade interpretativa

55 Um judeu dedicado à busca e reintegração de descendentes de *Bnei Anussim* é o rabino Ventura. *Sinagoga sem fronteiras*. Disponível em: https://www.youtube.com/@SinagogaSemFronteiras.

56 CARPENEDO, Manoela. *Becoming Jewish, Believing in Jesus: Judaizing Evangelicals in Brazil*. New York: Oxford University Press, 2021. Um resumo de sua pesquisa pode ser encontrado em CARPENEDO, Manoela. Vivendo a nossa ascendência marrana. Ritual e identidades judaicas entre os evangélicos judaizantes no Brasil. *Lusotopie*, Leiden, v. 18, n. 2, 2019, p. 167-91. Disponível em: https://doi.org/10.1163/17683084-12341742.

das Escrituras está no *Talmude* e em outras literaturas judaicas. Além disso, eles têm uma veia proselitista, uma vez que seus líderes buscam levar outros cristãos à "verdade judaizante". Entretanto, há um detalhe interessante: eles mesmos não se associam ao judaísmo convencional, tampouco buscam o reconhecimento do Estado de Israel para uma migração pela Lei do Retorno.[57]

Ou seja, esses evangélicos desejam permanecer cristãos, porém de um tipo mais puro. Essa comunidade era formada por antigos membros de igrejas carismáticas (pentecostais e neopentecostais). Segundo Carpenedo, eles mantêm uma rejeição dramática ao mundo secular e buscam formas extremamente austeras de vida, além de tecerem uma crítica severa à doutrina da prosperidade, construindo uma religiosidade que se reveste de obediência às leis mosaicas e uma identidade completamente distinta da identidade carismática de seu passado como membros de igrejas neopentecostais.[58] Entretanto, os evangélicos judaizantes basicamente reinventaram seu passado cristão, mantendo Jesus, o Novo Testamento e a forma de adoração em suas liturgias, e formando em seu movimento uma ponte simbólica entre cristianismo e judaísmo.[59] Assim, esse movimento evangélico judaizante deve ser interpretado como uma forma de "restauração religiosa", por meio da qual as práticas do neopentecostalismo, consideradas erradas ou problemáticas (como o individualismo, a doutrina da prosperidade e o relaxamento do éthos evangélico), devem ser purificadas pelas práticas do judaísmo.[60]

Mesmo mantendo uma identidade cristã, sua relação com Jesus é ambígua. Apesar de ser constantemente citado na forma hebraica *Yeshua*, sua figura perdeu a centralidade e suas antigas propriedades: depois de assumir algumas práticas judaicas ortodoxas, a salvação passou a ser não apenas pela graça de Jesus, mas também pela observação da lei judaica, sendo o sacrifício de Cristo gradualmente atrelado ao conhecimento e à observação da *Torá* – o grupo passou a praticar a

57 CARPENEDO, *Becoming Jewish, Believing in Jesus*, p. 27-8.
58 CARPENEDO, Vivendo a nossa ascendência marrana..., p. 173-5.
59 CARPENEDO, *Becoming Jewish, Believing in Jesus*, p. 119.
60 CARPENEDO, *Becoming Jewish, Believing in Jesus*, p. 252.

circuncisão, por exemplo.[61] Além disso, a própria doutrina cristológica mudou de forma significativa. Jesus passou por uma mudança hierárquica, deixando de ser a encarnação de Deus e o alvo de adoração para se tornar o "primeiro Hassid", ou seja, sua pessoa foi vinculada ao movimento de piedade do hassidismo judaico do século 18.[62] Esse é o ponto sensível da rejeição à teologia cristã, uma vez que a divindade do Filho de Deus é o eixo fundante e orientador de séculos de ortodoxia.

Mas o passo final na construção da identidade do grupo ainda seria dado. Houve um novo relacionamento com as memórias culturais do passado, transformando-as em uma coisa nova. A profunda relação desse grupo com o universo judaico levou-os a se identificar como *Bnei Anussim*, os "marranos". Esses evangélicos judaizantes, assim, passaram a se ver como recuperadores de uma judaicidade perdida no passado e reativada por sua aproximação das tradições judaicas, criando uma narrativa de origem identificada com o povo judeu.[63] Como afirma Carpenedo, a paixão inexplicável por Israel e pelo povo judeu, as premonições e os sonhos com temática judaica, as orações exóticas ouvidas durante a infância e até mesmo a pintura da estrela de Davi para afastar espíritos malignos, tudo isso ganhou um novo significado nesse grupo.[64] Da mesma forma, as histórias bíblicas ouvidas em suas igrejas de origem serviram como base para instigar a vontade de fazer parte do "Israel mítico", considerando as práticas judaizantes uma forma mais genuína de fé e mais próxima do verdadeiro *Yeshua*.[65]

No grupo dos evangélicos judaizantes, o retorno às origens permanece como um importante elemento motivador, assim como em outros grupos em que verifiquei o uso da simbólica judaica. Os evangélicos judaizantes estão igualmente buscando uma identidade, seja como marranos, seja como aqueles que vivem verdadeiramente a pureza original da fé cristã. Entretanto, sua judaização os deixou limitados ao que eu classificaria como judaização em sentido estrito.

61 CARPENEDO, *Becoming Jewish, Believing in Jesus*, p. 130.
62 CARPENEDO, *Becoming Jewish, Believing in Jesus*, p. 132-4.
63 CARPENEDO, *Becoming Jewish, Believing in Jesus*, p. 166-7.
64 CARPENEDO, Vivendo a nossa ascendência marrana..., p. 180.
65 CARPENEDO, Vivendo a nossa ascendência marrana..., p. 187.

É basicamente isso que Paulo critica em suas cartas. Por isso, fenômenos desse tipo podem nos levar a perguntar em que medida a aproximação dos elementos judaicos pode levar a um distanciamento da centralidade da figura de Cristo. A insistência na Lei tenderia a diminuir o impacto da cruz? É o que parece ter acontecido no último degrau do cristianismo em direção ao judaísmo. Mas não estou certo se posso aplicar a mesma conclusão aos demais casos que levantei aqui. Fica a reflexão a cada um.

+++

No capítulo anterior, tratei do paradoxo do reino de Deus sobre o "já" e o "ainda não", e demonstrei de que modo as escatologias milenistas estão bastante vinculadas ao que ainda falta ser consumado no reino de Deus. O que tratei neste capítulo está mais relacionado com o outro lado do paradoxo, o "já" do reino de Deus.

Esse outro aspecto escatológico da simbólica do reino de Deus é fundamental nos movimentos pentecostais e neopentecostais. Conforme observa James Smith, o pentecostalismo contém cinco aspectos que definem uma espécie de "cosmovisão pentecostal": 1) uma postura de abertura radical para Deus, deixando possibilidades para o diferente ou para o novo; 2) uma teologia encantada da criação e da cultura, entendendo o mundo como repleto de Deus e de outros espíritos; 3) uma valorização do aspecto corporal e material da existência, expressa na crença da cura divina e da prosperidade; 4) uma epistemologia afetiva e narrativa, pelo fato de destacar a experiência pessoal do crente; 5) uma orientação escatológica voltada para missões e para a justiça.[66] Quero destacar, especialmente, o terceiro, o quarto e o quinto aspectos: a escatologia é central justamente porque o derramamento do Espírito Santo é compreendido como um sinal dos últimos dias, uma manifestação da era vindoura. Entretanto, a "chuva serôdia" do Espírito Santo não é válvula de escape do mundo, mas o "desejo de ser

---

66 SMITH, James K. A. *Pensando em línguas: contribuição pentecostal para a filosofia cristã*. Rio de Janeiro: Thomas Nelson Brasil; Renova, 2020, p. 46-7.

símbolo e exemplo do reino vindouro, e até mesmo fomentar a transformação deste mundo", como insiste Smith.[67]

Por isso, os pentecostais e neopentecostais pensam muito concretamente no que está ocorrendo agora no reino de Deus porque projetaram sua experiência carismática na linha da história da salvação como um acontecimento histórico. Hoje, o derramar do Espírito Santo é uma repetição daquele ocorrido no tempo dos apóstolos, marcando a irrupção do final dos tempos, o retorno iminente de Jesus e a necessidade premente de evangelização, aspecto relacionado ao final do reino de Deus, aguardado para logo. Mesmo na expectativa do "ainda não", o "já" se faz presente e muito próximo.

Esse vínculo com a concreta presença do reino de Deus no mundo faz com que a fé pentecostal enfatize a cura desse corpo e até mesmo a prosperidade neste mundo – o que se vê ainda mais intensificado no neopentecostalismo, afinal, ele crê no sobrenatural divino presente na natureza. Esse pensamento se manifesta não de forma propositiva, como no racionalismo da teologia tradicional, mas na estética, pela via do culto pentecostal, que se baseia na narrativa e na metáfora.[68] Assim, no testemunho e na vivência cotidiana de liturgias, símbolos e metáforas, os pentecostais (e especialmente os neopentecostais) se veem em experiências idênticas às dos personagens bíblicos, constituindo, assim, sua identidade narrativa.

Portanto, a linha do "já" do reino de Deus está vinculada às interpretações pneumatológicas do pentecostalismo e do neopentecostalismo, em que Israel é uma prova do reino de Deus em realização, sendo não apenas apoiado, mas também celebrado na liturgia. Israel, nesse caso, é o "si mesmo", o semelhante a ser imitado pela igreja, com quem se comungam narrativas e símbolos. E essas narrativas e símbolos os aproximam do judaísmo e do Estado de Israel – tema da reflexão do próximo capítulo.

67 SMITH, *Pensando em línguas*, p. 87.
68 SMITH, *Pensando em línguas*, p. 133.

5
SIONISMO CRISTÃO

Antes de tudo, façamos algumas revisões conceituais. O substantivo-chave aqui é *Sião*, nome do monte sobre o qual estava construída a fortaleza dos jebuseus e que se tornou a Cidade de Davi, Jerusalém (2Samuel 5:6-7). A palavra "sionismo" deriva de "Sião" e está vinculada ao amor mencionado na Bíblia pela capital da pátria judaica: "Por amor de Sião eu não sossegarei, por amor de Jerusalém não descansarei enquanto a sua justiça não resplandecer como a alvorada, e a sua salvação, como as chamas de uma tocha" (Isaías 62:1).

O amor por Sião é uma das marcas do judaísmo. Entretanto, apesar de a cultura judaica contar 2 mil anos de existência, a ideia de estabelecer uma pátria para os judeus na Palestina foi concebida somente no século 19, tomando por base os conceitos modernos de Estado nacional.[1] E, apesar de ser um movimento laico, o lugar para a pátria judaica foi profundamente influenciado pela fusão nacional-religiosa do movimento, resultando na escolha do *Eretz Yisra'el* (a Terra de Israel), palco das narrativas bíblicas e único local lógico para instalar o novo país.[2]

---

1 Apresento um resumo da emergência do nacionalismo judaico na formação do Estado de Israel no capítulo 6 do meu livro *Nós e a Bíblia*.

2 TROY, Gil. *The Zionist Ideas: Visions for the Jewish Homeland – Then, Now, Tomorrow*. Lincoln: Jewish Publication Society, 2018, p. xxvii.

O **sionismo**, portanto, é um "movimento de cunho nacionalista judaico que promove o retorno do povo judeu para a Palestina e a retomada de uma soberania israelense em forma de Estado, ocupando o espaço que foi a terra de Israel na Antiguidade".[3]

O **sionismo cristão**, por sua vez, é o "apoio cristão ao sionismo e ao Estado de Israel com motivação claramente religiosa". As ações dos sionistas cristãos estão fundamentadas na crença de que o povo judeu tem o direito de habitar a Terra Santa por uma concessão divina, uma vez que foi prometida por Deus. Por isso, muitos cristãos (especialmente os evangélicos) se veem na obrigação de apoiar a reivindicação territorial dos judeus.[4] O historiador Donald Lewis define o sionismo cristão como "a crença de que o povo judeu foi destinado por Deus a ter uma pátria nacional na Palestina e que os cristãos foram obrigados a prover os meios para permitir que isso acontecesse".[5] Segundo ele, o apoio cristão ao retorno dos judeus à Terra Santa foi um acréscimo à ideia escatológica mais antiga de que os judeus se converteriam a Cristo no final dos tempos, segundo as estimativas de Paulo em Romanos 9—11.

Os argumentos bíblicos para a postura de apoio cristão estão ancorados principalmente em dois versículos: a promessa dada a Abraão de que "abençoarei os que o abençoarem e amaldiçoarei os que o amaldiçoarem; e por meio de você todos os povos da terra serão abençoados" (Gênesis 12:3) e a convocação divina: "Consolem, consolem o meu povo, diz o Deus de vocês" (Isaías 40:1). Às vezes, outros versículos são usados, por exemplo, a busca de alguém que proteja a terra de Israel: "Procurei entre eles um homem que erguesse o muro e se pusesse na brecha diante de mim e em favor desta terra, para que eu não a destruísse, mas não encontrei nenhum" (Ezequiel 22:30). O fato é que as motivações teológicas por trás das ações dos sionistas cristãos são distintas. Há quem restrinja o movimento aos dispensacionalistas,[6] defendendo

---

3 SIZER, *Christian Zionism*, p. 17.

4 CROME, Andrew. *Christian Zionism and English National Identity, 1600-1850*. Manchester: Palgrave Macmillan, 2018, p. 9.

5 LEWIS, Donald. *The Origins of Christian Zionism*. New York: Cambridge University Press, 2010, p. 5.

6 BUSH, Andrew F. The Implications of Christian Zionism for Mission. *International Bulletin of Missionary Research*, New Heaven, USA, v. 33, n. 3, p. 144-50, 2009.

que apenas eles são os "verdadeiros sionistas cristãos".[7] Contudo, é preciso entender que o sionismo cristão é um movimento com grande diversidade, desde motivações centradas na profecia até outras baseadas na cultura ocidental cristã.[8] De qualquer forma, penso que dizer apenas que "Israel tem o direito de existir" não exprime nem de perto o sentimento do sionista cristão, pois não transmite a grandeza do sentido teológico do movimento.[9] As teologias são centrais para se entender a posição dos cristãos com relação aos judeus e a Israel.

O que é comum às múltiplas variedades de sionismo cristão é o caráter político do movimento. O simples fato de você ter simpatia por Israel e pelos judeus não o caracteriza como sionista cristão, assim como crer em Jesus e ser membro de uma igreja não faz de você automaticamente um evangelista ou um missionário. É preciso agir. Ou seja, para identificar um sionista cristão, é preciso haver um ativismo político motivado pela fé. Por isso, podemos designar o sionismo cristão como **teopolítico**, ou seja, um movimento que usa a política como meio para promover aspirações que têm origem transcendental. O sagrado, nesse caso, não é apenas fonte de legitimidade, mas a principal questão em jogo.[10] Mas tome cuidado para não limitar essa ação política a um conceito superficial de esquerda e direita ou à polarização bestializada que vivemos em nosso país, uma vez que essa teopolítica não depende de uma doutrina específica. O sionismo cristão pode emergir tanto de movimentos fundamentalistas ou conservadores como de tendências políticas dentro do espectro mais liberal ou progressista.[11]

Portanto, o que pretendo fazer neste capítulo é um levantamento histórico do desenvolvimento do sionismo cristão no mundo e no Brasil. Ou seja, vou falar de um assunto que detesto: política. Como não é possível contar toda a história do sionismo cristão, e partindo do pressuposto de que o mundo evangélico brasileiro é filhote direto do

---

7 WILKINSON, *For Zion's Sake*, p. 13.

8 LEWIS, *The Origins of Christian Zionism*, p. 20.

9 MERKLEY, Paul Charles. *Christian Attitudes Towards the State of Israel*. Montreal: McGill-Queens University Press, 2001, p. 154.

10 ALDROVANDI, Carlo. *Apocalyptic Movements in Contemporary Politics: Christian and Jewish Zionism*. New York: Palgrave Macmillan, 2014, p. 7-8.

11 SMITH, Robert. *Comprehending Christian Zionism: Perspectives in Comparison*. Minneapolis: 1517 Media, 2014, p. 328.

protestantismo anglo-saxão, vou retomar o movimento em sua genealogia, que remonta à Grã-Bretanha, passando por seu desenvolvimento nos Estados Unidos, até sua chegada ao Brasil, e adquirindo uma relevância crescente na última década. Não deixa de ser uma linhagem muito semelhante à da progressão do pensamento escatológico que visitamos no capítulo 3.

A origem do sionismo cristão na Grã-Bretanha

O pesquisador Shalom Goldman, ao analisar diversos autores que tratam da relação entre os evangélicos e o movimento sionista, afirma que a influência dos cristãos sobre os judeus permanece como uma questão aberta: alguns acreditam ser apenas marginal, enquanto outros sustentam que a influência é profunda, formando uma parte importante da história religiosa britânica.[12] Essa também é a postura do historiador israelense Shlomo Sand. Para ele, não há como avaliar com precisão o nível de influência do cristianismo, mais especificamente do puritanismo, na promoção do novo modelo patriótico judaico que desembocaria no sionismo. Ao mesmo tempo, ele reconhece que os protestantes constituíram forças atuantes no encontro entre o esforço judaico por uma nação independente e o projeto de colonização do Império Britânico.[13] Não é possível comprovar a relação causa-efeito de forma cabal, mas a coincidência de interesses e seus resultados foram determinantes para a história do sionismo judaico e do sionismo cristão.

Os protestantes britânicos e a questão judaica

Não pretendo aqui fazer um levantamento da história do antissemitismo, tampouco do movimento nacionalista judaico. Alguns apontamentos são suficientes para o propósito deste capítulo. No final do século 19, o antissemitismo revelou-se entranhado na Europa – de maneira explícita na parte oriental e de forma velada na ocidental.

12 GOLDMAN, Shalom. Christians and Zionism: A Review Essay. *American Jewish History*, v. 93, n. 2, p. 245-60, jun. 2007. Disponível em: https://muse.jhu.edu/article/220295. p. 248.
13 SAND, *A invenção da terra de Israel*, p. 313.

A resposta judaica a esse problema insolúvel foi o movimento nacionalista judeu, o sionismo, uma resposta política e a única ideologia segundo a qual foi levada a sério a hostilidade do mundo contra os judeus.[14] Naquele tempo, já existia um conceito de nação e nacionalismo fortemente arraigado no imaginário europeu, em prática havia cerca de três séculos e copiado em todos os continentes pelos movimentos nacionalistas. Os sentimentos de vínculo coletivo eram mobilizados em prol de políticas nacionalistas modernas.[15] A questão judaica encontrou a solução nos movimentos nacionalistas.

Tudo começou com a obra de **Heinrich Graetz** (1817-1891), que publicou, na década de 1850, o livro *History of the Jews* [História dos judeus], o primeiro ensaio com o objetivo de apresentar um povo judeu com o mesmo significado dado à nação moderna. A partir de então, segundo Shlomo Sand, a judeidade deixou de ser uma civilização rica e variada, sobrevivendo em meio aos gigantes nacionais, para se imaginar como uma nação cujos membros tinham em comum o fato de fazerem parte de uma raça desenraizada de sua pátria.[16] Essa intenção, todavia, não nasceu no vazio. Havia entre os judeus um mito fundador – a narrativa bíblica – para dar base a uma ideia nacional moderna. E mitos fundadores são imprescindíveis a qualquer ideia de nação.[17] Mas, apesar de a Bíblia tratar do retorno de Israel à terra, foram os sentimentos antissemitas verificados nos terríveis acontecimentos dos *pogroms* de 1881, na Rússia, e no trágico caso Dreyfus, julgado na França,[18] que deflagraram o movimento sionista.

O início do sionismo propriamente dito deu-se com **Leon Pinsker** (1821-1891), que em 1882 publicou sua obra *Auto-Emancipation* [Autoemancipação], e com **Theodor Herzl** (1860-1904), que em 1896 publicou o livro *Estado judeu*.[19] Herzl era um jornalista judeu-húngaro

14 ARENDT, Hannah. *Origens do totalitarismo*. São Paulo: Companhia das Letras, 1989, p. 143.

15 HOBSBAWM, Eric J. *Nações e nacionalismo desde 1780: programa, mito e realidade*. Rio de Janeiro: Paz e Terra, 1990, p. 63.

16 SAND, Shlomo. *A invenção do povo judeu: da Bíblia ao sionismo*. São Paulo: Benvirá, 2011, p. 136-7.

17 Abordo essa questão em meu livro *Nós e a Bíblia*, já referenciado outras vezes aqui.

18 O caso Dreyfus foi o julgamento de um militar francês de origem judaica acusado de espionagem para os alemães e condenado à prisão perpétua. Entretanto, a continuidade do debate público e a investigação revelaram tratar-se de um dos mais impressionantes casos de erro judiciário e antissemitismo da Europa. Ele acabou inocentado, mas o caso marcou época. A filósofa Hannah Arendt descreve o episódio em Origens do totalitarismo.

19 LANGE, *Povo judeu*, p. 64.

profundamente comovido com o antissemitismo que mostrou seus dentes no desenrolar do caso Dreyfus, chegando à conclusão de que as condições de liberdade e igualdade para os judeus não seriam alcançadas pela assimilação aos diferentes países, mas só por meio de uma nação judaica própria.[20]

Foi sob a condição de um intenso antissemitismo europeu que Theodor Herzl fundou a Organização Sionista, no final da década de 1880, influenciado pelos trágicos acontecimentos em torno das comunidades judaicas e pelas ideias nacionalistas modernas já estabelecidas.[21] Mas não seria fácil produzir um Estado-nação judeu na versão padronizada do século 19, pois "implicava tomar um território, inventar uma língua e laicizar as estruturas de um povo cuja unidade histórica tinha consistido exclusivamente na prática de uma religião comum".[22] Por isso, apesar do empenho de Herzl, seriam necessárias novas configurações políticas internacionais e convergências de interesses para concretizar a luta de sua vida. Dificilmente o sionismo teria alcançado êxito sem o auxílio de um império poderoso que lhe desse suporte político e até militar. Nesse sentido, a participação de aristocratas britânicos, imbuídos de profundas convicções cristãs, foi fundamental.

Anthony Ashley Cooper (1801-1885), o **Lorde Shaftesbury,** estava convencido de que a restauração dos judeus na Palestina tinha um duplo propósito: cumpria as profecias bíblicas e coincidia com os interesses estratégicos da política externa britânica. Shaftesbury era um anglicano entusiasmado com a possibilidade de conversão de judeus para trazer o mundo inteiro à fé antes da volta de Cristo. Ele foi o primeiro líder inglês a propor um Estado judaico soberano na Palestina. Sua proposta considerava um Estado que teria por capital Jerusalém, permaneceria sob o domínio turco e contaria com a

---

20 ROSENBERG, Roy. *Guia conciso do judaísmo: história, prática, fé*. Rio de Janeiro: Imago, 1992, p. 158.
21 Influenciado talvez pelas ideias nacionalistas alemãs. SAND, *A invenção da terra de Israel*, p. 204.
22 HOBSBAWM, Eric. *A era do capital, 1848-1875*. 8. ed. Rio de Janeiro: Paz e Terra, 1996, p. 134 (nota de rodapé). Hobsbawm trata, no texto que a nota comenta, sobre as ideias nacionais que se multiplicavam no século 19, mas que não representavam exatamente o que se entende como o padrão do programa nacional do século 20, ou seja, um povo uno, com Estado independente, homogêneo em termos territoriais e linguísticos, laico e republicano. Os judeus precisariam construir artificialmente cada um desses itens.

proteção britânica, ideia defendida em um artigo publicado em 1839.[23] Segundo Shlomo Sand, esse artigo de Shaftesbury, escrito para o *The Times* e intitulado "O Estado e o renascimento dos judeus", foi "para o sionismo cristão o que o *Estado judeu*, de Theodor Herzl, foi para o sionismo judaico em 1896".[24] Shaftesbury teria influenciado o político Henry John Temple Palmerston (1784-1865), conhecido como **Lorde Palmerston**, a escrever ao sultão, em 1840, pedindo-lhe para encorajar os judeus que viviam no Império Turco a se instalarem na Palestina.[25]

O pedido apresentado ao sultão não obteve resposta, tampouco as propostas do artigo de Shaftesbury foram levadas adiante. Mas a Grã-Bretanha tinha poucos súditos no Oriente Médio, e a ideia de auxiliar o retorno dos judeus à Palestina foi vista como uma forma de estabelecer um aliado na região. Alguns membros do exército inglês passaram a apoiar as ideias de Shaftesbury, entre eles o oficial **George Gawler** (1795-1869), que em 1849 traçou "um plano para 'restaurar os judeus na sua terra', basicamente para criar uma zona tampão segura para os britânicos entre o Egito e a Síria".[26] Lorde Shaftesbury ainda seria o presidente fundador do Fundo para a Exploração da Palestina, criado em 1865 para pesquisar e mapear a Palestina, que ele imaginava vazia, praticamente abandonada e sem uma nação que a habitasse[27] – os árabes locais, com uma população significativa, foram ignorados ou não eram motivo de preocupação naquele momento.

Outro líder da época que merece destaque é o sacerdote anglicano **William Hechler** (1845-1931), que se tornou capelão da embaixada britânica em Viena, onde estabeleceu uma profunda amizade com Theodor Herzl. O reverendo Hechler estava convicto de que as profecias do Antigo Testamento haviam previsto o retorno dos judeus à Palestina[28] e acreditava que era destino dos cristãos auxiliarem nessa restauração.[29] Hechler colocaria Herzl em contato com Frederico I,

---

23 SIZER, *Christian Zionism*, p. 55-7. Observe que o sionismo cristão precedeu em algumas décadas o próprio sionismo pensado e promovido pelos judeus.
24 SAND, *A invenção da terra de Israel*, p. 191.
25 ICE, *Lovers of Zion*, p. 9.
26 SAND, *A invenção da terra de Israel*, p. 194.
27 SIZER, *Christian Zionism*, p. 59.
28 LISSOVSKY, Alexandre. *2000 anos depois: o renascimento de Israel*. Rio de Janeiro: Centro Edelstein de Pesquisas Sociais, 2009. Disponível em: https://books.scielo.org/id/tfhj9.
29 SIZER, *Christian Zionism*, p. 61.

grão-duque de Baden e cristão fervoroso, para expor as ideias sionistas e as vantagens que representavam para a política germânica.[30] Pouco desenvolvimento houve desse encontro com o grão-duque, mas ficou evidente a simpatia de uma parte da igreja protestante pela causa de Herzl.

Convergência de interesses: Império Britânico e sionismo

A Inglaterra conhecia os judeus oriundos de Portugal no século 18: cultos, financeiramente bem estabelecidos e relativamente integrados às classes mais altas. A situação era tranquila e não encetaria mudanças até os *pogroms* de 1881, quando começaram a chegar as massas de judeus pobres e incultos de fala iídiche do Oriente europeu, causando constrangimento aos irmãos abastados de Londres.[31] A situação ficou insustentável, e a solução britânica foi promulgar, em 1905, a Lei dos Estrangeiros, que repelia a entrada dos orientais, o que foi imitado pelos demais membros da comunidade britânica, como Austrália e Nova Zelândia.[32]

A situação era crítica para os judeus, que sofriam com o antissemitismo em terras europeias, ao mesmo tempo que não encontravam local que os recebesse. Em 1902, Theodor Herzl propôs ao secretário colonial britânico a transferência maciça dos judeus para Chipre ou para a península do Sinai, o que foi rejeitado pelo governo. No ano seguinte, o representante de Londres propôs a Herzl um território de Uganda, o que não foi aceito, dessa vez pelos sionistas. Até aquele momento, não havia sido possível o amplo estabelecimento judaico na Palestina, mas o movimento sionista estava pela primeira vez negociando diretamente com uma potência imperialista ocidental.[33] O passo definitivo ainda teria de aguardar uma década, especialmente por causa da morte prematura de Herzl (em 1904, aos 44 anos). O movimento sionista ficou destituído de uma liderança forte, além de um tanto dividido entre os "práticos" (que pensavam em uma

30 LISSOVSKY, *2000 anos depois*, p. 65.
31 ARENDT, *Origens do totalitarismo*, p. 92-3.
32 SCHNERB, Robert. *O século XIX: o apogeu da civilização europeia*. São Paulo: Difusão Europeia do Livro, 1958, tomo VI, v. 2, p. 218.
33 SAND, *A invenção da terra de Israel*, p. 204-6.

colonização progressiva da Palestina), os "políticos" (que desejavam construir um Estado independente) e os "socialistas" (que aceitavam forjar um movimento de libertação em qualquer lugar do mundo).[34]

A maioria dos judeus emigrantes não queria ir para a Palestina, pois a região oferecia poucos atrativos. Eles preferiam os países desenvolvidos da Europa e, principalmente, os Estados Unidos, para onde muitos iriam migrar. Os judeus que se estabeleciam em colônias na Palestina chegavam com o auxílio de organizações beneficentes ou de banqueiros judeus, e eram poucos – apenas 43 colônias agrícolas por volta de 1914,[35] nas quais trabalhavam 12 mil judeus dos cerca de 100 mil que viviam na Palestina, ou seja, 15% da população local.[36] Mas tudo viria a se alterar durante a Primeira Guerra Mundial (1914-1918), quando três grandes eventos tiveram importante efeito na questão judaica: a Revolução Russa, a ascensão dos Estados Unidos como potência mundial e a conquista da Palestina pelo Império Britânico. Na Rússia, a revolução modificou a legislação e deu fim à opressão aos judeus, concedendo-lhes oportunidades no sistema comunista. Nos Estados Unidos, os judeus americanos passaram a se envolver mais com o sionismo, e em 1914 o Comitê Judaico-Americano organizou uma executiva mundial para proteger os direitos dos judeus europeus depois da guerra. Por fim, o avanço britânico na Palestina abriu novas possibilidades às pretensões sionistas.[37] Havia então um interesse renovado do Império Britânico no controle do antigo território bíblico de Israel, pois pretendia expandir a zona de segurança militar em torno do canal de Suez e controlar a Palestina, a fim de garantir a conexão do Mediterrâneo com o Golfo Pérsico. O fato de haver um povo simpático aos britânicos residindo ali seria interessante para a Coroa.[38]

O interesse do Império na Palestina encontrava eco em antigas ideias religiosas. Em 1916, houve a convergência entre as crenças protestantes, os interesses do Império Britânico e as necessidades do

34 LISSOVSKY, *2000 anos depois*, p. 95-101.
35 LANGE, *Povo judeu*, p. 63.
36 LISSOVSKY, *2000 anos depois*, p. 110.
37 LANGE, *Povo judeu*, p. 67-8.
38 SAND, *A invenção da terra de Israel*, p. 213.

movimento sionista, quando **David Lloyd George** (1863-1945) assumiu o cargo de primeiro-ministro da Grã-Bretanha e **Arthur Balfour** (1848-1930) foi nomeado secretário de Relações Exteriores.[39] George era um devoto batista, e Balfour também crescera em um lar protestante simpático à causa sionista. Balfour era amigo muito próximo de Chaim Weizmann (1874-1952), químico judeu e assessor do governo britânico no desenvolvimento de explosivos, com quem mantinha muitas conversas sobre a implementação de uma nação judaica.[40] Arthur Balfour acabaria convencido pelos argumentos sionistas de Weizmann e, em novembro de 1917, enviaria uma carta endereçada ao Lorde Arthur Rothschild, cujo conteúdo ficou conhecido como *Declaração Balfour*:

> O governo de Sua Majestade encara favoravelmente o estabelecimento, na Palestina, de um Lar Nacional para o Povo Judeu, e empregará todos os seus esforços no sentido de facilitar a realização desse objetivo, entendendo-se claramente que nada será feito que possa atentar contra os direitos civis e religiosos das coletividades não judaicas existentes na Palestina, nem contra os direitos e o estatuto político de que gozam os judeus em qualquer outro país.[41]

Um mês depois dessa declaração, as tropas britânicas ocuparam Jerusalém. Os estadistas protestantes do Império Britânico garantiam, assim, sua base de operações na Palestina, e o anseio sionista judaico começava a ser atendido. Era o primeiro passo para um estímulo crescente à migração judaica para a Palestina.

No entanto, em se tratando de política, as coisas não costumam andar com a naturalidade que imaginamos. O capítulo de apoio britânico ao sionismo praticamente terminou depois de Balfour, pois a realidade se mostrou bem mais complexa, especialmente na relação com as populações residentes na Palestina. Grupos árabes contrários ao estabelecimento do lar nacional judaico começaram a provocar uma série de distúrbios, combatidos por judeus organizados em milícias

39 SAND, *A invenção da terra de Israel*, p. 212.
40 SIZER, *Christian Zionism*, p. 63.
41 *Jewish Virtual Library*. Balfour Declaration: Text of the Declaration. Disponível em: https://www.jewishvirtuallibrary.org/text-of-the-balfour-declaration.

clandestinas.[42] Com o caos instaurado na região, a Liga das Nações conferiu o Mandato da Palestina aos britânicos, criado em 1922, com a partilha do Império Otomano no fim da Primeira Guerra Mundial. Mas a autoridade concedida à Grã-Bretanha não resolveu o problema: os políticos britânicos, interessados no petróleo árabe, deixaram de apoiar os sionistas. Entre outras atitudes, excluíram a Transjordânia dos territórios passíveis de colonização judaica.[43] Com a queda do domínio turco na região e o impasse dos britânicos, emergiu a disputa entre dois nacionalismos emergentes: um judaico e outro árabe-palestino, enquanto a Coroa tentava manter o equilíbrio entre os dois. Mas a estratégia não funcionou, e ainda provocou o aumento da violência na região.[44]

Foi no meio desse caos que surgiu mais uma figura britânica entusiasmada pela causa judaica. O general **Orde Wingate** (1903-1944) foi enviado à Palestina entre 1936 e 1939 para lidar com as sublevações. Mas Orde mantinha entusiasmo pelo sionismo por causa da influência da Bíblia em sua família, que participava de uma congregação dos Irmãos de Plymouth, origem que o ensinou a "fazer amizade com os judeus e ajudá-los a cumprir a profecia bíblica e retornar à Palestina".[45] Sua ação em prol dos judeus foi determinante: de forma clandestina, organizou a defesa armada da comunidade judaica, uma força militar ilegal dentro do Mandato Britânico chamada *Haganá* ("defesa", em hebraico). Suas técnicas militares teriam dado origem à força que viria a se tornar, no longo prazo, The Israel Defence Forces (IDF), a Força de Defesa de Israel.[46]

Em resumo, figuras importantes do Império Britânico como Lorde Shaftesbury, William Hechler, Arthur Balfour e Orde Wingate alimentaram o movimento nacionalista judaico, em parte por convicções teológicas, em parte para servir aos propósitos patrióticos imperialistas britânicos. O movimento de Herzl era essencialmente secular: o

42 LISSOVSKY, *2000 anos depois*, p. 146-7.
43 LISSOVSKY, *2000 anos depois*, p. 159-60.
44 LANGE, *Povo judeu*, p. 68.
45 GOLDMAN, Shalom. *Zeal for Zion: Christians, Jews & the Idea of The Promised Land*. Chapel Hill: The University of North Carolina Press, 2009, p. 30.
46 ICE, Thomas. *Sionismo cristão*. Porto Alegre: Actual, 2010, p. 27-31.

fundador do sionismo não compreendia plenamente os motivos dos cristãos em apoiá-lo, pois considerava a teologia pré-milenista um tanto excêntrica,[47] mas confiou nos sionistas cristãos, reverentes pela Bíblia, que tinham a "certeza apaixonada de que a Terra de Israel era o destino judaico".[48]

O sionismo cristão na Europa

A Declaração Balfour foi o ápice do apoio da Grã-Bretanha à causa sionista. Entretanto, esse não foi o único país europeu a nutrir simpatia pelos judeus e por Israel. O país do continente que mais abraçou o sionismo cristão foi a Alemanha, remontando historicamente aos morávios e pietistas dos séculos 17 e 18, expressões protoevangélicas do protestantismo alemão. Mas a forma original do sionismo cristão na Alemanha, que antes era de cunho mais escatológico, ganhou um caráter fortemente "penitencial" depois do Holocausto do século 20.

Os cristãos alemães sentem-se em dívida com as comunidades judaicas, e esse sentimento de culpa tem uma parcela muito importante em seu apoio político ao Estado de Israel.[49] No restante da Europa, entretanto, os movimentos sionistas cristãos são diversificados, havendo preocupação escatológica, porém em muitos casos com ênfases ligadas mais à luta contra o antissemitismo. Por último, o renovado interesse das igrejas europeias em Israel está vinculado ao aumento das tendências pentecostais e carismáticas.[50]

Um exemplo importante de sionismo cristão na Europa é a agência missionária *Der Mitternachtsruf* (Chamada da Meia-Noite, com filial no Brasil), cujo nome remete à parábola da chegada do noivo: "À meia-noite ouviu-se um grito: O noivo se aproxima! Saiam para encontrá-lo!" (Mateus 25:6). Fundada por Wim Malgo e Willy Straumann na Suíça em 1955, começou como um programa de rádio transmitido pela Rádio Tânger à meia-noite. Depois, passou a produzir um

47 ARIEL, Yaakov. An Unexpected Alliance: Christian Zionism and Its Historical Significance. *Modern Judaism*: A Journal of Jewish Ideas and Experience, Oxford, v. 26, Issue 1, p. 74-100, fev. 2006. Disponível em: https://doi.org/10.1093/mj/kjj005. p. 78.

48 SIZER, *Christian Zionism*, p. 63.

49 FAITHFUL, George. Inverting the Eagle to Embrace the Star of David. GUNNER, Göran. SMITH, Robert O. (orgs.). *Comprehending Christian Zionism*. Minneapolis: Fortress Press, 2014, p. 301-23.

50 KING, Elvira. *The Proto-Israel Lobby in Europe*. London: Tauris, 2016, p. 49.

livreto mensal, cujos temas, com foco em profecia, santificação e notícias, fizeram muito sucesso. Com o crescimento, veio a organização de uma missão em Israel chamada Beth Shalom, seguida pela fundação de filiais em diversos países, inclusive no Brasil. Atualmente, produz estudos, sermões, revistas e livros, além de promover conferências com temas proféticos e viagens a Israel.[51] Pelo que tenho pesquisado, a Chamada da Meia-Noite é a responsável pela maior quantidade de material de cunho sionista cristão distribuído no Brasil.

Provavelmente, a agência sionista cristã mais importante oriunda da Europa seja a International Christian Embassy Jerusalem (ICEJ), que já mencionamos. Suas atividades iniciaram em 1980, quando o Parlamento israelense declarou Jerusalém como a eterna e indivisível capital de Israel. Cerca de trinta embaixadas responderam à decisão e transferiram suas sedes para Tel Aviv, temendo o embargo do petróleo árabe. Diante da crise, cristãos de 23 países, em solidariedade ao Estado de Israel, estabeleceram sua "embaixada" em Jerusalém. Com isso, foi criada a ICEJ, fundada em 30 de setembro de 1980, que tem como slogan o texto: "Consolem, consolem o meu povo, diz o Deus de vocês" (Isaías 40:1).[52] Atualmente, a ICEJ tem sua sede em Jerusalém e conta com representações locais em mais de 95 países, porém com influência sobre mais de 170 nações.[53] Entre suas atividades, estão a promoção do apoio a Israel entre igrejas evangélicas, programas filantrópicos destinados a judeus e a promoção da Festa dos Tabernáculos em Jerusalém – que reúne cristãos para declarar seu apoio e buscar sua bênção.[54] A base bíblica está na profecia: "Os sobreviventes de todas as nações que atacaram Jerusalém subirão ano após ano para adorar o rei, o Senhor dos Exércitos, para celebrar a festa das cabanas" (Zacarias 14:16).

Há ainda que se diferenciar um aspecto importante no tipo de sionismo cristão da ICEJ. Diferentemente de outras missões, a agência rejeita o dispensacionalismo e a ideia do "segundo Holocausto" dos judeus (ou a Grande Tribulação após o arrebatamento da igreja).

---

51 *Der Mitternachtsruf*. Disponível em: https://www.mnr.ch.

52 WILKINSON, *For Zion's Sake*, p. 45.

53 *International Christian Embassy Jerusalem*. Disponível em: https://www.icej.org.

54 ARIEL, An Unexpected Alliance, p. 84-5. Para saber mais sobre a Festa dos Tabernáculos, promovida pela ICEJ, veja *Feast of Tabernacles*. Disponível em: https://feast.icej.org.

Prefere uma atitude incondicional pelo povo judeu – ou seja, não enfatiza as doutrinas escatológicas, tampouco se preocupa com a evangelização de judeus. Além disso, trouxe uma invocação mais acentuada da batalha espiritual ao considerar as guerras entre Israel e as nações árabes uma luta entre o povo de Deus e as potências satânicas, sendo necessário empregar armas espirituais como jejuns e oração.[55] A resistência da ICEJ em converter judeus complica sua imagem justamente entre as igrejas evangélicas que pretendem representar em Israel.[56]

Enfim, com esses dois exemplos, pretendo demonstrar quanto o sionismo cristão, que teve origem na Europa, segue ativo, com motivações e ênfases variadas. O principal apoio político veio, a princípio, da Grã-Bretanha, que basicamente não manteve mais uma relação explícita com Israel.

O desenvolvimento do sionismo cristão nos Estados Unidos

O apoio dos protestantes americanos começou antes da formação do Estado de Israel, ainda nos primórdios do movimento sionista internacional. Como demonstrei no capítulo 3, o dispensacionalismo chegou da Inglaterra aos Estados Unidos pela mão de seu criador, John Darby. Embora o dispensacionalismo não tenha sido originalmente um movimento sionista cristão, entre suas fileiras emergiram alguns ativos defensores da transferência de judeus em seu retorno à Palestina.

Os precursores do sionismo cristão americano

Um dos precursores do sionismo cristão nos Estados Unidos foi **William E. Blackstone** (1841-1935), escritor consagrado que pode ser considerado o primeiro lobista sionista cristão.[57] Blackstone ficou

55 HUMMEL, Daniel. G. *Covenant Brothers: Evangelicals, Jews, and U. S. – Israeli Relations*. Philadelphia: University of Pennsylvania Press, 2019, p. 219-20.

56 ARIEL, Yaakov. From the Institutum Judaicum to the International Christian Embassy: Christian Zionism with a European Accent. GUNNER, Göran. SMITH, Robert O. (orgs.). *Comprehending Christian Zionism*. Minneapolis: Fortress Press, 2014, p. 226.

57 SALLEH, Mohd Afandi; ABU-HUSSIN, Mohd Fauzi. The American Christians and the State of Israel. *Journal for the Study of Religions and Ideologies*, v. 12, n. 34, p. 152-72, 2013. Disponível em: http://jsri.ro/ojs/index.php/jsri/article/view/628, p. 158.

impressionado ao visitar os assentamentos sionistas na Palestina, em 1889, e os interpretou como um sinal dos tempos.[58] Sua primeira ação política concreta a favor dos judeus se deu em 1891, quando obteve a assinatura de 413 proeminentes americanos (congressistas, governadores, prefeitos, editores, clérigos e empresários) em defesa da migração para a Palestina dos judeus perseguidos nos *pogroms* russos. Essa petição foi enviada ao presidente Benjamin Harrison (1889-1893) e depois publicada em jornais, despertando grande discussão e interesse pela causa judaica, embora não obtivesse resultado concreto com relação ao governo.[59] Blackstone criou o mito fundador do sionismo cristão na América: os Estados Unidos deveriam desempenhar o papel que Ciro teve na restauração dos judeus em Sião, pois Deus escolheu o país dos puritanos por causa de sua superioridade moral – eleição que implicaria um julgamento conforme o cumprimento ou não daquela grandiosa missão. Segundo Yaakov Ariel, foi essa teoria que permitiu aos americanos combinarem a crença messiânica com a história em seu senso de patriotismo.[60]

Outra figura importante no mesmo período foi **Horatio Spafford** (1828-1888), famoso pela composição do hino "It is Well with My Soul", após perder seu patrimônio em um grande incêndio em Chicago, em 1871, e as quatro filhas em um naufrágio. Essa história e o hino o tornaram famoso, o que acabou suplantando a sequência de sua vida, que muito interessa ao sionismo cristão. Depois da tragédia, Horatio e sua esposa, Anna, tiveram mais três filhos. Em 1880, porém, o único menino faleceu de escarlatina, o que gerou uma crise teológica no casal com relação a alguns pontos do calvinismo e provocou grande discussão na Igreja Presbiteriana de Chicago. Os líderes o acusaram de negar a predestinação e a condenação eterna e excluíram o casal de seu rol de membros. A família foi então acolhida pelos evangelistas Dwight Moody e William Blackstone, e acabou abraçando o dispensacionalismo. Em 1881, a família Spafford decidiu emigrar para Jerusalém, onde estabeleceu uma comuna cristã com outros amigos que

58 ARIEL, An unexpected alliance, p. 77.
59 ICE, *Lovers of Zion*, p. 18.
60 ARIEL, An Unexpected Alliance, p. 77-8.

também haviam passado por tragédias semelhantes. O grupo intitulava-se Overcomers [Vencedores] e se reunia diariamente no monte das Oliveiras para fazer um piquenique e esperar pela volta de Cristo. O grupo aumentou para 150 pessoas com a chegada de evangélicos suecos. Horatio liderou o grupo até 1888, ano em que faleceu, ficando a liderança com Anna até sua morte, em 1923. Ela liderou com certa tirania, pois impedia as filhas e outras pessoas de estudar e de se casar (já que o mundo logo acabaria). No entanto, mudou sua postura em 1904, diante do clamor geral. Era um grupo controverso, mas que agiu com intensa caridade durante a Primeira Guerra Mundial recebendo os judeus imigrantes do Iêmen rejeitados pelas comunidades judaicas da Palestina. A atuação dessa comuna cristã em Jerusalém, que funcionou como hospital infantil e atuou na adoção de órfãos judeus (e também árabes), causou ótima impressão tanto nos sionistas quanto nos palestinos.[61]

Blackstone e Spafford foram dois casos de cristãos piedosos adeptos do dispensacionalismo que transformaram suas convicções teológicas em ações de apoio aos judeus, na tentativa de construir um lar nacional na Palestina. Entretanto, os passos mais importantes no sionismo cristão americano viriam a ser dados após a Segunda Guerra Mundial.

A emergência do sionismo cristão americano

Os conflitos entre os judeus que chegavam à Palestina e os árabes residentes estavam se ampliando: embora apenas 28% da população no território fosse judaica em meados dos anos 1930, a compra das melhores terras pelas organizações sionistas e o surto de cidades e indústrias provocaram desespero nas populações palestinas na década seguinte.[62] Por outro lado, a situação se complicou para os judeus a partir de março de 1939, quando o governo britânico restringiu a imigração judaica na Palestina em 75 mil pessoas pelo período de cinco anos, justamente no momento em que Hitler abria as portas de

61 WEBER, *On the Road to Armageddon*, p. 106-9.

62 CROUZET, Maurice. *A época contemporânea. O desmoronamento dos impérios coloniais; o surto das ciências e técnicas*. História Geral das Civilizações. São Paulo: Difusão Europeia do Livro, 1958, v. 3, p. 95.

Auschwitz.[63] O Império Britânico também fechou o acesso das colônias aos refugiados, enquanto a Alemanha nazista impunha uma política de extermínio, que executou um terço da comunidade judaica mundial.

Os cinco milhões de judeus que viviam nos Estados Unidos, então o maior centro judaico do mundo, receberam as organizações sionistas da Europa e começaram a trabalhar pelo resgate dos refugiados de 1943 em diante. A trágica situação judaica no mundo demandava uma solução radical, e foi nesse contexto que, em 1942, **David Ben-Gurion** (1886-1973) começou a promover a causa sionista na cidade de Nova York. O fato de a decisão em prol da formação de um Estado judaico na Palestina ter sido tomada em solo americano, não em Londres ou em Jerusalém, demonstra em que medida os Estados Unidos se tornaram o grande centro de atividades políticas do sionismo. Quando, em 1946, o governo britânico se recusou a acatar a recomendação de transferir 100 mil refugiados judeus da Europa para a Palestina, uma crise foi desencadeada na ONU, cujo comitê recomendou a conclusão do Mandato Britânico e a formação de dois Estados independentes na Palestina, um judeu e outro árabe, subscrito pela assembleia de 29 de novembro de 1947. No entanto, os países árabes opuseram-se à repartição da Palestina, os britânicos recusaram-se a efetivar a decisão e os judeus, sob a liderança de Ben-Gurion, decidiram estabelecer seu país – e declararam independência em 14 de maio de 1948.[64]

Apenas 11 minutos após a declaração, os Estados Unidos, sob a presidência de **Harry Truman** (1884-1972), reconheceram a soberania do Estado de Israel.[65] Truman nasceu em uma tradicional família batista e leu a Bíblia várias vezes ao longo de sua juventude. Também acreditava que Deus o havia alçado a uma posição relevante para promover a paz no mundo. Embora não tivesse maiores pretensões teológicas, sua ética uniu a simpatia pelo povo da Bíblia com a preocupação humanitária pelos perseguidos. Ao ser apresentado por um amigo

63 WILKINSON, *For Zion's Sake*, p. 228. Deve-se levar em conta que os campos de concentração nazistas e o Holocausto eram desconhecidos pela comunidade internacional: seriam descobertos depois da rendição alemã.
64 LANGE, *Povo judeu*, p. 71-3.
65 WILKINSON, *For Zion's Sake*, p. 229.

judeu a um grupo de professores, anos depois de ter deixado a presidência, o próprio Truman teria dito que era um tipo de Ciro, um estadista que ajudara a repatriar Israel. Thomas Ice teologizou o episódio:

> Parece, para minha mente evangélica, informada biblicamente, que Deus criou Harry S. Truman e o colocou na Casa Branca com o objetivo de fornecer um agente-chave humano, que Ele usou, como fizera com Ciro, séculos atrás, para restaurar Israel à sua terra.[66]

Apesar da ação pontual de Truman, baseado em suas convicções bíblicas, naquele tempo os dispensacionalistas não agiam politicamente, apenas oravam para que os judeus se convertessem.[67] A ação política realmente ativa para salvaguardar os direitos de judeus à emigração para a Palestina foi iniciativa de líderes cristãos oriundos de outro campo, o do liberalismo teológico, que patrocinaram o refúgio de mais de 250 mil judeus na América. Em 1942, o Conselho Cristão sobre a Palestina advogou o direito dos judeus de estabelecerem seu Estado. Um dos mais famosos militantes do grupo foi o teólogo **Reinhold Niebuhr** (1892-1971), que defendia o estabelecimento de um Estado judeu por motivos humanitários – não tão explicitamente teológicos. Em 1946, o Conselho fundiu-se ao Comitê Americano Cristão Palestino, com o apoio de figuras públicas e mais de 15 mil cristãos, que continuaram apoiando a causa sionista e fazendo *lobby* no Congresso.[68] Os primeiros passos efetivos do sionismo cristão nos Estados Unidos, portanto, foram dados por evangélicos liberais. Todavia, o contexto teológico conservador aguardaria novos acontecimentos.

Os dispensacionalistas na vanguarda do sionismo cristão

Com a criação do Estado de Israel, em 1948, estabeleceu-se uma situação estranha para os dispensacionalistas: Jerusalém estava dividida entre judeus e árabes jordanianos, enquanto o Estado judaico ocupava uma pequena parcela do *Eretz Israel*. Além disso, tratava-se de um governo laico, imerso em "incredulidade" (ou seja, além de criado

---

66 ICE, *Lovers of Zion*, p. 21.
67 WEBER, *On the Road to Armageddon*, p. 147-8.
68 SALLEH; ABU-HUSSIN, *The American Christians and the State of Israel*, p. 161-2.

por ateus, os judeus religiosos que o compunham não haviam recebido Jesus como seu Messias).[69] Mas a situação ambígua foi vista como o início da restauração e despertou um entusiasmo entre os dispensacionalistas – entusiasmo que se manifestou na publicação de muitos artigos simpáticos à causa judaica logo após a independência. A migração judaica para Israel nos anos de 1950 também era vista como um claro sinal da proximidade do fim dos tempos.[70]

Contudo, Cristo não voltou, e a situação de Israel continuava semelhante à da época de sua independência. Por isso, a Guerra dos Seis Dias (1967) atraiu tanta atenção. A repentina ampliação do território nacional e a conquista do setor oriental de Jerusalém foram entendidas como um claro cumprimento profético. Mas, se o resultado provocou entusiasmo entre os dispensacionalistas, levantou severas críticas entre os evangélicos liberais pela ocupação ilegal de territórios palestinos. Começava a mudança dos ventos do sionismo cristão. Foi nesse contexto que o Estado de Israel enviou Yona Malachy (1930-1972) para observar o movimento evangélico americano. Malachy concluiu que os fundamentalistas eram radicalmente amigáveis a Israel.[71] Então, o governo israelense começou a concentrar seus esforços nos dispensacionalistas, justamente no momento em que o conservadorismo ascendia na política com a Nova Direita Cristã. A estratégia israelense foi de duplo apoio: às viagens bíblicas a Israel e às iniciativas politicamente engajadas entre os cristãos conservadores.[72]

Esse foi o contexto no qual Hal Lindsey lançou *A agonia do grande planeta Terra*, marcando a década em que os dispensacionalistas abandonaram a observação da história para entrar em ação e fazer sua parte no cumprimento das profecias. Lindsey contatou militares da Escola Superior de Guerra Aérea e do Pentágono para apresentar sua análise do Oriente Médio e do que considerava uma iminente Terceira Guerra Mundial. Apesar de não ter sido levado a sério pelos

69 WEBER, *On the road to Armageddon*, p. 173.
70 ARIEL, An Unexpected Alliance, p. 80.
71 Lembre-se de que o movimento fundamentalista deriva dos *Fundamentals*, reação teológica ortodoxa dos anos de 1920 contra o liberalismo teológico nos Estados Unidos.
72 WEBER, *On the Road to Armageddon*, p. 220-1.

militares, o fato de ele ter acesso a esses grupos revela a capacidade de aproximação política dos evangélicos americanos.[73] O livro *Os anos 80: contagem regressiva para o juízo final* é um bom exemplo de como Lindsey combina política e profecia ao convocar os cristãos a agir na preparação para o Armagedom:

> Precisamos colocar no governo indivíduos atuantes que não só vão refletir a moral bíblica em suas funções, mas também moldarão a política interna e externa, de modo a proteger nosso país e nossa maneira de viver. É necessário eleger homens e mulheres que tenham coragem bastante para tomar as difíceis decisões exigidas no sentido de assegurar a sobrevivência de nosso povo. Eles devem estar dispostos a cortar as ostentações do governo, a impedir a exploração do sistema de bem-estar social, a manter nossos compromissos com nossos aliados e a lutar contra a expansão comunista. Precisamos de pessoas que percebam a importância de uma poderosa força militar a fim de manter a paz para nós e para o que resta do mundo livre.[74]

Nesse excerto de Lindsey, estão presentes os ingredientes da direita cristã conservadora americana: moralismo, "modo americano de viver", Estado mínimo, anticomunismo e armamentismo – exatamente no início da década que elegeria Reagan para a Casa Branca. Com **Ronald Reagan** (1911-2004), presidente de 1981 a 1989, os dispensacionalistas encontraram um acesso ao poder sem precedentes. Reagan fora impactado pela leitura do livro de Lindsey e, em numerosas ocasiões durante sua campanha presidencial de 1980, mencionou que poderia fazer parte da geração que veria o Armagedom.[75] Não há como aferir se as crenças dispensacionalistas influenciaram diretamente a política externa americana, mas sem dúvida ajudaram a moldar a passividade pública diante da corrida armamentista da Guerra Fria e dos fracassos nas conversações de paz na Palestina. Crises capazes de provocar uma guerra mundial eram vistas como uma decadência inevitável, mas ninguém queria ver bombas nucleares explodindo em seu quintal. Nesse sentido, o governo de Reagan seguia os conselhos de Lindsey e as expectativas dos dispensacionalistas mais fervorosos.[76]

73 WEBER, *On the Road to Armageddon*, p. 196-7.
74 LINDSEY, *Os anos 80*, p. 137.
75 SIZER, *Christian Zionism*, p. 86-8.
76 WEBER, *On the Road to Armageddon*, p. 203.

Outro nome importante foi **Jerry Falwell** (1933-2007), um dos grandes televangelistas americanos da segunda metade do século 20. Falwell era pastor batista e se tornou um ávido defensor de Israel após a Guerra dos Seis Dias.[77] Ele estabeleceu tantos laços políticos que veio a receber a Medalha Vladimir Jabotinsky, concedida pelo governo israelense a quem realiza algo notável a favor do povo judeu. Falwell utilizou suas relações eclesiásticas e políticas durante as décadas de 1980 e 1990 para patrocinar viagens a Israel e, assim, construiu fortes laços entre americanos e israelenses. As excursões pouco tinham que ver com a vinda de Cristo ou com a história bíblica: tratavam principalmente dos direitos de Israel e do conflito contra os árabes palestinos, assumindo, de forma explícita, o lado dos israelenses e considerando os outros envolvidos na querela simples obstáculos aos propósitos divinos.[78]

Apesar do entusiasmado envolvimento dispensacionalista, devemos tomar cuidado para não generalizar a doutrina e o movimento sionista cristão dela resultante (já tratei disso no capítulo 3). A maioria dos dispensacionalistas vê a existência do atual Estado de Israel como um ato da providência divina para preservar o povo judeu, embora não necessariamente como uma profecia cumprida do reino milenar – como sustenta o teólogo dispensacionalista Michel Pocock. Ele critica, por exemplo, as posições triunfalistas e apocalípticas de Hal Lindsey e Tim LaHaye, que seriam uma consequência não intencional dos primeiros pré-milenistas.[79] Há, portanto, críticas dentro do próprio movimento. Feita essa ressalva, permanece o fato de que muitos cristãos influenciados por essas ideias se emocionam ao ver acontecimentos históricos se encaixando em sua interpretação, ainda que isso envolva terrorismo ou guerra com justificação teológica, como conclui Timothy Weber.[80] Outros, como Wilkinson, são entusiastas da nova situação:

---

77 SIZER, *Christian Zionism*, p. 90.
78 WEBER, *On the Road to Armageddon*, p. 218-9.
79 POCOCK, The Influence of premillennial eschatology..., p. 131.
80 WEBER, *On the Road to Armageddon*, p. 261.

> O dispensacionalismo tem perdurado nos Estados Unidos porque foi capaz de criar uma nova subcultura entre os líderes evangélicos, que ficaram contentes em adotar a escatologia de Darby sem abdicar de suas estruturas denominacionais. Esses homens fundaram faculdades bíblicas, institutos e seminários teológicos que "expuseram o pré-tribulacionismo dispensacional" e assentaram uma firme fundação sionista cristã dentro da igreja evangélica americana.[81]

Os evangélicos americanos assumiram o protagonismo do sionismo cristão mundial, e o grande responsável por esse engajamento foi o dispensacionalismo, como aponta o sionista cristão Thomas Ice.[82] O maior legado do dispensacionalismo ao sionismo cristão foi a criação de uma cultura pró-Israel entre os evangélicos dos Estados Unidos e do mundo inteiro.

A pluralidade do sionismo cristão americano

Como sempre busco frisar, nem tudo é consenso. O dispensacionalismo foi o principal motor do sionismo cristão durante a segunda metade do século 20, mas não foi o único. O sionismo cristão americano apresenta uma imensa pluralidade de grupos e intencionalidades.

Um dos grandes articuladores do sionismo cristão nas décadas de 1970 e 1980 foi **George Douglas Young** (1910-1980), criador do Instituto Americano de Estudos da Terra Santa. Ele se mudou dos Estados Unidos para Jerusalém em 1963.[83] Embora tenha partido dos princípios dispensacionalistas, Young cobrava uma ação mais efetiva e engajada em prol de Israel. Por isso, limitou a ênfase da profecia e rejeitou a evangelização dos judeus, conquistando a simpatia das autoridades israelenses.[84] Essa postura não evangelizadora provoca certo desconforto em teólogos dispensacionalistas como Wilkinson, por exemplo, para quem o verdadeiro apoio ao sionismo deve sempre ter foco evangelístico.[85] A proximidade com os governos de Israel levou Young a lhes propor a Conferência sobre Profecia Bíblica de

---

81 WILKINSON, *For Zion's Sake*, p. 258.
82 ICE, *Lovers of Zion*, p. 11-2.
83 Esse instituto hoje é chamado *Jerusalem University College*. Disponível em: https://www.juc.edu.
84 HUMMEL, Daniel G. A "Practical Outlet" to Premillennial Faith: G. Douglas Young and the Evolution of Christian Zionist Activism in Israel. *Religion and American Culture:* A Journal of Interpretation, v. 25, Issue 1, p. 37-81, 2015. Disponível em: https://www.jstor.org/stable/10.1525/rac.2015.25.1.37, p. 39-40.
85 WILKINSON, *For Zion's Sake*, p. 46.

Jerusalém, evento que reuniu quase 1.500 evangélicos em Jerusalém de 15 a 18 de junho de 1971, a maioria composta por americanos e europeus ocidentais. Young não conseguiu o apoio imaginado das comunidades cristãs porque a questão teológica permaneceu dividida.[86] Então, realizou uma nova conferência em 1978, o Congresso Internacional para a Paz de Jerusalém, evitando a presença de evangélicos que não declarassem apoio incondicional a Israel e tendo entre os preletores judeus o primeiro-ministro israelense Menachem Begin (1913-1992). A conferência terminou com a criação da Internacional Cristã por Israel, incorporando as ideias sionistas incondicionais de Young.[87]

As décadas que se seguiram à Guerra dos Seis Dias foram palco da criação de muitas organizações paraeclesiásticas com o propósito de apoiar o Estado de Israel. Aqui estão algumas: 1) **Bridges for Peace** [Pontes para a Paz], criada em 1976, encorajou judeus da União Soviética a emigrarem para Israel; mantém sua base em Jerusalém, promovendo o engajamento de cristãos pela segurança de Israel;[88] 2) **Jews for Jesus** [Judeus para Jesus], de 1973, criada por um pastor batista judeu com foco na evangelização de judeus por judeus messiânicos;[89] 3) **Christian Friends of Israel** [Amigos Cristãos de Israel], de 1985, insistia na necessidade de os cristãos estarem incondicionalmente ao lado de Israel, não importando a fé dos judeus;[90] 4) **National Christian Leadership Conference for Israel** [Conferência Nacional de Liderança Cristã para Israel], de 1978, foi criada para influenciar a opinião pública americana;[91] 5) **Christians for Israel** [Cristãos por Israel], de 1979, pautou suas atividades em ações humanitárias para judeus, publicando artigos pró-Israel e anti-Palestina;[92] 6) **Unity Coalition for Israel** [Coalizão Unida por Israel], de 1991, missão judaico-cristã de apoio a Israel, contou com palestras do primeiro-ministro Benjamin

---

86 HUMMEL, A "Practical Outlet"..., p. 57-8.
87 HUMMEL, A "Practical Outlet"..., p. 67.
88 *Bridges For Peace*. Disponível em: https://www.bridgesforpeace.com.
89 SIZER, *Christian Zionism*, p. 99. *Jews for Jesus*. Disponível em: https://jewsforjesus.org.
90 SIZER, *Christian Zionism*, p. 103. *Christian Friends of Israel*. Disponível em: https://www.cfijerusalem.org.
91 WEBER, *On the Road to Armageddon*, p. 222. *National Christian Leadership Conference For Israel*. Disponível em: https://www.nclci.org.
92 WEBER, *On the Road to Armageddon*, p. 222-3. *Christians For Israel*. Disponível em: https://www.c4israel.org.

Netanyahu em 1998 e fez lobby contra a negociação israelense com Yasser Arafat (1929-2004).[93] 7) **Christian Friends of Israeli Communities** [Amigos Cristãos de Comunidades Israelenses], de 1995, auxiliou 220 mil judeus que estabeleceram colônias nos territórios palestinos ocupados, vinculando-os a cerca de quarenta igrejas americanas;[94] 8) **International Fellowship of Christians and Jews** [Fraternidade Internacional de Cristãos e Judeus], de 1983, criada pelo rabino ortodoxo Yechiel Eckstein, trabalhou para o diálogo entre cristãos e judeus com o objetivo de financiar projetos como os programas Wings of Eagles [Asas de Águias], de transporte para judeus emigrantes da URSS e da Etiópia, e a iniciativa Stand for Israel [Apoio para Israel], projeto de apoio político;[95] 9) **Christians United for Israel** [Cristãos Unidos por Israel], de 2006, autointitulada a maior organização cristã pró-Israel nos Estados Unidos, com foco na educação dos cristãos, para funcionar como um escudo defensivo a favor de Israel.[96] Observe que muitas dessas agências operam em parceria com comunidades judaicas ou judaico-messiânicas, o que mostra uma interação judaico-cristã no movimento americano.

Essas agências revelam a multiplicidade do movimento sionista cristão nos Estados Unidos. Muitas delas seguem diretrizes dispensacionalistas; outras, porém, rejeitam os fundamentos dessa doutrina, em prol de maior aproximação com os judeus, ao eliminar a "segunda intenção" de evangelização. Mas ambos os movimentos estão ligados ao setor evangélico conservador, ao pentecostal e ao neopentecostal. Por isso, recentemente surgiu um "novo sionismo cristão", que procura afastar-se do sistema dispensacionalista e de expressões carismáticas vinculando-se a igrejas reformadas e a uma teologia da aliança.[97] O ativismo pró-Israel não é enfraquecido, mas procura um olhar mais brando com relação às demandas humanitárias e políticas dos

---

93 WEBER, *On the Road to Armageddon*, p. 222-3.

94 WEBER, *On the Road to Armageddon*, p. 225-6. Christian Friends of Israeli Communities. Disponível em: https://cfoic.com.

95 WEBER, *On the Road to Armageddon*, p. 229-30. *International Fellowship of Christians and Jews*. Disponível em: https://www.ifcj.org.

96 *Christians United For Israel*. Disponível em: https://cufi.org.

97 SABINO, Igor. *Por amor aos patriarcas: reflexões brasileiras sobre antissemitismo e sionismo cristãos*. Brasília: 371, 2020, p. 120-2. O principal articulador desse novo sionismo cristão nos Estados Unidos é MCDERMOTT, *A importância de Israel*.

palestinos. Acredita-se, inclusive, na solução de dois Estados, um israelense e outro palestino. Enfim, apresenta-se como um "engajamento cristão positivo no Oriente Médio". A agência que caminha nesse sentido é o **Philos Project** [Projeto Philos].[98]

A participação efetiva dos evangélicos na política pró-Israel não se dá apenas por meio de instituições criadas por eles. Há também muitas associações judaicas de apoio a Israel que contam com a participação de sionistas cristãos em seus quadros, como é o caso da **Stand With Us** [Fique Conosco], uma ONG sediada em Los Angeles com filiais em 18 cidades dos Estados Unidos, Canadá, Israel, Reino Unido e, inclusive, Brasil.[99]

O sionismo cristão americano pentecostalizado

É preciso destacar ainda um aspecto no que concerne à pluralidade do sionismo cristão americano. No capítulo 4, abordei a questão da judaização no meio evangélico. Com o pentecostalismo, surgiu uma teologia da "chuva serôdia", a ideia de que estava acontecendo o ressurgimento da experiência da igreja de Atos dos Apóstolos, o que conectava os pentecostais diretamente ao antigo Israel do tempo de Jesus. Desse modo, algumas igrejas começaram a usar elementos simbólicos da Bíblia que aparecem também no judaísmo, como o *shofar* e o *talit* –, além de celebrarem as festas judaicas descritas na *Torá*. Ou seja, tais igrejas passaram a se identificar como povo de Deus, e o que eles conheciam como povo bíblico era o judaísmo. Desde então, assiste-se ao crescimento de liturgias com ênfase judaica nas igrejas pentecostais e, especialmente, nas neopentecostais.

Em face dessa mudança no universo evangélico, Joseph Williams conclui que o sionismo cristão se "pentecostalizou". Segundo ele, os rituais judaicos teriam ajudado a criar um sionismo cristão de caráter internacional, uma coesão promovida muito mais pela ênfase nos símbolos compartilhados que pela especulação racional do dispensacionalismo, ou mesmo do nacionalismo americano. Nesse caso, haveria a configuração de uma comunidade imaginária ampla de sionistas

98 *Philos Project*. Disponível em: https://philosproject.org.
99 *Stand With Us*. Disponível em: https://www.standwithus.com.

cristãos menos preocupados com detalhes doutrinários e mais identificados com seu fascínio por Israel.[100]

Nesse movimento focado no símbolo, também se observa um impressionante entrecruzamento de narrativas. As narrativas bíblicas passam a ser vividas na experiência cotidiana; os símbolos judaicos passam a integrar sua liturgia pelo vínculo com o "povo de Deus" da Bíblia; o Israel de hoje é celebrado como parte do grande mover de Deus na história, do qual os pentecostais fazem parte. Tanto Israel quanto a igreja são povo de Deus, por isso não há razão imediata para apresentar Cristo aos judeus, e isso resulta em uma espécie de sionismo cristão ligado ao compartilhamento de símbolos, ideais, cultura e esperança. Essa pentecostalização e essa internacionalização do sionismo cristão podem ser claramente identificadas em movimentos como o da Embaixada Cristã Internacional Jerusalém (ICEJ), em que a preocupação doutrinária ou evangelística ficam de lado na celebração de Israel e no apoio incondicional ao povo judeu.

Resumindo as ênfases do sionismo cristão atual, podemos ver: uma direção escatológica milenista, com uma clássica ênfase dispensacionalista e o foco no cumprimento profético do Antigo Testamento; outra direção comemorativa, com ênfase na simbologia em comum entre cristãos e judeus na celebração de Israel como uma manifestação concreta do reino de Deus; uma terceira via na recente entrada de um novo sionismo cristão com ênfase na teologia reformada. São movimentos distintos, até mesmo antagônicos entre si, mas têm em comum o apoio ao sionismo e ao Estado de Israel.

Concluindo, os evangélicos foram os mais ardentes adeptos de Israel entre 1970 e 2000. Os sionistas cristãos promoveram políticas favoráveis ao Estado de Israel, que resultou em um maciço apoio americano traduzido em dinheiro, armas e diplomacia diante da oposição árabe. Para os sionistas cristãos, era o cumprimento do papel histórico do povo americano – o que coincidia com os interesses políticos e econômicos dos Estados Unidos.[101]

---

100 WILLIAMS, The Pentecostalization of Christian Zionism, p. 190.
101 ARIEL, An Unexpected Alliance, p. 81-2.

O sionismo cristão no Brasil

O fato de o evangélico brasileiro estar do lado dos judeus já foi abordado no capítulo 1, quando apresentei um levantamento das manifestações de paixão por Israel. Também concluí que percebia duas formas de paixão: a milenista, focada na escatologia, em que Israel é o cumprimento profético; a mimética, na qual Israel é celebrado como o reino de Deus em andamento, com o qual se comungam símbolos e liturgias. Penso que as duas formas se manifestam como sionismo cristão no Brasil em duas vertentes – uma milenista e outra mimética.

No Brasil, emergiu também uma terceira via, igualmente "milenista", mas de base reformada. E essa tendência, autodenominada "novo sionismo cristão", tem como um de seus representantes **Igor Sabino**, autor do livro *Por amor aos patriarcas*, já citado neste livro e atualmente colaborador do Stand With Us no Brasil. Outro teólogo engajado na base teórica para o sionismo cristão em sua vertente reformada é **Franklin Ferreira**, em seu recente livro *Por amor de Sião*. Nessa obra, após apresentar a história do antissemitismo entre cristãos e as diferentes tradições teológicas na relação com os judeus, o autor conclui explorando o dever da memória dos cristãos com relação a Israel e demonstrando a importante contribuição da teologia reformada para a reaproximação entre a igreja e Israel.[102] Sabino e Ferreira representam a terceira via, a exemplo do caso americano, em que a ênfase sionista cristã se manifesta no setor reformado.

A pergunta que tento responder é quanto dessa manifesta simpatia se transforma em ato político concreto a favor do Estado de Israel. O envolvimento do sionismo cristão nos Estados Unidos e na Europa se faz bastante visível por meio das agências que promovem a causa sionista, seja por meio de lobby entre os políticos, em auxílio a judeus para realizarem a aliá, seja na ajuda humanitária aos judeus residentes em Israel. Tenho procurado descobrir quantas filiais dessas organizações há no Brasil e qual a relevância delas no cenário político brasileiro.

---

102 FERREIRA, Franklin. *Por amor de Sião: Israel, igreja e a fidelidade a Deus*. São Paulo: Vida Nova, 2022, p. 376-7.

As organizações sionistas cristãs ativas no Brasil

A primeira agência internacional presente no Brasil foi a **Chamada da Meia-Noite**, ativa há décadas na promoção de literatura dispensacionalista como doutrina escatológica e do sionismo cristão como a posição política do cristão perante o Estado de Israel, por meio de palestras sobre profecia bíblica, viagens a Israel e, especialmente, a revista *Chamada*.[103] A segunda organização sionista cristã a ter sucesso no Brasil foi a filial da **Embaixada Cristã Internacional de Jerusalém** (ICEJ), que realiza anualmente, em Jerusalém, a Festa dos Tabernáculos. O objetivo dessa festa é reunir cristãos do mundo inteiro para celebrar um "ato profético" a favor de Israel. O diretor brasileiro da ICEJ é o apóstolo Renê Terra Nova, ex-pastor batista que criou o Ministério Internacional da Restauração (MIR).[104] A influência de Terra Nova tem sido notória: anualmente, ele organiza caravanas brasileiras para participar da Festa dos Tabernáculos em Jerusalém, além de ser apontado como o maior mobilizador de turistas evangélicos do Brasil para Israel, levando grupos muito maiores que outros pastores.[105] E, na terceira via, embora com uma representatividade pequena, está o **Philos Brasil**, que afirma o "engajamento cristão positivo" no Oriente Médio.[106] Mas não confunda agenda positiva com neutralidade: em um conflito com os palestinos, o novo sionismo cristão posiciona-se radicalmente do lado de Israel, embora se afirme que o apoio não pode ser acrítico.[107] O que as reflexões estabelecem como ideal em tempo de paz costuma ser relativizado durante as guerras.

Apesar da intensa atividade pró-Israel por parte da *Chamada* e da ICEJ, minha pesquisa sobre o sionismo cristão encontrou uma peculiaridade no Brasil. Na verdade, ausências. Embora tenhamos grande entusiasmo teológico em comentários nas mídias sociais, o que demonstra o apreço dos evangélicos brasileiros por Israel e pelos judeus, não localizei outras agências ativas na ação política em prol de Israel.

103 Disponível em: https://www.chamada.com.br.
104 *Renê Terra Nova*. Disponível em: https://www.reneterranova.com.br/biografia.
105 PAGANELLI, *Sionismo evangélico*, p. 130.
106 *Philos Brasil*. Disponível em: https://www.instagram.com/philosbrasil.
107 FERREIRA, *Por amor de Sião*, p. 402.

É curioso que não tenhamos casos com relevância ao menos próxima à da *Chamada* e da ICEJ. Existem múltiplos exemplos dessas agências nos Estados Unidos e na Europa, mas não as encontrei no Brasil. Eventualmente, aparece algum pastor representante desta ou daquela agência, mas não pude verificar nenhuma atividade relevante da parte deles.

Minha conclusão provisória a respeito do sionismo cristão no Brasil é que não há interesse do evangélico brasileiro em investir recursos financeiros e políticos em prol do sionismo judaico, seja na forma de ofertas para a realização da aliá por parte de judeus, seja em forma de pressão sobre os parlamentares. Se existe, passa despercebido. O investimento financeiro aparece nas viagens a Israel e nos cursos proféticos, que estão mais atrelados ao entretenimento evangélico que propriamente a uma designação de recursos consciente para fazer prosperar a nação de Israel. A Terra Santa é a Disneylândia evangélica.

Isso não significa que não exista um sentimento sionista cristão. A paixão aparecerá explícita nos comentários abaixo de qualquer notícia relacionada com Israel. Também encontraremos muitos canais de pastores importantes apresentando uma postura incondicional a favor de Israel, como já mencionei no capítulo 1. Mas isso tudo faz parte de um grande espetáculo do qual as multidões gostam de participar e com o qual se emocionam, que beneficiam mais o dono do canal que os judeus propriamente ditos. E raramente toca no bolso, lugar em que o sionista cristão mais comprometido se manifesta.

Manifestações sionistas cristãs no Congresso Nacional

Nas últimas décadas, o número de parlamentares evangélicos com tônicas progressivamente pentecostais e neopentecostais tem crescido de forma consistente no Brasil, especialmente depois dos anos de 1980. Isso levou ao aumento gradativo do interesse de partidos políticos na filiação e na candidatura de figuras importantes do cenário evangélico.[108] O crescimento dos evangélicos no Brasil re-

---

108 MACHADO, Maria das Dores Campos; BURITY, Joanildo. *A ascensão política dos pentecostais no Brasil na avaliação de líderes religiosos*. Disponível em: http://dx.doi.org/10.1590/00115258201419.

flete-se claramente no número de políticos evangélicos eleitos para cargos públicos tanto no Legislativo como no Executivo.

O melhor lugar para avaliar se temos algum tipo de sionismo cristão no Brasil é o Congresso Nacional, em face de sua representatividade e da possibilidade de agir diretamente nas instâncias diplomáticas. E o grupo a ser observado, a Frente Parlamentar Evangélica do Congresso Nacional, mais conhecida como **Bancada Evangélica**, cresceu muito e une atualmente 206 deputados federais e 26 senadores para articular os interesses do meio evangélico no debate público e na legislação.[109] Além do engajamento político dos evangélicos, é possível perceber o crescimento do interesse dessa bancada nas relações internacionais durante a última década, especialmente quando o assunto é o Estado de Israel. Isso tornou-se mais evidente a partir do segundo governo de Dilma Rousseff, quando os evangélicos partiram em defesa do governo israelense durante o ataque à Faixa de Gaza, em julho de 2015. Na ocasião, a embaixada do Brasil condenou Israel por fazer "uso desproporcional da força" contra os palestinos. O deputado federal Lincoln Portela (PR-MG) protestou perante o Ministério das Relações Exteriores, contando ainda com a fala da pastora Jane Silva. Ela afirmou que os evangélicos se sentem "ofendidos e magoados com a postura do governo brasileiro", pois, "quando o governo fala mal de Israel, fala mal de nosso Jesus".[110]

Ouro indício da aproximação dos políticos evangélicos com Israel aconteceu na primeira metade do ano de 2016, nos meses tensos que culminaram com o impedimento de Dilma Roussef. O que me chamou a atenção durante a sessão do dia 17 de abril foram as justificativas em cada voto. O deputado Ronaldo Fonseca, membro da Bancada Evangélica, votou "sim" em nome da "paz em Jerusalém", que ele explicou em entrevista posterior:

109 *Câmara dos Deputados*. Frente Parlamentar Evangélica do Congresso Nacional. Disponível em: https://www.camara.leg.br/internet/deputado/frenteDetalhe.asp?id=54477.

110 FELLET, João. *Líderes evangélicos saem em defesa de Israel e criticam Dilma*. Disponível em: https://www.bbc.com/portuguese/noticias/2014/08/140806_evangelicos_israel_dilma_jf_kb.

> O governo do PT virou as costas para Israel. Eles priorizaram os árabes. A única vez que um presidente da República foi ao Oriente Médio e não pisou em Israel foi o presidente Lula. A presidente Dilma rejeitou um embaixador indicado por Israel só porque ele foi colono na Palestina, na Faixa de Gaza.[111]

A fala do deputado Ronaldo Fonseca é apenas um jargão solto em um momento de comoção nacional. Não é propriamente ativismo político a favor dos judeus, tampouco sionismo cristão. Entretanto, é possível ver o envolvimento pró-Israel nas ações e nos discursos dos deputados. Em novembro do mesmo ano, o deputado Roberto de Lucena, pastor da igreja O Brasil para Cristo e membro da Bancada Evangélica, discursou no plenário da Câmara a respeito do trabalho realizado perante o Ministério das Relações Exteriores no sentido de melhorar o texto do posicionamento brasileiro com relação às resoluções da UNESCO (sobre os vínculos de judeus, cristãos e muçulmanos com os locais sagrados de Jerusalém). O objetivo do deputado era que o texto reconhecesse o vínculo dos judeus com Jerusalém. Ele afirmou:

> Venho a esta tribuna registrar que fizemos, Sr. Presidente, uma intervenção junto ao Ministério de Relações Exteriores, junto ao gabinete do Chanceler José Serra, questionando o voto do Brasil favorável a essa resolução tanto em abril quanto agora, em outubro. E quero aqui dizer da minha satisfação em identificar esse esforço do Brasil, falando em nome do seu povo. Eu preciso aqui lembrar que Israel é a segunda casa de cada cristão. E 90% da população brasileira são cristãos. Quando eu me refiro aos cristãos evangélicos, estou falando de quase 50 milhões de cidadãos brasileiros que pagam seus impostos, que cumprem as suas responsabilidades com o País, que elegem ou são eleitos e que merecem ter as suas aspirações e as suas expectativas em relação à política externa e em relação ao relacionamento diplomático entre Brasil e Israel respeitadas. Em muitas das igrejas, Sr. Presidente, onde congregam esses quase 50 milhões de brasileiros cristãos evangélicos, em muitos dos templos, V. Exa. vai encontrar a bandeira do Estado da Federação onde está situado o templo, a bandeira da denominação a que pertence, a bandeira do Brasil e a bandeira de Israel, identificando Israel como a segunda pátria, a segunda casa de cada cristão. Por isso interpelamos o gabinete do Chanceler José

---

111 BARRUCHO, Luís. *'Falei para chamar atenção', diz deputado ao justificar o voto pela 'paz em Jerusalém'*. Disponível em: https://www.bbc.com/portuguese/noticias/2016/04/160420_entrevista_ronaldo_fonseca_paz_jerusalem_lgb.

> Serra e identificamos esse esforço do Brasil em promover essa evolução no texto da resolução [...].[112]

No mês de novembro de 2016, o deputado ainda mantinha boas relações com o governo de Michel Temer. Entretanto, no início de maio de 2017, a Unesco votou a resolução final, reafirmando a importância da Cidade Velha de Jerusalém para as três religiões monoteístas, mas considerando Israel uma potência ocupante, retirando do país, assim, qualquer direito a alterar o estatuto da cidade. A resolução foi muito malvista pelo governo israelense, que considera Jerusalém sua capital.[113] A reação do deputado Roberto de Lucena foi bastante incisiva e, diferentemente do discurso anterior, ele afirmou que o voto do governo não representava a nação brasileira. O deputado mencionou ter entrado em contato com ministros e até com o presidente, mas sem surtir efeito, o que o levou a conversar com o embaixador israelense para pedir desculpas e reafirmar seu compromisso em lutar por Israel.[114]

No ano de 2017, continuaram as divergências entre Israel e Unesco, que culminaram na retirada do país da instituição – e de seu apoiador, os Estados Unidos. Em seguida, o governo de Donald Trump confirmou o estatuto de Jerusalém como capital de Israel, anunciando a transferência da embaixada americana para essa cidade. A notícia reverberou no Brasil, e a Bancada Evangélica novamente se manifestou: o deputado Lucena requereu uma Moção de Aplausos pelo reconhecimento de Jerusalém como capital de Israel pelos americanos. E a luta continuaria, pois o desejo dos políticos da Bancada Evangélica era que o Brasil também fizesse a mesma transferência de aparato diplomático, razão pela qual começariam a trabalhar nos bastidores.[115] Hoje me

112 *Câmara dos Deputados*. Discurso de Roberto de Lucena em 01/11/2016. Disponível em: https://www.camara.leg.br/internet/SitaqWeb/TextoHTML.asp?etapa=5&nuSessao=281.2.55.O&nuQuarto=35&nuOrador=1&nuInsercao=0&dtHorarioQuarto=15:42&sgFaseSessao=GE&Data=01/11/2016&txApelido=ROBERTO%20DE%20LUCENA,%20PV-SP.

113 *UNESCO adota resolução sobre Estatuto de Jerusalém Oriental*. Disponível em: https://pt.euronews.com/2017/05/05/unesco-adota-resolucao-sobre-estatuto-de-jerusalem-oriental.

114 *Câmara dos Deputados*. Discurso de Roberto de Lucena em 04/05/2017. Disponível em: https://www.camara.leg.br/internet/SitaqWeb/TextoHTML.asp?etapa=5&nuSessao=104.3.55.O&nuQuarto=46&nuOrador=2&nuInsercao=0&dtHorarioQuarto=16:15&sgFaseSessao=CP&Data=04/05/2017&txApelido=ROBERTO%20DE%20LUCENA,%20PV-SP.

115 SCHREIBER, Mariana. *Lideranças evangélicas querem que Brasil siga EUA e transfira embaixada em Israel para Jerusalém*. Disponível em: https://www1.folha.uol.com.br/paywall/login.shtml?https://www1.folha.

pergunto quanto esses bastidores operaram na plataforma da eleição de Jair Bolsonaro, cuja campanha se comprometeu exatamente com a agenda de transferir a embaixada brasileira para Jerusalém.[116]

A busca dos evangélicos por ampliar o relacionamento do Estado brasileiro com o Estado israelense tem sido significativa nos últimos anos, e isso se verifica empiricamente por meio da análise dos grupos parlamentares, equipes de deputados formadas para dialogar com grupos semelhantes em outros parlamentos do mundo. Tendo esse movimento em mente, no segundo semestre de 2019 analisei o **Grupo Parlamentar Brasil-Israel**, então composto por 35 deputados e senadores. Descobri que 77% de seus membros pertenciam à Bancada Evangélica. Esse dado revelou interesse significativo, já que a participação desta em outros grupos parlamentares nunca passava de 50% – na verdade, em geral, o percentual sempre foi bem menor.[117] Havia, portanto, um engajamento efetivo dos parlamentares evangélicos brasileiros nas questões envolvendo Israel.

Além da participação nesse grupo parlamentar, os discursos em plenário sempre nos dão pistas de como funciona o sionismo cristão na prática cotidiana da política brasileira. O aniversário dos 71 anos do Estado de Israel forneceu alguns dados. Data importante para os israelenses, esperavam-se manifestações públicas comemorando a independência. O fato relevante que observei foi que, dos quinze discursos de deputados federais naquele dia, catorze foram pronunciados por membros da Bancada Evangélica. Todos utilizaram expressões bíblicas diante da expectativa de que o Brasil seria abençoado como resultado de abençoar Israel. Nesse caso, "abençoar Israel" significa estar alinhado com as pretensões políticas daquele Estado. Parte do discurso do deputado Zequinha Marinho (PSC-PA) resumiu o posicionamento de seus companheiros:

---

uol.com.br/mundo/2017/12/1941363-liderancas-evangelicas-querem-que-brasil-siga-eua-e-transfira--embaixada-em-israel-para-jerusalem.shtml.

116 *Bolsonaro garantiu mudança de embaixada para Jerusalém, diz Netanyahu.* Disponível em: https://veja.abril.com.br/mundo/bolsonaro-garantiu-mudanca-de-embaixada-para-jerusalem-diz-netanyahu.

117 Fiz a pesquisa citada em 2020, a qual resultou na publicação de um artigo. Esse artigo está publicado em WACHHOLZ, Wilhelm; REINKE, André Daniel. "Pela paz em Jerusalém": a origem do sionismo cristão, sua influência na igreja protestante brasileira e sua atuação no Congresso Nacional. *Revista Brasileira de História das Religiões*, v. 13, n. 37, maio/ago. 2020, p. 253-73. Disponível em: https://periodicos.uem.br/ojs/index.php/RbhrAnpuh/article/view/51190.

> Quem ama Deus, quem ama a Bíblia, também ama Israel. Não há como não amar. Sabemos do compromisso de Deus com o seu povo e com aqueles que amam e bendizem Israel. A promessa a Abraão foi não só para ele, mas também para aqueles que adorassem o Deus de Abraão e fossem amigos de Abraão. Aí está a razão de ser da bênção de Deus. Fico muito feliz neste momento também em lembrar aqui que o Presidente Bolsonaro reatou com Israel relações que estavam um pouco desorganizadas e estremecidas. Diante disso, tenho a certeza de que a bênção de Deus vai estar sobre o Brasil também em função dessa amizade, desse carinho, desse respeito e desse amor pelo povo da promessa divina. [...] Que Deus possa continuar abençoando o Brasil através de Israel![118]

Portanto, era de esperar que a influência dos sionistas cristãos do Congresso Nacional sobre a Presidência da República obtivesse resultados efetivos, como no caso americano. E, de fato, o relacionamento do Brasil com Israel foi bastante enfatizado ao longo do mandato de Jair Bolsonaro (2019-2022). Católico, mas autodeclarado "terrivelmente evangélico", dependendo da plateia, o presidente reiterava ao primeiro-ministro israelense Benjamin Netanyahu sua intenção de mudar a embaixada para Jerusalém. Entretanto, a realidade mostrou-se bem mais complexa: nem mesmo seus apoiadores do exército se mostraram favoráveis a essa ideia, uma vez que seria uma provocação aos aliados árabes, importadores do agronegócio brasileiro. Após muitas promessas e adiamentos, a solução foi abrir um escritório comercial em Jerusalém com a expectativa de uma nova era de relacionamento com Israel.[119] Veio então a pandemia, e esses assuntos foram esquecidos. O fato é que as ações pró-Israel daquele mandato foram muito mais um "jogo para a torcida" que sionismo cristão propriamente dito. Além disso, o vínculo do presidente com a comunidade judaica no Brasil era frágil, e eventuais encontros com figuras internacionais reconhecidamente antissemitas complicaram ainda mais o já superficial relacionamento.[120]

---

118 *Diário da Câmara dos Deputados*. Ano LXXIV, n. 82, quarta-feira, 22 de maio de 2019. Disponível em: http://imagem.camara.gov.br/Imagem/d/pdf/DCD0020190522000820000.PDF.

119 DELGADO, Malu. *Brasil troca mudança de embaixada por escritório comercial em Jerusalém*. Disponível em: https://www2.senado.leg.br/bdsf/bitstream/handle/id/566266/noticia.html?sequence=1&isAllowed=y.

120 Como bem explicam os colaboradores do Instituto Brasil-Israel: ZUKER, Fábio; BERESIN, Pedro. *Bolsonaro, os judeus e o antissemitismo*. Disponível em: https://piaui.folha.uol.com.br/bolsonaro-os-judeus-e-o-antissemitismo.

Nada do que foi prometido na aproximação com Israel se concretizou para além do que já existia e continua existindo em termos de comércio bilateral. Bolsonaro deixou a presidência, assumida por Lula em 2023, que retomou a intencionalidade diplomática com os países árabes, além de elevar o tom agressivo contra Israel. O engajamento evangélico visto em 2019, porém, continua ativo e, pelo que entendo, crescendo vertiginosamente. Fiz uma pesquisa rápida no Legislativo nacional e descobri que, no momento em que escrevo este capítulo (junho de 2024), o Grupo Parlamentar Brasil-Israel conta com 134 membros.[121] Isso é significativo, uma vez que esse grupo tinha 35 membros há apenas quatro anos. O atual conflito de Israel com o Hamas na Faixa de Gaza, desde outubro de 2023, pode ter alguma relação com esse crescimento. Tentei fazer uma nova pesquisa, voltada para os discursos envolvendo Israel no Congresso Nacional, mas foi inviável, diante da imensa quantidade de menções, com comunicações registradas diariamente. Mais do que nunca, os evangélicos brasileiros estão engajados na causa de Israel.

Em resumo: o sionismo cristão no Brasil tem uma história relativamente recente, perceptível a partir do momento em que o universo evangélico ganhou visibilidade no plenário do Congresso Nacional. No bojo do pensamento evangélico brasileiro, encontramos as mesmas referências do sionismo cristão de outras partes do globo, ou seja, que as nações alinhadas a Israel serão abençoadas porque Deus "abençoará os que o abençoarem" (Gênesis 12:3). Esse pensamento de origem teológica significou, entre os parlamentares evangélicos, um posicionamento político favorável a Israel, pelo apoio às ações diplomáticas do governo brasileiro em prol da crescente aproximação do governo israelense – pelo menos durante os mandatos de Jair Bolsonaro e Benjamin Netanyahu como primeiro-ministro de Israel. A paixão por Israel nasceu na teologia e reverberou na política, embora de maneira tímida em comparação com a situação americana.

---

121 *Senado Federal.* Grupo Parlamentar Brasil-Israel. Disponível em: https://legis.senado.leg.br/comissoes/composicao_comissao?codcol=2307.

+++

O caso do sionismo cristão é um daqueles exemplos férteis de como as identidades são narrativas e como se relacionam com outras identidades. As narrativas bíblicas aparecem em interpretações distintas em cada tipo de sionismo cristão e se mostram ainda mais díspares quando comparadas com as oriundas do judaísmo e do Estado de Israel. Entretanto, há um entrecruzamento dessas narrativas que acaba alimentando umas às outras – retomaremos esse princípio mais apropriadamente no próximo capítulo.

O sionismo cristão está tão ligado ao sionismo judaico que é impossível distinguir exatamente qual deles surgiu primeiro e em que medida um depende do outro. As narrativas teológicas da escatologia evangélica acabam sendo recebidas pelos israelenses como um bem-vindo apoio externo, mesmo que para os judeus essas expectativas não façam o menor sentido. Entretanto, a própria existência de Israel como país no mundo contemporâneo alimenta o imaginário evangélico em torno dos símbolos e das práticas do judaísmo e das especulações com relação ao tempo do fim. Veja a onipresença da bandeira de Israel em eventos públicos evangélicos, tanto políticos quanto aqueles apenas eclesiásticos. O resultado é um sionismo cristão latente e potencialmente ativo, pronto para responder às demandas por apoio a Israel.

Entretanto, há uma situação que difere o sionismo cristão do movimento americano: a ausência de articulação entre as comunidades evangélicas e as comunidades judaicas, o que determina uma situação ambígua, da qual tratarei no próximo capítulo.

6
IMAGINAÇÃO

A Bíblia é a ponte entre as vastas tradições do judaísmo e do cristianismo, e sua influência se estende para além das próprias fronteiras religiosas, a ponto de podermos falar da existência de uma "cultura judaico-cristã". A expressão significa que países compartilham elementos culturais, o que também acontece com comunidades religiosas. Há um repertório de símbolos comuns que circulam entre as sociedades, como afirma Tolentino Mendonça:

> Um dos dados que hoje temos por adquirido no estudo das Escrituras é que elas constituem um ponto de diálogo e confluência de tradições mais vastas que as fronteiras de Israel ou da igreja. Há uma espécie de património comum que circula, um *lato* repertório de mitos, metáforas e crenças, que encontramos assimilados, com nuances respectivas, em tradições religiosas e culturais diversas. As grandes narrativas não têm autores; têm contadores. A carga de originalidade é fornecida por quem conta, onde conta e com que finalidade. Não nos podemos espantar por reconhecer que há um tráfico de iconografias, narrações e construções plásticas entre as crenças.[1]

1 Na citação, Tolentino está se referindo ao estudo da angelologia bíblica; os anjos aparecem não apenas no cristianismo, mas se expandem para outras religiões e até mesmo para a cultura pop. Quadrinhos como Constantine demonstram bem isso. As considerações de Tolentino cabem perfeitamente no assunto deste livro. MENDONÇA, José Tolentino. *A leitura infinita: a Bíblia e sua interpretação*. São Paulo: Paulinas; Pernambuco: Universidade Católica de Pernambuco, 2015, p. 104.

Esse "tráfico de iconografias, narrações e construções plásticas" entre o judaísmo e o cristianismo aparece claramente no levantamento apresentado no capítulo 1, que trata da paixão dos evangélicos brasileiros por Israel. A Bíblia é fecunda em símbolos, metáforas e mitos que produziram uma vasta simbólica tanto no judaísmo como no cristianismo. Mas o problema sobre o qual agora pretendo refletir é a razão para tal paixão emergir apenas agora, nos últimos séculos, e especificamente nas linhas evangélicas do cristianismo.

A experiência e a expectativa na perspectiva do reino de Deus

A doutrina cristã está marcada pelo paradoxo do reino de Deus, já estabelecido, mas ainda não consumado. Os evangélicos, com a interpretação literal e literalista do texto bíblico, acrescentaram a esse paradoxo ingredientes entusiasmados a respeito do cumprimento de profecias, tanto daquelas já manifestas no presente da igreja quanto daquelas aguardadas para o futuro próximo. Nesse caldo doutrinário e cultural, manifesta-se o fenômeno da paixão por Israel, como tenho demonstrado. Por que essa paixão ganhou intensidade e relevância apenas depois do século 19 e conquistou evidência depois de meados do século 20? O historiador dos conceitos Reinhart Koselleck (1923-2006) será útil aqui.

A famosa tese de Koselleck afirma que o tempo histórico é construído a partir do entrelaçamento entre duas categorias: o **espaço de experiência** e o **horizonte de expectativa.** A *experiência* é o passado que ainda existe em nós, incorporado na lembrança. Esse passado, que é a memória, é constituído de elementos racionais e irracionais (do comportamento inconsciente). O resultado dessa amálgama de racionalidade e irracionalidade (ou emoção) acaba sendo transmitido de geração a geração, forjando uma espécie de memória coletiva. Koselleck representa o conjunto da experiência de qualquer sociedade pela metáfora do "espaço": é uma aglomeração de sentidos simultaneamente presentes na vivência de determinada geração. Habitamos um "espaço de experiência" no qual já existe uma série de memórias que nos dão um sentido da realidade. Já a *expectativa* é aquilo que, no presente, se espera como realização. É o que acreditamos que possa vir a acontecer no futuro, mas que ainda não existe nem foi experimentado – entretanto, pode ser previsto. Nesse local futuro, residem a esperança e o medo, o desejo e a vontade, assim como a curiosidade. Aqui, a metáfora utilizada é a do "horizonte": uma linha que vemos longe de nós, depois da qual se abre um novo espaço de experiência que ainda não pode ser conhecido nem completado.[2] Por isso, para Koselleck, cada geração vive sob essa dupla condição: impregnada de experiências sobrepostas do passado, mas também influenciada por novas esperanças ou decepções que repercutem na própria forma como se compreende o presente.[3]

Vamos tentar entender o conceito de Koselleck em outras palavras. Todos nós temos um conjunto de lembranças individuais e coletivas que constituem nossa identidade. Eu me defino pelas minhas memórias, as relatadas por minha família, as da igreja e até mesmo as do país, que me foram ensinadas. Isso tudo compõe um espaço muito característico no qual experimento o mundo e a realidade. Ao mesmo tempo, alimento uma série de expectativas quanto ao futuro, com base no que já vivenciei, mas também no que aconteceu com outras pessoas em outras épocas. Olhando para a experiência dos outros, posso vislumbrar possibilidades de acontecimentos comigo. Ou seja, há um futuro aberto e possível, embora tantos outros acontecimentos estejam completamente fora de cogitação. Não vou viajar para a Lua, pois isso não pode acontecer de acordo com o que vivi e construí até agora, mas posso viajar para países que ainda não visitei. Assim, minha experiência atual também pode ser influenciada pelo que pretendo e posso fazer no futuro. Daí a importância dessas duas categorias, tanto da experiência do presente quanto da expectativa do futuro.

---

2 KOSELLECK, Reinhart. *Futuro passado: contribuição à semântica dos tempos históricos*. Rio de Janeiro: Contraponto; Ed. PUC-Rio, 2006, p. 308-11.

3 KOSELLECK, *Futuro passado*, p. 313.

A partir dessas categorias meta-históricas de espaço de experiência e horizonte de expectativa, Paul Ricoeur afirma que cada pessoa pode ser afetada tanto pela história vivida quanto pela história que faz: "É precisamente esse vínculo entre a ação histórica e um passado recebido e não feito que preserva a relação dialética entre horizonte de expectativas e espaço de experiência".[4] Temos aqui a afinidade de Paul Ricoeur com Koselleck ao afirmar que a identidade narrativa também é influenciada pelo que esperamos do futuro, como abordei no capítulo 2. O que esperamos do futuro e o que fazemos para que ele aconteça, com base na experiência do passado, determinam nossa relação com o tempo.

Penso que esse conceito é precioso para a compreensão da temporalidade dessa paixão por Israel. Até o século 16, o pensamento cristão relegava a figura do judeu a um passado narrado pela Bíblia e superado por dois princípios teológicos determinantes: a ideia de que os judeus foram os responsáveis pela morte de Cristo e, portanto, rejeitados na nova aliança; ou a teologia da substituição (ou supersessionismo), em que o Israel do Antigo Testamento passava a ser fundamentalmente um tipo da igreja do Novo Testamento, a qual substitui o povo de Deus do passado como receptáculo das promessas e da fidelidade divina. O espaço de experiência confirmava esses princípios: os judeus estavam espalhados, eram geralmente hostilizados (em uma macabra confirmação da condição de "pária" imposta pelos próprios cristãos) e não eram mais os controladores da Terra Prometida.

Embora essas ideias ainda tenham prevalecido em diversos segmentos depois da Reforma, a hermenêutica literal do texto reposicionou os judeus no imaginário protestante, e eles passaram a ser alvo da esperança vinculada à sua conversão no final dos tempos. Essa esperança foi sendo gradativamente ampliada para a expectativa de uma restauração territorial na Palestina, o que ainda era algo distante nos primeiros séculos do movimento protestante. Entretanto, o espaço de experiência mudou de forma significativa a partir do final do

4 RICOEUR, *Tempo e narrativa*, v. 3, p. 363.

século 19 com a emergência do movimento sionista, conforme apresentei no capítulo anterior. A crescente migração de judeus para a Palestina aumentou de maneira considerável a esperança protestante justamente na época de invenção do dispensacionalismo. Depois, os acontecimentos políticos da primeira metade do século 20, que culminaram com a independência do Estado de Israel, fizeram o imaginário dos defensores da doutrina explodir em êxtase pelo cumprimento das profecias conforme suas interpretações. Nunca um espaço de experiência do cristianismo relacionado com os judeus tinha sido tão impregnado com fatos, o que aproximou o horizonte de expectativa dos evangélicos e ampliou grandemente a esperança de uma conclusão da história de acordo com sua compreensão da Bíblia e da realidade.

Isso significa que a paixão por Israel, tão intensificada no contexto evangélico do século 21, é resultado da história. Hoje temos um Estado de Israel na Palestina que estimula o entrecruzamento das narrativas entre evangélicos, judeus e israelenses.[5]

Os entrecruzamentos narrativos na paixão por Israel

Nas próximas páginas, vou retomar o fenômeno descrito no primeiro capítulo à luz do referencial teórico da hermenêutica filosófica (resumida no capítulo 2). Creio que, desse modo, podemos organizar as ideias e compreender melhor o fenômeno da paixão por Israel. Penso que o comportamento evangélico brasileiro pode ser compreendido a partir da simbólica do reino de Deus, marcada pelo paradoxo do "já" e do "ainda não". Quanto à classificação elaborada no capítulo 1, podemos separar dois grandes grupos.

O primeiro grupo tem sua identidade vinculada ao "ainda não" da escatologia, geralmente (mas não exclusivamente) relacionada com o movimento evangélico situado no protestantismo histórico,

5 Judeu não é necessariamente israelense, e vice-versa. O judeu é a categoria étnica e cultural (que pode ou não ser religiosa), enquanto israelense é o cidadão do país Israel, que pode ser de qualquer religião ou cultura. Para entender melhor essas relações, leia meu livro REINKE, André Daniel. *Aqueles da Bíblia: história, fé e cultura do povo bíblico de Israel e sua atuação no plano divino*. Rio de Janeiro: Thomas Nelson Brasil, 2021.

com teologia de base especialmente (mas não apenas) dispensacionalista, cujos entrecruzamentos narrativos estão ligados ao Estado de Israel e à conversão dos judeus. Essa identidade está vinculada à motivação da "paixão milenista".

O segundo grupo tem sua identidade vinculada ao "já" do reino de Deus, geralmente (mas não exclusivamente) relacionada com o movimento evangélico de matriz pentecostal e neopentecostal, fundamentado na experiência estética, cujos entrecruzamentos narrativos estão ligados ao universo simbólico judaico, entendido como derivado da Bíblia. Esse grupo está mais vinculado à "paixão mimética".

Você deve estar lembrado da terceira forma identificada, a "paixão comercial". Ela não fará parte de minha análise porque penso que é teologicamente parasitária das outras duas – ou seja, mantém-se pelo entusiasmo dos evangélicos apaixonados por Israel, que passam a consumir produtos judaicos. Nesse caso, essa seria mais uma manifestação típica do rio cultural capitalista no qual navegamos do que propriamente o resultado de uma hermenêutica. Feita essa ressalva, vamos à análise dos dois grupos.

A identidade da paixão milenista

Na identidade milenista, os evangélicos se percebem como membros do povo eleito de Deus, aguardando a parúsia, enquanto observam o desenrolar da história dos judeus. Enquanto isso, apoiam seu Estado como cumprimento parcial das profecias bíblicas. Os judeus são vistos como uma espécie de "povo de Deus em suspenso", aguardando a plena realização de seu propósito na completude do reino de Deus, já que lhes falta reconhecer Jesus Cristo como o Messias prometido das Escrituras. Israel, aqui, é o "outro" da igreja, a ser cuidado e observado. Por isso, essa paixão se manifesta em todos os grupos evangélicos, porém com muito mais ênfase no protestantismo histórico e nas igrejas evangélicas conservadoras.

Essa vertente é mensurável pela quantidade de livros de escatologia publicados no Brasil, além das manifestações de sionismo cristão observadas na literatura, na internet e na Câmara dos Deputados.

Esse tipo de paixão tem uma origem mais teológica, derivada de uma hermenêutica literal do texto bíblico, segundo a qual o atual Estado de Israel desempenha um papel central como o "relógio do fim dos tempos". Como essa vertente aguarda o desenrolar dos acontecimentos políticos relacionados com o tempo do fim, suas especulações escatológicas estão sempre vinculadas às notícias recentes da política internacional, especialmente quando estão dizem respeito a Israel.

Trata-se de uma vertente ampla, com intensidade especulativa distinta e que produz ações políticas de sionismo cristão igualmente distintas. Nas tradições amilenistas e pós-milenistas, a tendência especulativa é bem menor, uma vez que os sinais dos tempos são entendidos como atuantes na história desde a primeira vinda de Cristo. Já nas tradições pré-milenistas, o olhar contemporâneo cresce enquanto se aguardam os acontecimentos sobrenaturais referentes ao fim da história, cujo aumento é exponencial no caso dispensacionalista. É precisamente nessa linha, predominante no Brasil, que se produzem as tabelas cronológicas do futuro – diferentes profecias organizadas em uma estrutura coerente com cada hermenêutica. Também é nessa linha que se procura identificar os personagens das narrativas escatológicas – como o Anticristo e as bestas do Apocalipse, entre outros – com nações e personalidades do mundo contemporâneo. Também nela estão situados os casos mais extremos e heterodoxos de interpretações fantasiosas e sensacionalistas. Claro, esses casos já se desprenderam das escatologias tradicionais, mas partem do mesmo princípio hermenêutico.

Há um entrecruzamento importante de narrativas que mantém ativa a paixão milenista, a qual se alimenta de outras narrativas, especialmente aquelas produzidas pelos judeus. O maior exemplo está no fato de o Estado de Israel proclamar sua independência buscando no texto bíblico seu mito nacionalista.[6] Esse acontecimento trouxe aos dispensacionalistas a prova de que suas interpretações estavam corretas.

6 Trabalho em detalhes a construção do mito nacionalista pelos judeus no livro *Nós e a Bíblia*, p. 163-86. Não tome o termo "mito nacionalista" como uma mentira ou invenção, caso não tenha lido sobre o assunto. Esse mito é a narrativa de essência que explica a razão da existência de uma nação. Todos os países têm seus mitos fundadores da pátria, ancorados em acontecimentos de sua história de independência ou de emergência de seu Estado.

Nesse caso, tanto os acontecimentos (a independência em si) quanto as narrativas judaicas (o nacionalismo, embora vinculado à Bíblia como fonte histórica) cruzaram com as expectativas dos evangélicos. Fatos como o caráter laico e até progressista do Estado de Israel e a descrença dos judeus em Jesus como o Messias complicam o quadro, levando a narrativa dispensacionalista a se rearticular para explicar os resultados imprevistos em seu sistema. Alguns acontecimentos mundiais também provocaram reações ao longo das décadas, especialmente no que se refere à figura do inimigo: o Anticristo. Sua identidade é especulada e revista sempre que aparece um novo "perigo" para a sociedade ocidental. Esse perigo pode ser um grande líder soviético (anos 1980), um articulador europeu vinculado à Nova Era (anos 1990), um magnata oriundo do mundo árabe (anos 2000) ou líderes ocultos da Nova Ordem Mundial.[7] Independentemente de qual seja a linha interpretativa, sempre está vinculada à ideia de que o Anticristo é uma personalidade ou um sistema do mundo contemporâneo.

A narrativa das vertentes escatológicas evangélicas, especialmente o dispensacionalismo, é elaborada a partir da profecia bíblica, mas se alimenta das narrativas históricas e nacionalistas do Estado de Israel, a entidade presente na Terra Santa e portadora do símbolo bíblico, além das notícias internacionais veiculadas diariamente no drama da história mundial. Por isso, o interesse popular é sempre acompanhado de expressões entusiasmadas.

A identidade da paixão mimética

Verificaremos agora o segundo grande grupo: a identidade evangélica da paixão mimética. Nessa identidade, os evangélicos também se percebem como membros do povo eleito de Deus e igualmente observam a história judaica e os atos de seu Estado. Entretanto, o fator escatológico relacionado ao futuro cai para segundo plano, ganhando evidência as manifestações do reino de Deus no presente. O vínculo está posto no derramamento do Espírito Santo nos últimos dias,

7 Aqui, tomei a liberdade de citar de memória interpretações sobre o Anticristo que ouvi em púlpitos evangélicos ao longo das cinco décadas de minha vida eclesiástica.

a "última chuva antes da colheita". Essa chuva inclui bênçãos diversas, como a cura ou a prosperidade. Como esse movimento compreende ser uma continuidade da "primeira chuva", a do Pentecostes de Atos, há uma identificação direta com a igreja primitiva, fundamentalmente judaica. Nesse caso, busca-se um resgate de símbolos bíblicos "originais" do passado, visualmente percebidos nas tradições das comunidades judaicas do presente e na própria existência do Estado de Israel. O povo judeu é o "semelhante" da igreja a ser celebrado e com quem se comungam os símbolos. Por isso, essa forma de paixão é mais comum no meio evangélico pentecostal e neopentecostal, enquanto é rejeitada, com pesadas críticas, pelas comunidades protestantes históricas.

É importante compreender que essa forma de paixão está especialmente vinculada a grupos que levaram às últimas consequências a rejeição das tradições dos cristianismos anteriores. Os protestantismos históricos mantiveram algo da liturgia pregressa, porém as vertentes mais recentes do segmento evangélico sofrem de carência simbólica. Por isso, nessas comunidades foi aberto espaço para a importação dos símbolos do povo de Deus histórico e visível, o povo judeu e Israel. Essa vertente pode ser percebida na presença da bandeira israelense, na celebração das festas judaicas e no uso amplo de objetos litúrgicos como o *shofar*, o quipá, o *talit* e a menorá, além de um entusiasmo sacramental pela Terra Santa e os "produtos originais" importados. A celebração da presença do reino de Deus pede uma liturgia com símbolos resgatados das tradições judaicas. Também é uma vertente absurdamente ampla, com níveis de intensidade distintas, como observamos no capítulo 4.

Mas precisamos tomar cuidado: o simples uso de um símbolo como a menorá ou de qualquer outro elemento extraído do texto canônico pode ser compreendido como puramente bíblico, sem nenhuma relação consciente com a simbólica judaica. Nesse caso, o que está em questão não é uma paixão pelos judeus, apenas a materialização litúrgica de símbolos ou objetos descritos na Bíblia. Os judeus religiosos podem até estranhar esse uso e acreditar que se trata de assimilação de sua cultura, mas não seria o caso. Trata-se de um imaginário vinculado a outro lugar, mais antigo, um lugar bíblico que também faz parte do imaginário do cristianismo por compartilhar o mesmo texto de origem.

Entretanto, há elementos não citados ou descritos na Bíblia que acabam sendo incorporados do judaísmo, mesmo que tenham começado a ser usados pelos judeus após a era bíblica – como a estrela de Davi e o quipá. Por isso, a principal característica que percebo na paixão mimética é a ressignificação dos símbolos judaicos em um contexto evangélico. Mas observe: nesses casos, muitas vezes as comunidades entendem estar importando símbolos bíblicos, não judaicos. O judaísmo é o local de onde os elementos bíblicos teriam sido "resgatados". Trata-se de um "retorno às origens" – e, se a origem do cristianismo é o judaísmo, ali está a fonte dos símbolos. Explico agora como a potência do símbolo permite tal assimilação.

Símbolos revelam essências, e essências são atemporais. Logo, a simbólica e a liturgia judaicas são compreendidas como tradições originais da Bíblia. Aqui pouco importa se a confecção do *talit* passou por um desenvolvimento técnico posterior: ele é percebido como o manto usado por Jesus e pelos apóstolos em sua forma mais pura e original. As festas judaicas, também originárias das ordenanças da *Torá*, foram ganhando rituais e sendo aprimoradas pelas tradições judaicas ao longo de séculos, mas foram entendidas pelos evangélicos como celebradas da mesma forma desde os tempos bíblicos. Um elemento tardio como a estrela de Davi passa a ser representado como símbolo da cultura material israelita dos tempos bíblicos, embora não exista rigorosamente nenhuma menção a ela na Bíblia ou no *Talmude*. Percebi esse anacronismo em minha visita ao Jardim Bíblico do Templo de Salomão da IURD. Ali há uma simulação do Tabernáculo em tamanho real, segundo as medidas e descrições bíblicas. Dentro do Mar de Bronze, observei que há um cálice com a estrela de Davi gravada. Foi uma inclusão absolutamente anacrônica do artista, o que demonstra em que medida os símbolos podem se locomover temporalmente em nossa imaginação.

Portanto, os símbolos do judaísmo passam a ser compreendidos como bíblicos e, como tais, incorporados pelos evangélicos, que vivem as metáforas da Bíblia em suas experiências cotidianas. A imaginação que reconstitui a cultura material do povo de Deus da Bíblia é alimentada pelo que os evangélicos observam na cultura material do judaísmo do presente. Entretanto, uma vez incorporados às liturgias evangélicas, os símbolos judaicos se desprendem de seu sentido original e passam a ter novos significados na compreensão de cada comunidade – são, por assim dizer, cristianizados. O *talit* usado no meio evangélico não cumpre a mesma função litúrgica do judaico.

As ressignificações também se entrecruzam nas experiências dos evangélicos com os símbolos do Estado de Israel. O caso mais emblemático é o da bandeira nacional israelense, que é uma síntese gráfica do *talit* com o Magen David. Os sionistas ressignificaram os símbolos religiosos do judaísmo para criar um símbolo cívico. Em outras palavras, tomaram o símbolo religioso e o laicizaram, assim como as narrativas nacionalistas laicizaram as narrativas bíblicas. Os evangélicos, contudo, passaram a usar a bandeira de Israel em cultos e eventos como a Marcha para Jesus. Entretanto, atente para o fato de que a bandeira de Israel não está sendo usada nesses locais como uma referência diplomática ao país situado no Oriente Médio. Seu uso se dá como elemento religioso, uma representação do reino de Deus visível neste mundo. Esse é o sentido simbólico de um evangélico que faz tremular a bandeira de Israel durante os louvores a Jesus como o Leão de Judá. Minha intuição é que eles retiraram a bandeira de Israel de seu ambiente profano, a simbólica nacionalista israelense, e a transferiram para o ambiente sagrado da expectativa do reino de Deus. A bandeira de Israel foi sacralizada. Por essa razão, às vezes vemos um evangélico envolto nela como se fosse um *talit*.

A ressignificação de símbolos é o fato a ser ressaltado na paixão mimética. Os evangélicos constroem sua identidade como mais próxima da Bíblia e das comunidades primitivas tomando do judaísmo os símbolos entendidos como mais "puros" e "originais" que os desenvolvidos pelo cristianismo milenar ou mesmo pelo protestantismo histórico.

O imaginário evangélico sobre Israel

Três tipos de pesquisa foram efetuados por mim para compreender a paixão por Israel. O primeiro tipo consistiu na coleta de amostras do fenômeno para demonstrar sua dimensão e influência, apresentadas no capítulo 1. Depois, a pesquisa bibliográfica levantou a base teórica para entender as hermenêuticas judaica e cristã e explicar o fenômeno – pesquisa que acabou se tornando meu livro *Nós e a Bíblia* e está resumida no capítulo 2. Por fim, fiz uma nova pesquisa social para verificar como judeus e evangélicos se relacionam no contexto brasileiro.

A segunda pesquisa social foi feita por meio de entrevistas com personalidades do contexto judaico e evangélico brasileiro. Meu objetivo era analisar como o fenômeno da paixão por Israel influencia as relações sociopolíticas e teológicas entre evangélicos e judeus no Brasil observando: 1) como essa paixão é recebida pelas comunidades judaicas; 2) como o turismo e a arqueologia evangélicos em Israel são percebidos pelas comunidades judaicas; 3) como as comunidades judaicas brasileiras recebem o sionismo cristão ou o apoio ao Estado de Israel; 4) se há algum relacionamento efetivo entre evangélicos e judeus no Brasil.

Vejamos primeiramente as entrevistas com os membros da comunidade judaica. Tive uma grande dificuldade de acesso aos líderes judeus, especialmente no contexto do rabinato, que era meu foco principal. Embora tenha feito muitos contatos, o resultado foi bem abaixo do que eu esperava. Após muita insistência, consegui entrevistar três pessoas.[8] O pequeno número de entrevistados entre judeus também foi um dado de pesquisa importante. Se um acadêmico evangélico oriundo de uma faculdade luterana teve imensa dificuldade de entrevistar rabinos para uma pesquisa científica, quanto mais um evangélico especulando sobre rituais para sua igreja! Essa é a conclusão que tirei

8 Além dos entrevistados, contatei outros quatro rabinos (um ortodoxo e três conservativos), que deram respostas positivas, mas, depois de receberem os detalhes da pesquisa, não responderam mais. Tive contato com outras três sinagogas, que registraram a solicitação de entrevista, mas não deram retorno; e comecei uma entrevista com um rabino conservativo, mas que não deu sequência por discordar do Termo de Consentimento Livre e Esclarecido (TCLE). Além disso, tentei outros três contatos com sinagogas, mas não foi possível saber se a solicitação foi sequer visualizada.

dessa experiência: o contato com o contexto rabínico passa por filtros que bloqueiam as tentativas evangélicas. Outro dado importante é que as conversas mais positivas com a comunidade judaica aconteceram com pessoas ligadas ao diálogo inter-religioso.

As três personalidades judaicas que entrevistei foram: 1) um rabino de linha reformista (integrante de grupos de diálogo inter-religioso); 2) um líder da Associação Hebraica (clube judaico com caráter social e recreativo); 3) um professor universitário de sociologia (pesquisador das religiões). Fiz perguntas abertas, ou seja, com possibilidade de resposta ampla e discussão.

Também entrevistei membros de comunidades evangélicas que tivessem algum tipo de relacionamento com judeus ou com o judaísmo. Encontrar pessoas nesse contexto foi bem mais fácil que entre as comunidades judaicas. Entretanto, também tive dificuldade ao buscar pastores ligados ao uso da simbólica judaica.[9] É possível que essas comunidades também sofram com as críticas contundentes por parte dos protestantes históricos, o que talvez explique a resistência. Mas houve possibilidades melhores, resultando em seis entrevistas: 1) um pastor restauracionista (que faz amplo uso de simbólica judaica); 2) um pastor dispensacionalista (envolvido diretamente na reflexão teológica); 3) um pastor reformado (que já foi participante ativo de um movimento judaizante); 4) um sionista cristão (ativista pró-Israel); 5) um acadêmico de teologia (pesquisador do sionismo cristão pelo viés do turismo); 6) um pesquisador do judaísmo (cristão adventista e estudante em escola rabínica). As perguntas foram as mesmas feitas aos membros das comunidades judaicas, mas espelhadas para o lado evangélico, a fim de comparar as distintas visões sobre os mesmos temas e experiências.

Tanto as entrevistas com os membros da comunidade judaica como aquelas com a comunidade evangélica representam apenas o olhar do entrevistado sobre sua comunidade, nunca a opinião da própria

9 Tentei contatar pelo menos três igrejas batistas nas quais verifiquei o uso da simbólica judaica. Nenhuma delas quis fazer a entrevista. Um pastor que fazia uso dessa simbólica não quis ser entrevistado porque disse que fazia o uso de elementos judaicos "apenas para ilustrar", sem preocupações simbólicas ou teológicas mais profundas.

comunidade. Esse é um dos pontos ressaltados por todos os entrevistados, tanto judeus quanto evangélicos. Ou seja, o dado inicial é que há intensa pluralidade de opiniões dentro da mesma comunidade. Vou resgatar essa percepção mais adiante. Apesar disso, pude chegar a algumas conclusões pontuais, pois apareceram com frequência nas conversas.

Percepções gerais sobre a relação entre judeus e evangélicos

A primeira percepção geral que tive se refere ao **uso dos símbolos judaicos** pelos evangélicos. Parece haver uma tendência entre os judeus mais religiosos de desaprovar esse uso. A opinião muda conforme aumenta a distância do sentimento religioso: o judeu pouco ou não religioso não se importa com tais usos, podendo até achar positivo, por representar apoio ao povo judeu diante do antissemitismo. Assim, os sentimentos são diversos: por um lado, os judeus podem se sentir ofendidos pelo uso indevido; outros são indiferentes; há também os que acham simplesmente ridículo. A indiferença ao uso dos símbolos e de festas judaicas pode até corresponder à grande massa do mundo judaico, uma vez que boa parte não é religiosa. Entretanto, o que me surpreendeu foi o desconforto manifestado por todos os entrevistados pela presença da bandeira de Israel não apenas em contextos religiosos (pelas igrejas pentecostais ou mesmo na Marcha para Jesus), mas principalmente em movimentos políticos vinculados à direita ou à extrema-direita. A pergunta unânime foi: "O que a bandeira de Israel está fazendo no meio dos evangélicos e dos partidos de direita?".

A segunda percepção geral bastante evidente foi a **ausência de contato entre judeus e evangélicos** no Brasil. Talvez esse tenha sido o dado de pesquisa mais importante, pois meu objetivo principal era verificar se havia algum tipo de relacionamento entre comunidades judaicas e evangélicas. A descoberta, pelo menos a partir da opinião dos entrevistados, foi que não há afinidades entre judeus (tanto seculares como religiosos) e evangélicos. Os únicos contatos ocorrem justamente entre pessoas envolvidas no diálogo inter-religioso, algo restrito a poucas lideranças ou ao ambiente acadêmico.[10] Os evangélicos podem até ter acesso a uma sinagoga para buscar conversão ao judaísmo, mas não para aprender seus rituais e fazer uso litúrgico em sua igreja. Existe uma relação mais próxima de evangélicos judaizantes com sinagogas do judaísmo messiânico, mas é preciso lembrar que essa categoria não é reconhecida como um movimento judaico por nenhuma vertente do judaísmo. A origem do conhecimento da simbólica judaica pelos evangélicos que dela fazem uso não decorre da convivência com o judaísmo, e sim da leitura de livros e de pesquisa na internet.

A terceira percepção foi sobre **turismo evangélico** e arqueologia em Israel. Poucas referências foram feitas em termos negativos, restritas à exploração comercial do entusiasmo turístico pela Terra Santa. Mas, no geral, a percepção foi bem positiva. As diferenças estão nos detalhes de cada uma das perspectivas. Para os judeus, o turismo é considerado bom, por trazer divisas econômicas a Israel ou pela apresentação ao mundo do valor histórico e democrático de seu país. Para os evangélicos, a ligação se apresenta múltipla: alguns têm interesse em visitar Israel para dar contexto à sua leitura bíblica; outros buscam uma experiência mística; há os que tentam se aproximar fisicamente de Israel para abençoar e serem abençoados; finalmente, há os que estão situados na disputa política, em especial no que se refere ao conflito entre palestinos e israelenses. Mas um dado é preponderante entre os evangélicos: o turismo evangélico ocorre exclusivamente em lugares relacionados com as narrativas e leituras cristãs da Bíblia, deixando de lado qualquer outra forma de ser e existir dos israelenses contemporâneos.

A **arqueologia** é vista de forma positiva por todos os grupos, embora as intenções nessa área também sejam variadas. O valor científico da pesquisa do passado é inegável para qualquer linha, mas, no caso dos entrevistados judeus, a preocupação com o resgate do passado está a serviço de diferentes discursos: seja de confirmação da presença judaica na terra antes do Estado de Israel (em uma arqueologia mais

10 Aliás, fazer parte de grupos de diálogo inter-religioso costuma ser muito malvisto pelas igrejas evangélicas em geral, quase uma negação da ortodoxia e da exclusividade da fé cristã.

vinculada ao Estado), seja na negação dessa presença por parte de uma arqueologia antagonista ao sionismo. Ou seja, a arqueologia judaica também está inserida no ambiente político. Do lado evangélico, entretanto, há uma peculiaridade: a arqueologia está fundamentalmente a serviço de provar a veracidade da Bíblia e dos interesses cristãos na Terra Santa. Os achados arqueológicos estão atrelados a uma visão que se tem do mundo bíblico e do Israel bíblico, e as descobertas que não confirmam tais narrativas são descartadas ou vistas com desconfiança. É uma arqueologia basicamente preocupada em confirmar a inerrância bíblica do ponto de vista histórico – o Israel atual importa menos.

A quarta percepção geral refere-se ao **sionismo cristão**, o apoio político dos evangélicos ao Estado de Israel. Entre as comunidades judaicas, parece prevalecer certo pragmatismo. Diante de séculos de oposição e antissemitismo, encontrar grupos a favor de sua nação é algo considerado bem-vindo. Entretanto, esse apoio é visto com certa desconfiança, pois, para os judeus, as motivações não estão claras: se a origem comum e o compartilhamento do mesmo texto bíblico fossem motivos importantes, existe a percepção de que esse apoio ocorre em função de uma afinidade seletiva, ou seja, está relacionado com as demandas dos evangélicos, não às demandas das comunidades judaicas em si. Já entre os evangélicos, há uma percepção de que boa parte desse apoio é acrítica e "incondicional" – ou seja, está a favor de Israel, não importando se o Estado está agindo corretamente ou não, o que foi criticado por quase todos os entrevistados evangélicos. Entretanto, também foi mencionada a existência de vertentes evangélicas contrárias a Israel, inclusive com discursos antissemitas. De qualquer maneira, as entrevistas revelam grande trânsito entre religião e política, além do fato de Israel ser imaginado como um centro de conservadorismo de direita na luta contra uma "esquerda mundial".

Minhas conclusões sobre as entrevistas podem ser resumidas nos seguintes pontos: 1) a questão do uso da simbólica judaica incomoda parcialmente os judeus, mas não é definitiva, sendo o uso da bandeira nacional de Israel considerado muito mais grave que o uso dos elementos propriamente religiosos do judaísmo; 2) não há relacionamento entre judeus e evangélicos, tratando-se de "ilustres desconhecidos", cujo conhecimento de um grupo pelo outro se dá de maneira esporádica e indireta; 3) o turismo e a arqueologia em Israel são atividades exaltadas, mas que cumprem propósitos distintos para os judeus (focados na posse da terra) e os evangélicos (focados na veracidade da Bíblia); 4) o apoio político a Israel também é concebido positivamente, mas com ressalvas, em virtude das intencionalidades pouco claras dos evangélicos segundo a perspectiva dos judeus.

O Israel imaginado pelos evangélicos

Minha pesquisa revelou uma distância significativa entre judeus e evangélicos no Brasil, especialmente no que se refere às suas comunidades religiosas. Basicamente, os evangélicos não conhecem o judaísmo, tampouco a pluralidade de pensamento judaico, tanto de suas linhas religiosas quanto da imensa massa de judeus seculares.

Antes da pesquisa, eu imaginava haver tal distância ou desconhecimento, o que resultaria em uma espécie de paixão unilateral não correspondida. Os judeus não são apaixonados pelos evangélicos como os evangélicos o são pelos judeus. Entretanto, verifiquei algo um tanto mais grave. O entrecruzamento de narrativas se dá em um campo discursivo, onde o que prevalece não é tanto a realidade concreta do outro, mas a imagem que se tem dele. A imagem que o evangélico tem do judeu está vinculada a uma leitura muito específica do texto bíblico, uma **leitura evangélica**. Ou seja, boa parte deles imagina os judeus e seu país a partir das próprias experiências e hermenêuticas. O Israel e o povo judeu, alvo da paixão dos evangélicos, são um **Israel imaginário**, composto por um povo imaginado a partir da identidade bíblico-narrativa dos próprios evangélicos.

Esse fenômeno pode ser percebido em diferentes intensidades no levantamento que fiz no primeiro capítulo. O caso do sionismo cristão, especialmente o dispensacionalista, é emblemático: as obras que apresentam uma "história de Israel" mencionam, em geral, a destruição de Jerusalém em 70 d.C., e depois saltam para os movimentos sionistas do século 19 até os fatos históricos da emergência do Estado de Israel. Omitem 2 mil anos de desenvolvimento dos judaísmos da diáspora para reencontrar os judeus na história que corresponde às expectativas de sua escatologia. Também percebi esse salto, por exemplo, na exposição fotográfica do Centro Cultural Jerusalém (da IURD, no Rio de Janeiro), na qual constavam três grupos de imagens: o primeiro, sobre a arqueologia da Jerusalém antiga; o segundo, sobre o nascimento da igreja cristã; o terceiro, sobre o movimento sionista contemporâneo. Nada do judaísmo. Já no caso das manifestações políticas de apoio a Israel, como as que verifiquei na Câmara dos Deputados, o objetivo final de abençoar Israel é abençoar o Brasil de acordo com os interesses dos próprios parlamentares evangélicos.

Da mesma forma, os símbolos judaicos utilizados pelas comunidades evangélicas não devem seu uso à tradição judaica em si (as sinagogas desaconselhariam tal transposição), mas ao entendimento de serem símbolos muito antigos relacionados diretamente com a Bíblia, como parte da simbólica do povo de Deus na Antiguidade. Assim, os elementos judaicos do presente passam a integrar uma simbólica evangélica que imagina voltar à prática litúrgica mais antiga do cristianismo. Nesse mesmo sentido caminham o turismo e a arqueologia em Israel. O turismo ocorre basicamente em localidades relacionadas com as narrativas de Jesus e dos apóstolos, especialmente em Jerusalém e na Galileia, deixando de lado os caminhos das tradições judaicas ou mesmo o conhecimento da modernidade laica do Israel atual. Provavelmente, nenhum evangélico aproveitará uma viagem a Israel para conhecer a parada do orgulho LGBTQIA+ em Tel Aviv, listada por jornalistas entre as maiores e mais famosas do mundo. Pelos mesmos motivos, a arqueologia não está a serviço da ciência histórica, mas da teológica no viés conservador, cujo propósito é provar que a Bíblia é historicamente verdadeira.

Além disso, é desconhecido da maioria evangélica o caráter laico e humanista do Estado israelense. Israel não tem uma constituição, e o país não é regido pelas leis da *Torá*, embora tenha incorporado princípios culturais como os tabus alimentares e a guarda do *Shabat*.

Netanyahu, como muitos judeus seculares, não usa quipá. O governo protege as religiões tradicionais ali estabelecidas e garante a liberdade religiosa, mas é conivente com a pressão social exercida pelos judeus religiosos radicais contra outras vertentes religiosas. O proselitismo é legal para todas as religiões, mas é proibida a oferta de benefícios materiais como incentivos à conversão, além de ser ilegal converter alguém menor de 18 anos, a menos que um dos pais já seja praticante da religião.[11] Qualquer uma dessas duas leis, se fossem sugeridas no Legislativo brasileiro, provocaria a publicação de artigos de juristas evangélicos anunciando o início de uma perseguição religiosa no Brasil.

Até mesmo as referências aos judeus ao longo da história são trazidas à memória evangélica para alimentar seus discursos. É o caso das alardeadas riqueza e prosperidade judaicas, supostamente resultantes de se seguir determinados princípios e comportamentos bíblicos, os quais devem ser imitados para produzir uma vida boa. O que parece escapar a esses discursos são duas questões: a existência de judeus ricos nunca escondeu a presença de outros tantos de classe média e baixa; a ideia de uma supremacia econômica judaica foi justamente o argumento empregado por antissemitas para promover expurgos na Idade Média, os *pogroms* do século 19 e o Holocausto no século 20. Esse tipo de narrativa está na gênese de falsificações como o famigerado material antissemita do *Protocolo dos sábios de Sião*. Sem falar na exploração comercial dos produtos judaicos e das viagens a Israel, ainda mais voltados para o lucro evangélico.

As entrevistas realizadas com os membros de comunidades judaicas e evangélicas apontam para as mesmas conclusões. Para os entrevistados judeus, o uso da bandeira de Israel pelos evangélicos, especialmente em eventos políticos públicos, causa constrangimento pelo vínculo de tais manifestações com posições conservadoras e até mesmo de extrema-direita. Nesse caso, fica evidente quanto um símbolo é ressignificado: para os judeus, a bandeira é um símbolo laico de sua pátria, o país governado pelo Estado de Israel; para os evangélicos, é um símbolo religioso da "pátria celestial" e de valores supostamente bíblicos.

11 *ACN Brasil*. Israel. Disponível em: https://www.acn.org.br/israel.

A paixão dos evangélicos acaba sendo recebida como um apoio inesperado após uma longa história de antissemitismo, que os judeus consideram melhor que a oposição sistemática. Entretanto, fica sempre a dúvida acerca das motivações, ainda mais latente quando os evangélicos buscam converter os judeus a Cristo e mais explicitada quando o judeu é usado como símbolo político-ideológico em discursos contra os inimigos da fé cristã – em geral, inimigos do Oriente, como o comunismo ou o Islã. A esse respeito, os entrevistados concordaram, percebendo que há uma compreensão generalizada de Israel pelos evangélicos como um país ocidental, defensor de tradições conservadoras e democráticas e engajado na luta contra as forças antagônicas ao reino de Deus, oriundas do comunismo e do Islã (ambos de origem oriental).

Ou seja, Israel é entendido como uma nação, uma pátria e um governo derivados da Bíblia, e, como tais, concordantes com os mesmos valores dos evangélicos – politicamente conservadores, diga-se de passagem. Note que tais percepções do Israel contemporâneo são completamente imaginadas. O equívoco dessa imagem está justamente no desconhecimento da realidade complexa dos judaísmos e da própria história do Estado de Israel. Todos os entrevistados ressaltaram a ausência de contato de igrejas com as comunidades judaicas, cujas informações acabam sendo adquiridas por meio de literatura do judaísmo religioso e pela internet. Por isso o uso de elementos simbólicos como o *talit* e o *shofar* ocorre muitas vezes de forma inapropriada, segundo as tradições judaicas, e consiste em imitações a partir de uma observação distante para fins particulares.

Isso não significa que haja um apoio sempre incondicional a Israel, pois os evangélicos progressistas (ou ditos popularmente "de esquerda") nutrem grande antipatia por aquele país, que consideram ser uma ponta de lança do imperialismo ocidental. De acordo com essa visão igualmente parcial, Israel é o branco rico e opressor dos pobres orientais. Embora o resultado de tal imagem seja exatamente o contrário da conservadora, permanece o aspecto imaginário, o que confirma quão pouco importam os interesses e a realidade dos judeus e do

Estado de Israel ou, no caso dos progressistas, do verdadeiro palestino. O que sempre está em pauta são os elementos convergentes aos interesses político-ideológicos dos evangélicos, sejam conservadores, sejam progressistas.

Enfim, o Israel alvo da paixão dos evangélicos é um Israel imaginário, e isso acontece até mesmo em situações hilárias. Os evangélicos conservadores podem sofrer um verdadeiro choque de expectativas ao ver um judeu ortodoxo fumando, como um dos entrevistados me contou. Como um judeu crente na Bíblia pode fumar, se essa não é uma atitude bíblica?! Bem, explique que a Bíblia não diz uma vírgula sobre o assunto. Porém há situações ainda mais chocantes. Pense em um evangélico descobrindo que existem grupos judaicos terroristas ou percebendo que muitos movimentos de direitos LGBTQUIA+ podem ser liderados por judeus. Enfim, não cabe na imaginação dos evangélicos apaixonados por Israel que um povo identificado com a Bíblia pratique algo considerado um vício pecaminoso pela tradição deles. Em outras palavras, esse judeu simplesmente não cabe no perfil do judeu ideal.

A título de conclusão, posso afirmar que os entrecruzamentos narrativos e simbólicos ocorridos nas igrejas evangélicas são bastante seletivos e reverberam apenas os fatos alinhados com cada identidade narrativa. Os evangélicos forjaram um Israel imaginário, coerente com as expectativas deles próprios em suas demandas políticas, ideológicas e religiosas, de acordo com o que interpretam como desdobramentos do reino de Deus prometido e assegurado nas Sagradas Escrituras.

Os excluídos da narrativa

Algum tempo atrás, fui professor de ensino religioso em um colégio de Porto Alegre. Em um semestre, resolvi ensinar conceitos fundamentais de diversas religiões: cristianismo, budismo, hinduísmo, religiões de matriz africana, islamismo, entre outras. Minha ideia era dar a conhecer as lógicas intrínsecas de cada religião para estimular o diálogo e uma cultura de paz. Dividi a turma em grupos para que pesquisassem as religiões e apresentassem à turma suas descobertas. As apresentações foram ótimas até chegar o momento do islamismo. O que o grupo trouxe como exemplo foi um fiasco: o vídeo de um humorista com todos os clichês imagináveis do muçulmano como homem-bomba. Por mais que eu repreendesse o grupo e tentasse mostrar a fé islâmica da perspectiva do Islã, o que ficou foi o estereótipo. Foi quando me deparei com o fato de que há uma construção imaginária inquebrável sobre o tema.

A construção do imaginário sobre o Oriente em geral e sobre o Islã em específico é analisada pelo crítico literário americano de origem palestina Edward Said (1935-2003). Ele ficou mundialmente conhecido pela introdução do conceito de "orientalismo", título de sua obra mais famosa. O orientalismo, para ele, resume em uma palavra como o Ocidente inventou o Oriente. O que entendemos como "oriental" nada mais seria que uma construção feita a partir de concepções oriundas dos impérios ocidentais, especialmente o Britânico, o Francês e, por último, o Americano.

Isso significa que a forma de percebermos e representarmos os povos do Oriente Próximo foi moldada em contextos coloniais, com suas "indisfarçadas fundamentações políticas, econômicas e militares". Essa contínua representação moldou uma consciência geopolítica da qual ninguém (ou quase ninguém) escapa, reproduzida em textos dos mais variados tipos: estéticos, econômicos, sociológicos, históricos, filológicos – o que acaba representando menos o Oriente e muito mais "nosso" mundo e a forma como pensamos.[12] O resultado é o constante reforço de estereótipos a respeito do Oriente reproduzidos até hoje em nossos discursos: o preconceito popular contra os árabes em geral e os muçulmanos em especial; a disputa entre árabes e sionistas israelenses, entendida como a dicotomia simplista entre o árabe mau, totalitário e terrorista e o israelense bom, democrático e amante da liberdade; a ausência de qualquer posição cultural que permita, no Ocidente, uma discussão isenta com os árabes e o Islã.[13] O teólogo Jürgen Moltmann

12 SAID, Edward. *Orientalismo: o Oriente como invenção do Ocidente*. São Paulo: Companhia das Letras, 1990, p. 23-4.
13 SAID, *Orientalismo*, p. 38.

(1926-2024) já previa a ampliação desse fenômeno a conflitos em escala mundial no início dos anos 1990, ao tratar das identidades construídas na relação com um inimigo a ser combatido:

> O pior que pode acontecer a esse tipo de identidade negativa é o desaparecimento do "inimigo" em relação ao qual ela havia se definido. Por isso o fundamentalismo anticomunista entrou em profunda crise de orientação desde a desintegração do marxismo soviético. Quem é agora o inimigo? Pelo fato de ser impossível a definição da identidade sem a imagem do inimigo, este precisa ser encontrado: uns o encontrarão no liberalismo e no materialismo do "mundo ocidental", outros o acharão na superpotência econômica do Japão; e ambos o encontrarão no islamismo e, respectivamente, no cristianismo.[14]

Identidades se constituem a partir de grandes inimigos. Com a implosão da União Soviética e o fim da Guerra Fria, ruiu o "inimigo número um" do Ocidente e do mundo cristão. Agora não são mais os comunistas soviéticos os inimigos principais (embora a China tenha aparecido nessa esteira na última década). Desde então, emergiu um novo "Grande Satã", o Islã, a grande ameaça à paz mundial. E esse inimigo tem Israel também em sua mira – e, se Israel tem um papel especial de Deus no final dos tempos, então seu conflito com os palestinos, na maioria muçulmanos, ganha proporções cósmicas.[15]

Assim, os inimigos de Israel nos tempos bíblicos são replicados nas nações do tempo presente. Se nas terras bíblicas os principais opositores eram os vizinhos, os de hoje também o são. Muito facilmente se transformam os palestinos nos cananeus ou filisteus, o que é um anacronismo sem precedentes. Sem falar que não se leva em consideração a dinâmica antiga: os cananeus da Fenícia eram aliados de Israel, e os filisteus foram parceiros importantes de Davi antes de ascender ao trono dos dois reinos, por exemplo. Mas nem mesmo essa ambiguidade entra na avaliação sobre aquele tempo, tampouco na de hoje. Os palestinos são uma pedra de tropeço diante do evangélico apaixonado por Israel.

14 MOLTMANN, Jürgen. Fundamentalismo e modernidade. *Concilium*: Fundamentalismo: um desafio ecumênico, n. 241, p. 141-8, 1992-1993. p. 146.

15 CHAPMAN, Colin. *De quem é a terra santa? O contínuo conflito entre Israel e a Palestina*. Viçosa: Ultimato, 2017, p. 374.

Os palestinos e o anacronismo evangélico

Os palestinos são os excluídos das narrativas evangélicas. Na realidade, eles foram excluídos desde o início, quando se contou (e, algumas vezes, ainda se conta) a "lorota" de que a Palestina era uma terra sem dono e sem habitantes no final do século 19. As guerras da Independência de Israel, em 1948, resultaram no desalojamento de setecentos a oitocentos mil moradores originais de suas terras, situação que repercute até hoje nos expressivos 3,5 milhões de refugiados palestinos oficialmente registrados em países árabes como o Líbano e, especialmente, a Jordânia.[16] Hoje, temos um conflito explícito com os dois lados claramente definidos: o dos israelenses, senhores do território, que estabeleceram seu domínio na base da violência militar, mas trazendo à memória uma história de sofrimento, dor e exclusão (e também sofrendo um atual antissemitismo mundial); o dos palestinos, submetidos a ciclos de provocação, que se sentiram traídos pelos vizinhos árabes e pelo mundo ocidental e passaram a expressar todo tipo de reação violenta e suicida.[17] Há um problema gigantesco entre esses dois pretendentes à mesma terra, como bem apontado pelo escritor israelense Amós Oz:

> Metade de nós é efetivamente refugiados judeus de países árabes, mas os árabes não nos veem dessa maneira; eles nos veem como uma extensão do colonialismo. Na mesma moeda, nós, judeus israelenses, não enxergamos os árabes, particularmente os palestinos, como eles são: vítimas de séculos de opressão, exploração, colonialismo e humilhação. [...] No que diz respeito a isso, há em ambos os lados uma profunda ignorância: não um desconhecimento político quanto às intenções e aos objetivos, mas quanto ao contexto, aos traumas profundos das duas vítimas.[18]

Israelenses e palestinos fracassam em não reconhecer o sofrimento recíproco. E, do nosso lado, há o dos cristãos evangélicos ociden-

---

16 CHAPMAN, *De quem é a terra santa?*, p. 140-1. Também é comum se contrapor a expulsão de palestinos à expulsão de outros tantos judeus dos países árabes no mesmo período, que foram recebidos e acolhidos pelo Estado de Israel. O que esse argumento desconsidera é que Israel desejava ter populações judaicas e as estava trazendo da Europa para colonizar as terras conquistadas (e continua promovendo essa migração pela Lei do Retorno). No entanto, os países árabes vizinhos de Israel não tinham e não têm o menor interesse ou a capacidade de receber as populações economicamente frágeis e culturalmente deslocadas da Palestina.

17 CHAPMAN, *De quem é a terra santa?*, p. 318.

18 OZ, Amós. *Como curar um fanático: Israel e Palestina: entre o certo e o certo*. São Paulo: Companhia das Letras, 2016, p. 44-5.

tais, com ouvidos apenas para a retórica de Israel. Infelizmente, como aponta Chapman, a mensagem evangélica para os palestinos é "que azar o seu" por estarem no caminho da vontade divina e do plano de retornar sua terra a Israel.[19] É um caso de culpabilização de uma das vítimas desse drama histórico. O problema nessa escolha é uma percepção maniqueísta da realidade. Não se trata do simplório drama cósmico de luta do bem contra o mal. Vou citar Amós Oz outra vez:

> O conflito israelo-palestino não é um filme do Velho Oeste. Não é a luta do bem contra o mal; é antes uma tragédia do mais antigo e mais preciso sentido da palavra: um choque entre o certo e o certo, um embate entre uma reivindicação muito poderosa, profunda e convincente, e outra muito diferente mas não menos convincente, não menos poderosa, não menos humana.[20]

A percepção simplista de um lado bom contra um lado mau complica seriamente a própria percepção da realidade. Marcos Amado, ex-missionário entre os muçulmanos e diretor para a América Latina do Movimento Lausanne, escreveu um artigo para o Centro de Reflexão Missiológica Martureo, no qual apresenta sua preocupação quanto à postura dos cristãos sobre as políticas na questão que envolve palestinos e israelenses. Na opinião dele, o radicalismo do pensamento escatológico tem induzido o meio evangélico a prestar um apoio acrítico ao Estado de Israel, independentemente da justiça do ato:

> Quando o Estado de Israel recebe apoio sem reservas de líderes evangélicos bastante renomados e por meio de publicações que defendem certos aspectos teológicos promovidos, pelo menos inicialmente, pela hermenêutica dispensacionalista (ou, no mínimo, sionista), é praticamente impossível que multidões de evangélicos não sejam influenciadas e mostrem-se indiferentes à situação dos árabes palestinos. [...] O que realmente parece importar para alguns cristãos é que Israel seja protegido a qualquer preço. Ao fim e ao cabo, de acordo com os dispensacionalistas, o cumprimento das profecias escatológicas depende deles.[21]

Dispensacionalistas e sionistas cristãos protestarão. Mas a percepção de Marcos Amado me parece certeira. É bastante comum você

---

19 CHAPMAN, *De quem é a terra santa?*, p. 323, 360.
20 OZ, *Como curar um fanático*, p. 36.
21 AMADO, Marcos. *A política internacional, as ramificações do pensamento dispensacionalista radical e a ausência de paz no Oriente Médio*. Disponível em: https://www.martureo.com.br/a-politica-internacional-as-ramificacoes-do-pensamento-dispensacionalista-radical-e-a-ausencia-de-paz-no-oriente-medio.

encontrar, entre os sionistas cristãos, a afirmação de que "o apoio ao Estado de Israel não pode ser acrítico". Essa expressão é o modo de representar sua isenção teórica e teológica. Entretanto, o mesmo sionista cristão não retornará mais a essa afirmação em termos práticos: assim que alguém faz uma crítica a Israel, logo ele trata de contra-argumentar, mostrando a complexidade do conflito e a culpa dos palestinos – isso se não acusar o interlocutor de antissemitismo. No frigir dos ovos, quando o conflito se tornar explícito e grave (como no momento em que escrevo, durante a guerra de 2023 e 2024 contra o grupo terrorista Hamas), o apoio a Israel se tornará incondicional.

Às vezes, me deparo com artigos evangélicos de embrulhar o estômago. Recentemente, assisti a alguns vídeos a respeito da posição do rabino sionista Eliyahu Mali sobre os bombardeios na Faixa de Gaza. Ele defendia a morte de mulheres e crianças usando como referência o texto bíblico em que os amalequitas foram destinados ao extermínio por Deus (em uma ordem dada a Saul): "Agora vão, ataquem os amalequitas e consagrem ao Senhor para destruição tudo o que lhes pertence. Não os poupem; matem homens, mulheres, crianças, recém-nascidos, bois, ovelhas, camelos e jumentos" (1Samuel 15:3). A aplicação desse texto à situação em Gaza constrangeu comunidades judaicas, mas não necessariamente alguns evangélicos. Para eles, há um espírito anti-Israel presente entre determinadas etnias desde os tempos bíblicos, que segue atuando até os dias de hoje. O texto citado para justificar essa ideia é Deuteronômio: "Lembrem-se do que os amalequitas lhes fizeram no caminho, quando vocês saíram do Egito. [...] vocês farão que os amalequitas sejam esquecidos debaixo do céu. Não se esqueçam" (Deuteronômio 25:17,19). O que ocorre é basicamente um anacronismo: o texto, que era originalmente uma ordem específica relativa a um povo hostil da Antiguidade, é transformado em metáfora e passa a ser um "espírito de Amaleque", um ódio permanente contra os judeus ao longo da história. Mas há algo pior: é forjada uma ligação genética dos palestinos com os amalequitas, ou seja, os habitantes palestinos da faixa de Gaza seriam seus descendentes diretos.

O anacronismo é tão evidente que nem geograficamente os amalequitas correspondem à Faixa de Gaza, que era habitada pelos filisteus nos tempos bíblicos – outra etnia que não existe mais. Além disso, segundo a Bíblia, os amalequitas foram exterminados por Davi (1Samuel 30:1-20), e os últimos sobreviventes foram abatidos no tempo do rei Ezequias (1Crônicas 4:41-43).

O resultado prático desse tipo de concepção é este: assim como Moisés orava por Israel enquanto Josué lutava contra os amalequitas, o cristão deve orar por Israel enquanto o exército israelense bombardeia os palestinos. A batalha é espiritual do lado de cá e bem material do lado de lá. Não preciso dissertar sobre a crueldade dessa disposição, que chega a instrumentalizar a piedade cristã para fins políticos. Há realmente algo complicado no imaginário evangélico quando se trata do conflito entre Israel e a Palestina.

Os cristãos do Oriente Médio, a justiça e a evangelização

Infelizmente, como observa Marcos Amado, esse tipo de compreensão da realidade da Palestina, que associa inimigos do Israel bíblico aos atuais inimigos do Estado de Israel e demoniza os palestinos, é comum entre muitos evangélicos.[22] O resultado é um efeito negativo em um lugar inesperado: o relacionamento das igrejas cristãs do Oriente Médio com os muçulmanos de seu entorno. Isso produz uma crença local da atitude injusta dos cristãos, torna-se um obstáculo à evangelização e afeta a situação política das igrejas em sua pátria.[23] Ou seja, os cristãos árabes são profundamente impactados pela postura dos evangélicos ocidentais perante o mundo muçulmano, tanto na evangelização quanto no diálogo religioso e na possibilidade de coexistência. Nossos irmãos do Oriente Médio sentem essa unilateralidade com muita intensidade, e os resultados são desastrosos. Por isso, o Conselho das Igrejas do Oriente Médio (que representa cristãos católicos, ortodoxos, orientais e protestantes) tem reiterado sua

---

22 AMADO, Marcos. *Israel, Armagedom e os árabes palestinos: como o dispensacionalismo evangélico radical contribui para a falta de paz no Oriente Médio, dificulta a obra missionária cristã e afeta a vida da Igreja na região*. São Paulo: SEPAL, 2019, p. 47.

23 AMADO, *Israel, Armagedom e os árabes palestinos*, p. 50-1.

preocupação pelo fato de o evangelho ser identificado com uma "ideologia de sucesso e militarismo", com ênfase nos acontecimentos do fim da história, em vez de viver o amor e a justiça de Cristo hoje.[24] A questão do amor e da justiça é um ponto fundamental para redimir os efeitos do falso imaginário, levantados por Marcos Amado.

Em primeiro lugar, as crenças dos evangélicos a respeito dos palestinos e árabes em geral afetam fortemente a maneira como os muçulmanos veem os cristãos, levando-os a acreditar que uma nova cruzada está sendo levantada contra o Islã. As Cruzadas, somadas ao século de imperialismo europeu no Oriente Médio, marcaram profundamente a memória coletiva do mundo muçulmano. Além disso, eles não compreendem como é possível concordar até mesmo com as injustiças praticadas pelo Estado de Israel contra os palestinos. Este é um aviso importante para os evangélicos apoiadores de Israel: se realmente acreditam que o apoio não pode ser incondicional, a crítica aos pecados precisa aparecer, e há base bíblica para isso. A *Torá* apresenta leis que condicionam o uso da terra à prática da justiça tanto aos naturais da terra quanto aos estrangeiros, bem como a advertência dos profetas aos reis que transgrediram essas leis. E se o palestino for considerado um "estrangeiro" segundo os parâmetros de sua interpretação, então ele também tem direitos. Voltarei à questão no próximo capítulo.

Em segundo lugar, para além do problema humanitário há o fato de que a postura anti-islâmica se torna um sério obstáculo à evangelização dos árabes. Em vez de ensinar a igreja a amar os árabes e lhes levar o evangelho, os evangélicos ocidentais os ensinam a ter medo dos muçulmanos e a ajudar Israel a se defender deles. A igreja deixa de ser proclamadora do evangelho do perdão e da reconciliação para ser vista pelos vizinhos como a ponta de lança do imperialismo ocidental (para usar o conceito de Said). A percepção da injustiça promovida em determinados momentos pelos governantes do Estado de Israel e apoiada por cristãos do mundo inteiro torna-se um entrave à evan-

24 CHAPMAN, *De quem é a terra santa?*, p. 362.

gelização dos palestinos e dos árabes em geral.[25] Quem irá seguir um Jesus que apoia incondicionalmente um país só porque seus cidadãos nasceram na família certa?

Em terceiro lugar, há o desgaste ainda maior das igrejas no Oriente Médio, pois os cristãos árabes passam a ser vistos como agentes do sionismo e são ainda mais castigados pelos governos dos países muçulmanos em que vivem. As possibilidades de diálogo com a maioria muçulmana de seu entorno fica extremamente limitada. E mais: a postura incondicional de um lado impossibilita o trabalho do verdadeiro pacificador. Apresentar a paz de Cristo em meio às bombas despejadas por Israel com o financiamento de nações autoproclamadas cristãs é uma contradição insuperável. Não ouso imaginar o que eu faria no lugar desses irmãos. Seria muito frívolo sugerir algo enquanto estou sentado diante do computador, no conforto de meu apartamento na Ilha de Santa Catarina.

Um relacionamento conveniente e ambíguo

Voltemos agora ao nosso assunto principal: a compreensão do relacionamento entre judeus e evangélicos. É bem comum a menção à pluralidade do universo religioso dos brasileiros, o que é especialmente evidente no contexto evangélico. O mesmo se aplica ao judaísmo. O desenvolvimento histórico da diáspora judaica levou à consolidação de diversos judaísmos e, no mundo contemporâneo, a diversas formas de ser e de se identificar como judeu. Dentro dessa colossal cultura, é possível encontrar judeus ultraortodoxos e ateus, pessoas preocupadas seriamente com questões religiosas e outras absolutamente laicas, conservadores e progressistas (em se tratando de concepções políticas). Como qualquer Estado nacional, Israel é um país portador de imensa pluralidade.[26]

25 A relação com a injustiça me pareceu bastante evidente no conflito de Israel com o Hamas em 2023 e 2024. Para os sionistas cristãos, todas as informações fornecidas pelo Ministério da Saúde de Gaza eram consideradas falsas *a priori*; e todas as informações fornecidas pelo Ministério da Defesa de Israel eram consideradas verdadeiras *a priori*. Que se duvide de médicos sob controle dos terroristas, tudo bem; mas qual o critério para não duvidar das informações fornecidas por um governo em guerra?

26 Você pode conhecer um pouco da história do judaísmo e da formação do Estado de Israel na segunda parte do meu livro *Nós e a Bíblia*.

No entanto, a pluralidade do judaísmo é desconhecida – ou pelo menos ignorada – por grande parte dos evangélicos brasileiros. Essa conclusão foi bastante clara entre todos os entrevistados. Poucos evangélicos no Brasil se relacionam verdadeiramente com o mundo judeu. Essa é, por exemplo, a percepção do cientista político Igor Sabino, que tem pesquisado a questão judaica do antissemitismo e defendido a causa do novo sionismo cristão. Para ele, a maioria dos evangélicos que expressam de forma sincera seu amor por Israel jamais conversou com um judeu.[27]

Esse entendimento é ainda mais sensível na experiência da antropóloga Sonia Bloomfield Ramagem, que trabalhou por muitos anos na seção cultural da Embaixada de Israel no Brasil. O fato de ela atuar na recepção rendeu-lhe uma boa experiência quanto às expectativas evangélicas com relação a Israel e aos judeus em geral. O que Ramagem descobriu foi que os pentecostais brasileiros percebem os judeus como entidades míticas, não como seres reais em um Estado moderno. O Israel que os pentecostais amam e com o qual se identificam é um Israel idealizado, parecido com o descrito na Bíblia. Além disso, eles identificam as próprias lutas com os sofrimentos de Israel ao longo da história.[28] Os evangélicos com quem ela interagia ficavam surpresos pelo fato de ela não estar usando "aquelas roupas" – longas túnicas, mantos e véus associados às figuras bíblicas –, além de manifestar estranhamento com o comportamento moderno por parte dos judeus em geral. Para Ramagem, foi fácil perceber que o Israel procurado pelos pentecostais não é aquele encontrado na embaixada, onde os homens usam terno e as mulheres usam saias ou calças, ou o Israel dos folhetos turísticos ali distribuídos. O Israel dos evangélicos não é o Estado de Israel, mas uma Terra Santa atemporal. Por isso, muitos visitantes se decepcionam e deixam de frequentar os espaços judaicos. Ou seja, o Estado de Israel existente não pode ser o verdadeiro Israel, pois este deveria ser um Estado santo e diferente dos demais países.

27 SABINO, *Por amor aos patriarcas*, p. 23.
28 RAMAGEM, Sonia Bloomfield. Jews as Perceived by Neo-Evangelicals in Brazil. In: *Judaica Latinoamericana*. Jerusalém: Universidad Hebrea, 2001, p. 235-49.

Em resumo, os judeus encontrados pelos evangélicos simplesmente não estavam em consonância com as ideias de como um judeu deveria ser.[29]

A virtual separação entre o universo judaico e o universo evangélico é muito clara no contexto brasileiro, mas não é uma exclusividade daqui. É um fato presente também em outras partes do mundo, por questões históricas, como veremos a seguir.

Um distanciamento histórico

A distância entre judeus e evangélicos e o consequente desconhecimento destes com relação àqueles têm razão histórica. Os judaísmos e os cristianismos trilharam caminhos hermenêuticos distintos durante dois milênios. A própria teologia e o comportamento cristão produziram animosidade e até mesmo violência contra os judeus. Hoje, a situação mudou bastante, mas a separação permanece marcada por certa indiferença. O historiador e teólogo Justo González traz uma reflexão interessante a respeito da relação atual entre judeus e cristãos no mundo:

> Infelizmente, as velhas controvérsias entre cristãos e judeus, em que cada grupo procurava estabelecer uma identidade própria em oposição ao outro, envenenaram o que deveriam ter sido relações estreitas entre ambas as religiões e continuaram envenenando-as por muito tempo após as primeiras circunstâncias do debate terem mudado.[30]

González lamenta duas situações contemporâneas resultantes de séculos de animosidade cristã. Primeira: o preconceito de certa teologia cristã contra os judeus, que os acusa de terem crucificado o Cristo e serem rejeitados por Deus, contribuiu até mesmo para o nazismo justificar o holocausto judaico no século 20. Segunda: o fato de que hoje há cristãos com preconceitos semelhantes, embora estranhamente apoiadores do judaísmo e do Estado de Israel. Para González, esses cristãos seriam na verdade antissemitas, pois creem que Deus não ouve as orações dos judeus. Seu apoio, nesse caso, não se dá por empatia, mas por estarem convencidos de que a volta de Cristo e a

29 RAMAGEM, Jews as Perceived by Neo-Evangelicals in Brazil, p. 246-7.
30 GONZÁLEZ, Justo L. *Uma breve história das doutrinas cristãs*. São Paulo: Hagnos, 2015, p. 39.

restauração de Israel demonstrarão quanto os judeus estavam errados e eram infiéis, e eles, certos.[31] Por isso, para González, o discurso apaixonado dos evangélicos por Israel está envolto em ambiguidade, o que também é percebido por Shalom Goldman:

> Para os observadores do sionismo cristão evangélico fundamentalista de hoje, essa ambivalência gritante com relação aos judeus, uma ambivalência ainda evidente nos escritos e sermões de alguns dos pregadores fundamentalistas americanos de hoje, é preocupante. Apesar da defesa apaixonada e altamente organizada dos defensores do sionismo cristão fundamentalista, muitos na comunidade judaica americana ainda não estão certos a respeito das implicações religiosas e políticas do apoio fundamentalista a Israel [...].[32]

Diante dessa desconfiança, é bastante compreensível que a aproximação entre os movimentos do sionismo judaico e do sionismo cristão seja tímida e problemática. Yaakov Ariel aponta para o fato de que as historiografias dos dois movimentos caminharam paralelamente, mas com poucas menções umas às outras. Houve até um esforço conjunto no contexto dos Estados Unidos, com oferta de apoio mútuo após a virada do século 20, quando a presença judaica na Palestina aumentou, enquanto entre os cristãos conservadores crescia a sensação de que sua interpretação da Bíblia e do desenrolar da história estava correta.[33] Entretanto, os dois tipos de sionismo revelam intencionalidades completamente distintas: enquanto o sionismo cristão tinha motivações essencialmente religiosas, com componentes bíblicos e messiânicos, o sionismo judaico era basicamente secular (embora apresentando componentes messiânicos de tipo político). Ambos os movimentos, com motivações e origens distintas, estiveram conectados extraoficialmente, oferecendo legitimação e suporte recíprocos. O sucesso da empreitada sionista no Estado de Israel garantiu aos evangélicos nos Estados Unidos a certeza de que a história acontecia de acordo com suas expectativas. Já os sionistas judeus recebiam esse apoio com satisfação, embora não compreendessem exatamente a razão desse encantamen-

31 GONZÁLEZ, *Uma breve história das doutrinas cristãs*, p. 43.
32 GOLDMAN, *Zeal for Zion*, p. 39.
33 ARIEL, Yaakov. Zionism in America. *Oxford Research Encyclopedias*, Religion, 2017. Disponível em: https://doi.org/10.1093/acrefore/9780199340378.013.434, p. 2.

to evangélico. As interações entre sionistas judeus e sionistas cristãos, porém, eram como um "casamento por conveniência", em que ambas as partes não eram totalmente "apaixonadas" pela outra, fazendo uso recíproco como instrumento para alcançar os próprios objetivos. Atualmente, a relação entre ambos, nos Estados Unidos, é mais próxima, mas ainda se trata de um relacionamento condicional, dependendo de como as atitudes de seu parceiro concordam com os próprios interesses – ou discordam deles.[34]

Além disso, a busca por apoio também pode acabar produzindo ajustes na tônica do discurso dos próprios sionistas entre os judeus. É o que aponta Goldman: antes dos anos 1940, os sionistas cristãos consideravam os judeus ortodoxos interlocutores mais confiáveis que os judeus seculares – afinal, a "secularização" de um judeu não fazia sentido para os evangélicos, assim como não faz sentido falar de um "cristão secular". Depois de meados do século 20, a influência dos religiosos evangélicos na política externa dos Estados Unidos aumentou, levando as organizações sionistas judaicas, que antes tinham orientação completamente secular, a abraçar uma apresentação um tanto mais religiosa, embora não acreditassem em nada daquilo.[35]

As adaptações dos discursos para tonalidades mais religiosas, com frases bíblicas e argumentos do tipo teológico, são típicas de um relacionamento de conveniência, orientado pela eficiência do discurso no campo político.

Um judeu à imagem e à semelhança do evangélico

Minha conclusão a respeito do relacionamento entre judeus e evangélicos no Brasil não é das mais animadoras. Não há contato entre as comunidades, tampouco conhecimento mútuo maior que o que se lê ou se ouve falar do outro. Assim, o judeu que o evangélico conhece e admira está basicamente em seu imaginário. O judeu alvo da paixão do evangélico é um judeu adequado às suas expectativas, enquadrado na identidade narrativa de sua igreja. No caso da paixão milenista,

34 ARIEL, Zionism in America, p. 21.
35 GOLDMAN, *Zeal for Zion*, p. 301.

o interesse é especialmente pelo judeu que ocupa a Terra Santa e, principalmente, pelo judeu que se converte a Jesus. Esse é um ponto sensível, como verificado nas entrevistas dos representantes do judaísmo e atestado pelo historiador Martin Goodman. Segundo ele, as maiores suspeitas dos judeus da diáspora têm sido com relação aos judeus étnicos convertidos ao cristianismo, os quais afirmam que aceitaram Jesus como o Messias e se tornaram o cumprimento maior do judaísmo.[36]

No caso da paixão mimética, o foco está no fator simbólico, em que as tradições judaicas também se encaixam em sua identidade narrativa. Em casos tais, como já observei, prevalecem os elementos que lhes interessam, descartando o restante como refugo indesejado. Segundo o sociólogo Michel Gherman, há um processo de "santificação" do povo e do Estado de Israel nas igrejas pentecostais, que veem certa propriedade mágica em seus símbolos e objetos culturais. O evangélico assume uma nova identidade, que se aproximaria da imagem dos judeus e de Israel. Eles se sentem parte do "Povo Escolhido" e do imaginário do Reino de Israel, do qual são sujeitos.[37] De acordo com essa nova configuração identitária, os pentecostais também converteriam os judeus modernos e o Estado de Israel contemporâneo à sua perspectiva bíblica. Como Gherman conclui, "o uso de objetos religiosos judaicos é visto como parte de um processo de 'autoconversão e conversão do outro'".[38] Em outras palavras, você se imagina como o judeu e imagina o judeu como você.

Esse tipo de comportamento foi verificado *in loco*. Gherman, ao pesquisar duas igrejas pentecostais fundadas por brasileiros em Jerusalém, deparou com uma situação contraditória: os judeus que participa-

36 Segundo Goodman, o exemplo principal dessa linha é o grupo Jews for Jesus, uma missão para a comunidade judaica que tem promovido um tipo de judaísmo messiânico. GOODMAN, *A história do judaísmo*, p. 610.

37 Segundo a abordagem de Sonia Ramagem citada por Michel Gherman. GHERMAN, Michel. Deus e Diabo na Terra Santa: Pentecostalismo brasileiro em Israel. *WebMosaica*, Revista do Instituto Cultural Judaico Marc Chagall, v. 1, n. 1, jan.-jun. 2009. Disponível em: https://seer.ufrgs.br/webmosaica/article/view/9767, p. 58.

38 GHERMAN, Deus e o Diabo na Terra Santa, p. 59. Michel Gherman escreveu um livro aprofundando a conversão política exercida pela extrema-direita no Brasil para com a figura do judeu, que levou à construção de um imaginário político que isolava os judeus de esquerda e passou a exercer uma colonização do judaísmo. Os não judeus em espaços de poder passaram a definir o que seria um pertencimento judaico correto e aceitável. Isso se trataria, basicamente, de um antissemitismo filossemita. GHERMAN, Michel. *O não judeu judeu: a tentativa de colonização do judaísmo pelo bolsonarismo*. São Paulo: Fósforo, 2022.

vam dos cultos (especialmente os não convertidos) eram estranhados pelos membros das igrejas.[39] Os pentecostais, ao chegar a Israel e ver o Israel real, começaram a demonstrar algumas atitudes antissemitas – fato especialmente visível em comentários depreciativos dos imigrantes evangélicos a respeito da "sovinice" judaica. Estabeleceu-se então uma situação curiosamente contraditória: as igrejas apoiavam o Estado de Israel, mas sofriam diversas restrições desse mesmo Estado em sua tentativa de legalizar uma comunidade em Jerusalém. A adaptação dos crentes brasileiros em Israel ficava, portanto, incompleta.[40] E essa idealização, quando não correspondida, pode gerar uma decepção que conduz a um sentimento oposto – ou à ambiguidade de nutrir ao mesmo tempo a paixão pelos judeus e a aversão aos judeus.

Apaixonado por Israel, mas antissemita?

O desconhecimento da real pluralidade de Israel pode resultar em um problema ainda mais grave. O evangélico "apaixonado" por Israel pode esconder um antissemitismo inconsciente pelo fato de o alvo de sua paixão não ser uma pessoa real, e sim uma idealização produzida a partir de si mesmo. Por isso, a ambiguidade paira no relacionamento. O caso brasileiro é exemplar, o que foi percebido por Igor Sabino. O presidente Bolsonaro assumiu uma postura pró-Israel no início de seu mandato para agradar ao seu vasto eleitorado evangélico. Chegou a anunciar, como promessa de campanha, que transferiria a embaixada brasileira para Jerusalém. Entretanto, sua administração foi marcada por uma série de mal-entendidos, com direito a manifestações com aparência antissemita: a relativização do Holocausto por parte do chanceler Ernesto Araújo (equiparando o Holocausto às estratégias de saúde pública no combate à Covid-19); a publicação do desastrado vídeo do ex-Secretário Nacional de Cultura Roberto Alvim, com paráfrases do nazista Joseph Goebbels; a campanha da Secretaria Especial de Comunicação Social da República (SeCom), que utilizou

39 GHERMAN, Deus e o Diabo na Terra Santa, p. 64.

40 Tal situação revelava também problemas da sociedade "etnonacional" de Israel, na qual nem identidades políticas, tampouco religiosas, garantem adaptação completa. GHERMAN, Deus e o Diabo na Terra Santa, p. 70.

o slogan "O trabalho nos libertará" (expressão usada pela Alemanha nazista nos portões dos campos de concentração). Como aponta Sabino, esses fatos não apontam para o antissemitismo, mas podem estar relacionados com certa afinidade ideológica do governo com setores de extrema-direita – que são, de fato, antissemitas.[41]

Mesmo no apoio político explícito ao Estado de Israel, podem estar escondidos sentimentos ou mesmo atitudes antissemitas. Essa ambiguidade dos evangélicos foi denominada **alossemitismo** por Sygmunt Bauman,[42] um conceito de percepção do "outro" que englobaria tanto as atitudes positivas do filossemitismo como as negativas do antissemitismo, pois significaria separar os judeus como pessoas radicalmente diferentes de outros seres humanos, sendo necessário elaborar conceitos especiais e distintos para descrevê-los e compreendê-los. Essa paixão por Israel, segundo a tese de Bauman, teria uma disposição alossemítica, com toda a sua ambiguidade.[43]

Como aponta Yaakov Ariel, a atitude dos sionistas cristãos nem sempre foi afirmativa para com os judeus. Opiniões pessoais muitas vezes expressavam um lado sombrio. Personalidades do sionismo cristão do início do século 20 acusavam os judeus liberais e socialistas de terem abandonado o judaísmo e de serem responsáveis – sem se filiar ao sionismo nem ao cristianismo – por produzir os movimentos de reforma social e política que destruíram a sociedade ocidental. Esses judeus eram referidos como apóstatas ou infiéis, e Arno Gaebelein chegou a afirmar que "não há nada tão vil na terra como um judeu apóstata". Os judeus, por serem o povo de Deus, teriam então um potencial destrutivo muito maior, sendo responsáveis pela criação do comunismo, grande fantasma da primeira metade do século.[44]

---

41 SABINO, *Por amor aos patriarcas*, p. 89-95.
42 O prefixo "alo" significa "outro" e está relacionado com "alocentrismo", a tendência de fazer do outro o foco de seu interesse. No caso do alossemitismo, seria a tendência de o evangélico fazer do judeu o centro de seus interesses.
43 Segundo CARPENEDO, *Becoming Jewish, Believing in Jesus*, p. 253.
44 ARIEL, An Unusual Relationship, p. 145-6.

Por isso, a paixão por Israel é permeada de ambiguidades. Concluo reiterando a percepção de que o discurso evangélico sobre os judeus fixou uma imagem que não é, necessariamente, a do povo de Israel como ele de fato é.

+++

Resumindo minhas conclusões: o relacionamento entre as comunidades judaicas e evangélicas, especialmente no Brasil, continua tão distante quanto sempre foi. Os evangélicos não conhecem os judeus reais nem a complexidade do Israel contemporâneo, e construíram para si um Israel imaginado à imagem e à semelhança de sua hermenêutica e de sua identidade. Assim, sua paixão e seu apoio são marcados pela ambiguidade e, por isso mesmo, são recebidos pelas autoridades judaicas e israelenses pela via da conveniência política ou ideológica.

7
AMOR

Ao longo deste livro, analisei o fenômeno da paixão por Israel. Tentei relacionar as atitudes dos evangélicos a duas motivações fundamentais. Primeira: uma paixão milenista, que se manifesta na concepção de um reino de Deus ainda não realizado. Nela, a expectativa está posta no futuro, observando e apoiando Israel para a volta de Cristo. Segunda: uma paixão mimética, que emerge da ideia do reino de Deus já realizado. Nessa perspectiva, ganha proeminência a experiência do presente, compartilhando com Israel seus símbolos como a manifestação visível e litúrgica do reino de Deus.

Enfim, independentemente da vertente adotada – e muitas vezes as duas operam juntas –, a paixão por Israel e suas implicações são uma realidade inegável e irremediável no contexto evangélico do Brasil. O resultado político é o sionismo cristão, o engajamento dos evangélicos a favor do Estado de Israel. E, em se tratando de apoiar os judeus em seu empreendimento nacionalista, acabamos entrando nas águas turvas do diálogo entre as religiões e da religião com a política. Pois é exatamente nesse ponto que emerge um grande problema: não existe relacionamento entre as comunidades judaicas e evangélicas no Brasil.

Os evangélicos simplesmente não conhecem o universo judaico.[1] Seu olhar sobre os judeus chega por vias indiretas, fazendo com que a imagem moldada corresponda muito mais às próprias expectativas que à realidade de Israel. O Israel pelo qual os evangélicos se apaixonaram é um espelho, não o Israel real. É um Israel imaginário.

Tenho exposto muito sobre metáforas. Para ilustrar minha reflexão neste capítulo, tomarei outra: a do amor. Em geral, afirma-se que os namorados se apaixonam e se casam, e o que vem a seguir, que sustenta o casamento até que a morte os separe, não é a paixão, mas o amor, e há uma maturidade neste que a paixão não pode expressar. Vamos refletir, então, sobre a maior das virtudes.

O amor como perspectiva do reino de Deus

O amor é simplesmente o cerne da fé cristã. Deus amou o mundo pecaminoso e Cristo morreu pelos ímpios (João 3:16; Romanos 5:6), razão pela qual os discípulos de Jesus devem também amar o próximo como a si mesmos (Mateus 22:37-39).[2] Não preciso me alongar muito sobre o amor na tradição cristã. Se você fizer uma busca pela palavra "amor" em uma Bíblia virtual, logo entenderá sua centralidade, pela imensa quantidade de verbetes que encontrará tanto no Antigo quanto no Novo Testamento.

O amor é tão importante que está vinculado ao próprio Deus. Claro, o inverso não é válido – o amor não é Deus. Isso seria idolatria, como adorar Afrodite. Mas Deus é amor (1João 4:16). Como John Goldingay demonstra, o caráter de Deus é marcadamente o amor: Deus é aquele que ama, que age em juízo, mas o exerce por meio do corolário de seu amor, enviando Jesus como expressão de misericórdia. "Expiação" é o que Deus faz ao "transmutar culpa humana em sofrimento divino".[3] Da mesma forma, Deus nos convida a participar

1 Arrisco dizer que o mesmo acontece em sentido inverso: os judeus só conhecem os evangélicos pelo estereótipo.
2 VOLF, Miroslav. *Uma fé pública: como o cristão pode contribuir para o bem comum.* São Paulo: Mundo Cristão, 2018, p. 158.
3 GOLDINGAY, *Teologia bíblica*, p. 23-5.

dessa dimensão do amor que é, antes de tudo, a antecipação no presente daquilo que será realidade plena na vinda de seu reino. Voltamos, portanto, à escatologia.

A primeira carta de Paulo aos Coríntios apresenta o mais importante texto bíblico sobre o amor (1Coríntios 13). Se não for o mais importante, certamente é o mais conhecido. Após esclarecer sobre os dons espirituais da igreja, Paulo passa a discorrer sobre "um caminho ainda mais excelente". Essa perícope está dividida em três partes: a primeira apresenta o amor como algo absolutamente vital, o fundamento de tudo; a parte central descreve o amor em palavras memoráveis e desafiadoras; a parte final o defende como o que permanecerá no novo mundo que Deus trará à existência.[4]

Na abertura, Paulo demonstra que qualquer ato realizado pelo cristão ao cumprir os mandamentos divinos (tanto com experiências carismáticas quanto no empenho da ortodoxia) é absolutamente vazio se não for marcado pelo amor (1Coríntios 13:1-3). É possível receber dons espirituais e usá-los apenas em benefício de si mesmo; é possível conhecer profundamente a doutrina sem ser tocado pela piedade; é possível ser caridoso e empenhado na obra social sem sentir um pingo de misericórdia pelo sofredor; é possível entregar o corpo ao martírio para demonstrar orgulhosa fidelidade. Nada disso, porém, tem valor sem a motivação primeira e única do amor.

Na parte central, o amor é descrito na potência literária de Paulo (1Coríntios 13:4-7). Talvez sejam as palavras mais impactantes já escritas sobre a suprema virtude. Paulo descreve o amor em uma sequência de quinze verbos. Não há ênfase em descrições abstratas, mas nas ações que provoca. O amor é paciente, pois restringe a ira e preserva a paz; é bondoso, pois tem a atenção direcionada para o benefício do outro. O amor não sente inveja, porque renuncia ao egocentrismo; não se vangloria nem se orgulha, pois jamais se ufana das próprias virtudes. O amor não maltrata; não procura os próprios interesses; não se ira facilmente; não guarda rancor, pois libera o perdão. O amor jamais se

4 WRIGHT, Nicholas Thomas. *Paulo para todos: 1 Coríntios*. Rio de Janeiro: Thomas Nelson Brasil, 2020, p. 200-1.

alegra com a injustiça, mesmo que sofrida pelo inimigo, mas se alegra com a verdade, pois ela procede de Deus. O amor tudo sofre, tudo crê, tudo espera e tudo suporta, porque reflete o próprio amor e o poder de Deus.

A parte final explica por que o amor é tão importante (1Coríntios 13:8-13). Ele não morre porque pertence a outro tempo: é a expressão do próprio reino de Deus que virá. Nesse novo mundo, não haverá necessidade de línguas, profecias ou conhecimento especial. Esses são valores que pertencem ao momento presente e têm prazo de validade. Três coisas na experiência cristã apontam para o futuro: a fé, que nos conduz à eternidade; a esperança, que olha para o que Deus ainda fará; o amor, que é conhecer Deus como somos conhecidos por ele. O amor é o maior das três, porque a fé e a esperança também terão fim, serão desnecessárias na consumação de todas as coisas. O amor, porém, permanecerá, e ele já está ativo e acessível hoje. "O amor é o rio de Deus fluindo para o futuro".[5]

O amor é um critério hermenêutico. A forma como interpretamos os textos bíblicos deve ser marcada pelo amor. Santo Agostinho apresentou a ideia radical de que, se a interpretação de um texto edificou o amor, mesmo que não tenha sido muito feliz ao trazer à tona o pensamento original do autor, não houve erro ou mentira.[6] Essa ideia é inconcebível para a hermenêutica contemporânea. Entretanto, como afirma Anne-Marie Pelletier, "a caridade supera os limites da pesquisa que ela constitui, na verdade, em seu verdadeiro horizonte". Assim, o melhor sentido de uma interpretação é prático e invocando o agir do leitor, que é, em última instância, o amor. Amar a Deus e amar o irmão: essa é a perfeição da vida. Por isso, pela relação com o próximo, a perfeição do amor caminha de mãos dadas com a humildade.[7]

Dessa humildade, deriva a obrigatoriedade do amor no relacionamento com aqueles com quem debatemos nossas diferenças teológicas ou políticas. Costumo classificar minha posição sobre as convicções

---

5 WRIGHT, *Paulo para todos: 1 Coríntios*, p. 204-5.
6 AGOSTINHO. *A doutrina cristã: manual de exegese e formação cristã*. São Paulo: Paulus, 2002. [Patrística, 17.] Livro I, XXXVI, p. 40.
7 PELLETIER, *Bíblia e hermenêutica hoje*, p. 189-90.

que assumo como navegando na **humildade epistemológica**, ou seja, mantendo a consciência constante de que simplesmente posso estar errado, o que me dá condições de manter meu ego – de tendência inflacionária – em seu devido lugar.

Portanto, nesse sentido, minha proposta aos apaixonados por Israel é que deixem um pouco de lado essa paixão avassaladora e incondicional e amadureçam para um amor mais reflexivo e, por isso mesmo, mais profundo.

Há um jeito certo de defender a fé

Nos capítulos de 3 a 5, fiz o levantamento de diversas maneiras pelas quais os evangélicos se relacionam com a Bíblia, os judeus e o atual Estado de Israel. Trata-se de um campo minado, no qual ocorre muita divergência entre as mais diversas escolas interpretativas. Os dispensacionalistas acusam outras linhas escatológicas, as quais, por sua vez, ridicularizam os dispensacionalistas; os grupos restauracionistas acusam o cristianismo histórico de paganização, enquanto estes os acusam de judaizar a fé cristã; as pessoas empenhadas na evangelização dos judeus acusam outros sionistas cristãos de condenar o povo israelense ao inferno por rejeitar o proselitismo – e segue a desavença. A forma de debatermos nossas convicções me incomoda, o que me leva, inclusive, a me retirar de qualquer debate. Não há ouvidos para ouvir, apenas bocas para gritar. Por isso, gostaria de trazer o tema do debate público dos evangélicos. Penso que há um jeito certo de defender a fé, e abordei essa postura em um artigo publicado na revista *Unus Mundus*, da ABC2, que reproduzo a seguir.[8]

A tradição teológica cristã é profundamente devedora aos apologistas. Foi o movimento apologético dos primeiros séculos que deu origem a uma teologia cristã mais robusta, uma vez que era necessário defender a fé de acusações no contexto do Império Romano. "*Apologia*

8 Esta seção é uma adaptação do artigo escrito para a revista *Unus Mundus*, da Academia Brasileira de Cristãos na Ciência. Pode ser conferido em REINKE, André Daniel. Apologia: tem jeito certo de defender a fé. *Revista Unus Mundus*. Disponível em: https://unusmundus.academiaabc2.org.br/apologia-tem-jeito-certo-de-defender-a-fe.

significa resposta ou pergunta ao juiz de um tribunal, da parte do acusado", como explica Tillich.[9] Grandes expoentes dos primeiros séculos defenderam a validade da fé cristã para os "de fora" da igreja, mas também deram início ao debate que viria a ser concretizado nas doutrinas para os "de dentro", protegendo a substância da mensagem bíblica.[10]

A defesa pública da fé e a formulação de doutrinas são necessárias à saúde da igreja e estão encravadas no coração da tradição cristã.

Entretanto, não foram apenas nossas palavras que repercutiram no mundo; nossos atos foram ainda mais eloquentes. Nesse sentido, a história da igreja tem sido um discurso contraditório. Protestantes – e me enquadro entre eles – têm poucas reservas em acusar católicos pela Inquisição ou pelas Cruzadas, mas raramente reconhecem os próprios pecados, como na terrível perseguição propagada contra os anabatistas durante o século 16, que provavelmente produziu mais mártires (pelos próprios cristãos!) que sob a perseguição romana nos três primeiros séculos do cristianismo.[11] As instituições cristãs não só promoveram violência contra os cristãos de outras vertentes teológicas, como também os populares protestantes e católicos foram extremamente agressivos, não apenas destruindo objetos litúrgicos, mas também ceifando muitas vidas – como nos lamentáveis episódios ocorridos na França na década de 1560, que culminou no massacre da Noite de São Bartolomeu, em 1572.[12]

A virulência dos cristãos no debate público da fé muitas vezes descambou para a violência física propriamente dita. Infelizmente, não sinto que tenhamos melhorado com relação aos nossos predecessores, embora não estejamos mais acendendo piras para queimar hereges. No entanto, vemos pessoas piedosas entrincheiradas em suas posições teológicas lançando granadas morais contra seus opositores, em uma situação agravada sensivelmente pelo advento das redes sociais.

---

9 TILLICH, *História do pensamento cristão*, 2015, p. 44.

10 TILLICH, *História do pensamento cristão*, p. 21.

11 GONZÁLES, *História ilustrada do cristianismo*, p. 60.

12 DAVIS, Natalie Zemon. *Culturas do povo: sociedade e cultura no início da França moderna: oito ensaios*. Rio de Janeiro: Paz e Terra, 1990, p. 129-56.

Enfim, se a apologia se faz necessária, e a preservação da doutrina é uma demanda, existe algo a respeito da **forma** de fazer tal defesa, sobre a qual precisamos refletir. Se a história não nos fornece bons exemplos, busquemos orientação na Bíblia.

A questão da verdade

Jesus afirmou a Pilatos que veio ao mundo para dar testemunho da verdade e que os que pertencem à verdade o reconheceriam. A resposta de Pilatos foi uma pergunta: "Que é a verdade?" (João 18:37-38). Como afirma o teólogo Ênio Mueller, embora Pilatos tenha feito uma pergunta fundamental, "para Jesus, *estar* na verdade é a condição para *conhecer* a verdade".[13] Esse episódio demonstra dois níveis complementares de entendimento da verdade: como conhecimento e como existência. O primeiro está no nível mais superficial, cognitivo, das proposições formuladas em palavras escritas ou orais, em que a verdade é entendida como exatidão nas formulações. O segundo está no nível profundo, do inconsciente, das estruturas subterrâneas que orientam nosso pensamento, organizadas a partir de metáforas fundantes. Esse nível trata da dimensão existencial da verdade, e o equívoco tem sido justamente separar esses níveis.[14]

Teólogos têm definido a verdade mais ou menos em termos de **ortodoxia**, a ideia ou crença correta, para a qual importa aquilo em que se crê. Outros acrescentam a **ortopraxia**, ou seja, a prática correta dessa crença, para a qual importa o que se faz. Entretanto, nenhum desses tipos de "retidão" é reconhecido pelo Novo Testamento. É o que ocorre quando Paulo se defronta com o comportamento de Pedro e dos demais da comitiva de Jerusalém entre os crentes gentios em Antioquia (Gálatas 2:11-16). Ele os acusou de hipocrisia, pois não estavam seguindo corretamente o caminho da verdade. A palavra aqui é *orthopodéo* (ὀρθοποδέω), literalmente "andar retamente". Pedro não estava "andando de acordo com a verdade do evangelho" (Gálatas 2:14).

---

13 MUELLER, Enio R. *Teologia cristã: em poucas palavras*. São Paulo: Editora Teológica; São Leopoldo: Escola Superior de Teologia, 2005, p. 16.
14 MUELLER, *Teologia cristã*, p. 17-9.

Ou seja, o que norteia tanto a ortodoxia quanto a ortopraxia é a **ortopodia** do evangelho: a doutrina e a prática devem ser orientadas pela relação com "o caminho".[15]

Trata-se de uma reflexão que aprofunda a relação entre doutrina e santidade, ou entre fé e obras. Quando Jesus chamou alguns fariseus de "hipócritas", não estava criticando sua pregação nem suas boas obras, mas suas atitudes. Havia algo de incoerente em sua forma de vivenciar a verdade, uma vez que eles não eram "do caminho", como os primeiros seguidores de Jesus (Atos 9:2).

A questão do caminho

É significativo constatar que Paulo recorreu a uma metáfora para descrever a forma de viver e testemunhar o evangelho. "Não andar retamente" é estar em oposição a uma das afirmações mais desconcertantes do Novo Testamento: a de que Jesus é o Caminho, a Verdade e a Vida (João 14:6). A verdade é uma pessoa, Jesus, e nele estão o caminho a ser trilhado e a vida a ser vivida. Não se trata de uma verdade a se ter em mãos, dominada por pensamentos e ações, e sim de algo que está diante de nós e nos põe em movimento. É um jeito de andar e de viver que eventualmente chamamos "discipulado", que marca uma trajetória cujo destino é nossa transformação.[16]

Seguir um caminho é um ensino profundo, que adentra as regiões mais escondidas de nosso ser. Por isso, a forma bíblica de explicar essa relação é pela metáfora. A propriedade das metáforas é que, embora seus ensinos possam ser parcialmente abordados pela razão, sua atuação mais poderosa é no inconsciente. Como demonstra Northrop Frye, a metáfora não é apenas um ornamento, mas uma modalidade diretiva do pensamento. Por isso, Simão foi chamado "Pedro", porque ele seria a "pedra" sobre a qual Cristo construiria sua igreja (Mateus 16:18). Pela mesma razão, o pão e o vinho "são" o corpo e o sangue de Jesus (Mateus 26:26-28).[17]

---

15 MUELLER, *Teologia cristã*, p. 19-24.
16 MUELLER, *Teologia cristã*, p. 24-9.
17 FRYE, *O código dos códigos*, p. 80-3.

A metáfora é uma designação primeira que remete a outra coisa por "semelhança". Ela invoca símbolos profundos que nos provocam ações e reações, as quais emergem basicamente de nosso inconsciente. Vejamos um exemplo. Quando conto a alguém que conheci minha esposa em Gramado (RS), é comum o seguinte comentário: "Que lindo!". Mas por que seria lindo? Porque a própria cidade é uma metáfora do romantismo, um ideal socialmente construído ao longo de décadas de propaganda e ações turísticas. Dizer: "Ai, que lindo!" não é uma reação racional, mas instintiva, baseada na experiência pregressa de meu interlocutor.

As metáforas são importantes na comunicação, pois atuam no inconsciente, na percepção originária dos discursos. Por isso, a verdade do evangelho não é primeiramente uma proposição teórica nem um padrão de prática a ser adotado, mas um jeito de caminhar em ambos, marcado pelo amor. "Todos saberão que vocês são meus discípulos, se vocês se amarem uns aos outros" (João 13:35), ensinou Jesus. Por isso, a verdade das proposições racionais da Bíblia só pode ser verificada no nível das metáforas, na vivência do cristão com pessoas reais, nas situações cotidianas. Somos metáforas vivas do Evangelho: nosso ser não fala de nós, mas aponta para Cristo "por semelhança".

Em suma: Jesus tornou visível o Pai invisível; nós tornamos visível o Cristo hoje invisível.[18] Isso significa, em outras palavras, que nosso jeito de ser manifesta a transformação que o evangelho afirma produzir. Somos provas vivas da eficácia do evangelho.

A questão do testemunho

A igreja primitiva deu os primeiros passos em direção ao mundo gentílico, e essa ampliação de público aparece nas narrativas de Atos, cuja pregação se inicia em Jerusalém e chega a Roma. Os cristãos eram minoria, sem poder político ou social, e muitas vezes enfrentavam oposição por parte dos que os viam como um perigo para a ordem social.[19] Por isso, muito cedo os cristãos perceberam que haveria debates

18 Ouvi essa expressão certa vez, mas não consegui descobrir a autoria.
19 IRVIN e SUNQUIST, *História do movimento cristão mundial*, p. 76.

e confrontos em meio ao testemunho. Foi quando a apologia se fez necessária, como mencionei no início. Mesmo os apóstolos já viveram essa circunstância que se avizinhava, por isso nos legaram orientações. É deles que tomo as "dicas" listadas a seguir.

Antes de tudo, tenha respeito pelas crenças dos interlocutores. Foi essa a experiência do apóstolo Paulo. Por mais que estivesse indignado com a idolatria dos atenienses (Atos 17:16), ao apresentar a verdade de Cristo ele partiu do que lhes era elogiável, como o fato de serem muito religiosos, e dos pontos de contato, por adorarem o Deus verdadeiro sem nem mesmo se dar conta disso (Atos 17:22-23). Esse mesmo Paulo nos deu mais uma orientação ao aconselhar seu discípulo Timóteo a fugir das discussões inúteis e das polêmicas gratuitas (2Timóteo 2:14-16). O que os algoritmos fazem bombar nas redes sociais e produz muita interação – ou seja, polêmica – apenas traz prejuízo para quem ouve. Sendo assim, o servo de Cristo deve ser amável com todos e apto a ensinar com paciência e mansidão (2Timóteo 2:22-26).

Nossa vida no mundo é um celeiro de oportunidades, que só será bem aproveitado se dermos respostas adequadas em cada caso. Por isso, o conselho paulino é que nosso falar seja sempre amistoso e agradável, "temperado com sal" (Colossenses 4:5-6). Isso significa que fazemos apologia na relação de amizade e confiança, jamais no clima de discórdia de dois radicais defensores das próprias opiniões.

Apesar de todo o nosso empenho pela paz, seremos rejeitados e ofendidos às vezes por causa de nossas posições, e isso faz parte da trajetória cristã, como aconteceu com Cristo. Por isso, a orientação de Pedro é que você esteja disposto a sofrer afrontas sem abandonar o bem falar (1Pedro 3:13-17), sempre fazendo apologia de forma amável e respeitosa.

Enfim, todo esse comportamento nada mais é que o resultado de alguém que vive de acordo com os frutos do Espírito Santo, marcado por "amor, alegria, paz, paciência, amabilidade, bondade, fidelidade, mansidão e domínio próprio" (Gálatas 5:22-23).

Portanto, não precisamos de novos apologistas "lacradores": já estamos fartos deles. Não se preocupe em mudar de interlocutor, mas deixe a mudança acontecer em você. Seja você mesmo essa metáfora viva do Cristo, testemunha fiel no modo de andar e prova da eficácia do evangelho. Há um jeito certo de defender a fé, por isso, faço minha a oração do salmista: "Coloca, Senhor, uma guarda à minha boca; vigia a porta de meus lábios" (Salmos 141:3).

Sugestões aos apaixonados por Israel

Não pretendo aqui apresentar uma solução para os problemas da escatologia ou da judaização no contexto evangélico, tampouco sobre o tumultuado relacionamento político no sionismo cristão. Há muita gente mais bem preparada que eu e com muito mais influência para emitir seu parecer e produzir algo prático. O que posso fazer é sugerir algumas posturas para aproximar os opositores de um debate mais frutífero – ou, pelo menos, se permitir ouvir o outro.

O que eu gostaria de sugerir a cada leitor deste livro é que afine sua percepção do outro e compreenda suas buscas e seus desafios. Penso que o maior problema da igreja brasileira não são os desvios doutrinários, o liberalismo teológico, a corrupção ou a imoralidade. Esses problemas existem e são graves. O que mais dificulta o avanço do evangelho, porém, é aquilo que apresentei anteriormente: nosso testemunho. Nosso comportamento no debate público é lamentável e até mesmo vergonhoso. Nossos fundamentalismos não permitem dialogar e tornam o sectarismo a principal marca do mundo evangélico brasileiro. Por isso, minhas sugestões caminham no sentido de afrouxar algumas cercas e permitir uma espiadela nos outros lados da questão em debate. Refletiremos agora, ponto a ponto, sobre os dados que apresentei neste livro.

Sugestões aos que gostam de especular a escatologia

Sou professor de escola bíblica dominical desde os 15 anos de idade. Há pouco, ministrei novamente um trimestre sobre o Apocalipse, e o que percebi em outros momentos se mantém de forma inalterada.

Nenhum aluno consegue dar um passo fora do padrão de estudos pré, pós ou amilenista, e a maioria pensa basicamente de acordo com os pressupostos e modelos dispensacionalistas. É praticamente impossível levar as pessoas a imaginar um arrebatamento que não implique pessoas desaparecendo e o mundo continuando a existir para entrar na Grande Tribulação, bem ao estilo de Deixados para trás. Ou seja, o dispensacionalismo corresponde, de forma disparada, ao modo de pensar a escatologia do evangélico médio brasileiro.

Já vimos no capítulo 3 que essa tendência nasceu da influência do eixo anglo-saxão, mas especialmente da escatologia desenvolvida no contexto americano. Além disso, há um gosto evangélico pelo sobrenatural, o que é ainda mais exaltado no caso brasileiro. Diante disso, acontecimentos cataclísmicos que remetam a tragédias que pareçam sinais apocalípticos acabam produzindo um grande frenesi em nosso meio. É bem comum vermos, abaixo de uma notícia sobre um tsunami, ou, como no caso recente das impressionantes enchentes no Rio Grande do Sul, o comentário "Jesus está voltando". Ou, ainda, quando surge uma nova tecnologia comercial ou de rastreio, a certeza de que dessa vez nós temos a marca da Besta diante de nós. Já precisei dar estudo em igreja, nos anos 1990, explicando como funciona o código de barras e por que ele não pode ser classificado como a famigerada marca. Basta entrar no YouTube para encontrar incontáveis vídeos sensacionalistas sobre os sinais do fim dos tempos – com milhões de visualizações e outro tanto de curtidas.

Entendo essa atração pelo espetacular, mas é preciso ser ponderado. A orientação do apóstolo Paulo quanto à volta de Cristo tem dois sentidos, os quais se articulam na busca por equilíbrio em tempos difíceis: estar atento aos sinais e ter uma vida digna, em amor e fé (1Tessalonicenses 5:1-11); manter a serenidade, mesmo quando surgem profetas anunciando acontecimentos sombrios do fim dos tempos (2Tessalonicenses 2:1-3), o que deveria fazer ecoar as palavras de Jesus: ninguém, nem mesmo ele, sabe o dia ou a hora de sua vinda (Mateus 24:36). Mas, claro, o Apocalipse nos deixa estupefatos com sua forma vívida de descrever o *eschaton*. Por isso, tomemos cuidado: esses acontecimentos são apresentados no último livro da Bíblia para promover tanto o arrependimento do mundo quanto a piedade da igreja. Há gente concreta sofrendo: pessoas estão morrendo, famílias são destruídas, empresas e modos de subsistência estão indo à falência. Estamos tratando de vidas. Não estamos aqui para celebrar a tragédia, tampouco para chamar a atenção para nós mesmos (o principal objetivo de qualquer youtuber, vamos combinar), mas para testemunhar com compaixão a proclamação do evangelho. Portanto, sugiro aos entusiasmados pelos trágicos acontecimentos de nosso tempo que tenham mais cuidado em sua análise e mais empatia ao lidar com o sofrimento alheio.

Preciso lembrar ainda ao opositor do dispensacionalismo (entre os quais me incluo) que os adeptos desse modelo hermenêutico também são pessoas piedosas e que estão buscando a melhor interpretação das Escrituras. Você pode discordar delas, mas não trazer inverdades, como a ideia de que provocam o abandono do mundo à destruição. Pessoas com opiniões dispensacionalistas também constroem hospitais, investem em serviço de ação social e promovem bem-estar comunitário. Nossas ações não são tão dependentes assim dos modelos teológicos quanto imaginamos. Em suma, discorde, mas respeite, e esse é um policiamento que preciso impor a mim mesmo.

Sugestões aos evangélicos que usam a simbólica judaica

Há uma evidente crise no meio evangélico envolvendo a questão da judaização. Há duas situações a serem também analisadas. A primeira diz respeito à forma como as igrejas tradicionais lidam com os irmãos que enveredam pelo uso da simbólica judaica. Para entender meu conselho, tomemos uma interessante história bíblica sobre a conquista de Canaã (Josué 22:1-34). As tribos da parte oriental do Jordão haviam construído uma cópia do altar de Siló. Imediatamente, as tribos ocidentais pegaram em armas para atacá-las por desobedecerem à lei do altar único do Tabernáculo. Era o zelo pela lei de Deus, uma vez que traziam na memória o fatídico caso de Acã, cuja infidelidade levou o povo a sofrer a ira de Deus (Josué 7). Já organizados para a batalha, enviaram mensageiros para conversar com os hereges. Foi quando descobriram que as três tribos não haviam construído um altar para sacrifício, mas um monumento para a memória de seus descendentes e uma prova de que faziam parte do mesmo povo. A explicação evitou a tragédia. Ou seja, o zelo não é suficiente: é preciso haver conhecimento do que está de fato ocorrendo. O zelo sem entendimento produz injustiça.

Mas qual a relação disso com os casos de judaização no meio evangélico? Penso que há também um zelo da parte de igrejas históricas e tradicionais contra as igrejas que adotam costumes judaizantes. Entretanto, muitas vezes o fazem sem avaliar adequadamente o que está acontecendo no outro arraial. Não são poucos os casos em que igrejas e autoridades teológicas se consideram a "força policial particular de Deus" e acreditam ter acesso privilegiado à voz divina.[20] Chega a ser irritante constatar como a ortodoxia muitas vezes tem servido para pouco mais que surrar adversários. Então ocorre um ataque feroz aos irmãos que buscam seus artigos litúrgicos e simbólicos na tradição judaica sem ao menos haver a observação de qual fenômeno realmente está em curso. É preciso que o zelo dos evangélicos tradicionais seja recheado de entendimento e, no mínimo, de respeito no trato com esses irmãos. O que está em curso é uma formação identitária, a forma como eles veem a si mesmos e se percebem no reino de Deus. É algo importante e deve ser tratado com dignidade, mesmo que você discorde. Além disso, as igrejas tradicionais podem educar melhor seus membros a respeito de suas tradições, os quais também já passaram por crises identitárias em sua denominação. Portanto, um olhar mais aprofundado sobre a história da própria comunidade e uma explicação das metáforas e dos símbolos embutidos em cada liturgia podem ajudar. Que os cristãos tradicionais compreendam as razões de seus hinos e símbolos e observem onde eles bebem nas referências bíblicas! Talvez o encontro com o próprio passado seja enriquecedor da experiência do presente e empreste o sentido que lhes falta. Que se compreenda

20 Como critica SMITH, James K. A. *A queda da interpretação: fundamentos filosóficos para uma hermenêutica criacional*. Rio de Janeiro: Thomas Nelson Brasil, 2021, p. 81.

e valorize a própria tradição antes de abandoná-la na busca por algo supostamente mais primitivo e original!

A segunda situação diz respeito às igrejas que estão se aproximando das tradições judaicas em busca da "pureza original". Tenho percebido que muitos o fazem por acreditar que as tradições cristãs sofreram uma paganização em suas liturgias e em seus costumes, e criticam os outros crentes que permanecem nelas. Nesse caso, também falta conhecimento mais profundo de como ocorreu a universalização da igreja cristã desde sua origem.[21] O próprio Novo Testamento iniciou esse processo pelo simples uso da língua grega e de elementos da tradição helenista, como o conceito de *Logos*. Metáforas de outros lugares religiosos foram assimiladas pelas tradições cristãs por terem sido consideradas simbologias válidas da verdade de Cristo. Essas tradições, construídas ao longo de séculos, não foram necessariamente desvios (embora a própria Reforma seja uma reação a práticas assim consideradas). Cada denominação desenvolveu formas muito próprias e distintas de compreender e expressar a verdade proclamada pelo evangelho. Por isso, acredito que nossas tradições não devam ser desprezadas muito rapidamente e endosso o conselho de David Hoffbrand:

> Eles [os que compreenderam as raízes judaicas da igreja] podem se tornar críticos das práticas da igreja e julgar as pessoas que celebram o Natal e a Páscoa ou não prestam atenção aos festivais bíblicos, o sábado, e assim por diante. Entretanto, esse tipo de julgamento é incorreto, e a maioria dos gentios provavelmente não se sentirá confortável tentando celebrar os festivais bíblicos exatamente como o povo judeu faz.[22]

Aos irmãos que enveredaram pelo caminho da judaização, tenho ainda outra sugestão. Leve em consideração o que tais usos provocam nas comunidades judaicas. Por vezes, os usos da simbólica judaica podem dificultar o diálogo religioso entre os segmentos evangélico e judaico da sociedade. Um rabino me contou um episódio ocorrido em sua comunidade. Estavam realizando uma liturgia em que as crianças faziam a leitura da frase gravada no *talit* que cada um havia comprado.

---

21 Trato em detalhes desse processo na terceira parte do meu livro *Nós e a Bíblia*.

22 HOFFBRAND, David. *O Jesus judeu: reconectando com a verdade sobre Jesus, Israel e a igreja*. São Paulo: Impacto, 2022, p. 172.

Ele estranhou o fato de que uma menina não conseguia fazer a leitura, embora soubesse hebraico. Quando foi verificar, descobriu que ela havia comprado um *talit* messiânico, com uma frase de louvor a Jesus, provavelmente em alguma loja evangélica. Isso o irritou bastante, o que o leva a nutrir sérias desconfianças com relação às igrejas e à forma pela qual assimilam as milenares tradições judaicas. Ele se mostrou bastante ofendido com aquela versão do *talit* judaico. Outro rabino com quem conversei não chega a esse ponto, mas considera ridículo o fato de evangélicos usarem símbolos judaicos de maneira inadequada ou sem obedecer ao rito correto. Ou seja, nossa cópia não é vista com simpatia. Os judeus não têm "direitos autorais" de seus símbolos, mas um pouco de alteridade cai bem aqui.

Por fim, gostaria de chamar a atenção para um caso em especial. O uso da bandeira de Israel pelos evangélicos não é bem-visto em nenhum caso. Essa foi a minha maior surpresa ao entrevistar judeus e pesquisar o contexto judaico no Brasil. Judeus religiosos e seculares desaprovam profundamente o uso de sua bandeira tanto em contexto religioso (nos cultos e nas famosas marchas) quanto no político. Comunidades e instituições judaicas estão sempre emitindo pareceres em desagravo quando isso acontece. Portanto, se você realmente ama o povo judeu, reconsidere o uso de seu lábaro nacional.

Enfim, minhas sugestões são sempre no sentido de avaliar o outro e verificar o que lhe é ofensivo ou não. Isso não significa que devamos sempre capitular diante das preferências de nossos interlocutores. No entanto, se queremos paz, sejamos pelo menos corteses.

Sugestões aos que apoiam o Estado de Israel

O sionismo cristão é o resultado político da paixão dos evangélicos por Israel. É natural e previsível. Muitos livros publicados no Brasil ressaltam a importância de o evangélico apoiar Israel, inclusive em face das renovadas ondas de antissemitismo que estão varrendo o mundo e também o nosso país. Entretanto, como também tem sido ressaltado pelos próprios sionistas cristãos, esse apoio ao Estado de Israel não pode ser acrítico.

Nós, evangélicos, podemos defender que Israel tem direito à terra prometida por Deus, mas isso em uma perspectiva bíblica. Entretanto, também podemos – e devemos – trazer à memória toda a Palavra de Deus. O uso da terra não é de qualquer jeito. Não é incondicional. O amor e a justiça são irrevogáveis e imprescindíveis para os ocupantes da terra serem abençoados, sejam quem forem. A terra pertence a Deus (Levítico 25:23) e foi entregue a Israel como uma espécie de arrendamento. Por isso, a Lei determina uma série de prescrições, como o descanso da terra a cada sete anos (Levítico 25:1-5) ou a devolução de terras e a libertação de escravos a cada meio século (Levítico 25:8-17). Tudo isso está ligado ao princípio de que não deve haver opressão ao compatriota por temor a Deus (Levítico 25:17).

A Lei é clara também a respeito da justiça para com os estrangeiros e os pobres (aliás, duas categorias sempre à margem dos direitos civis em qualquer país). Se o palestino é considerado, na doutrina do sionista cristão, um estrangeiro da terra,[23] ele deve levar em conta que há lei bíblica para isso. Os estrangeiros não devem ser oprimidos e devem até ser amados (Êxodo 23:9; Levítico 19:33; Deuteronômio 10:19) – seu direito não pode ser pervertido (Deuteronômio 24:17), inclusive na "colheita dos pobres" (Levítico 23:22). Até mesmo a consciência dos personagens bíblicos aponta para a prioridade de uma boa recepção e da manifestação de cuidado com relação aos estrangeiros, o que se revela, inclusive, na autodefesa de Jó (Jó 31:32) ou mesmo na identificação de Jesus com eles no dia do julgamento: "Fui estrangeiro, e vocês não me acolheram" (Mateus 25:43).

Os profetas trataram abundantemente da relação entre a posse da terra e a justiça. Habacuque ficou espantado ao ver a injustiça proliferando em Judá e ainda mais aturdido quando descobriu que o castigo vinha dos babilônios em forma de exílio (Habacuque 1:2-4). Aliás, segundo a narrativa bíblica, o povo de Deus foi medido de acordo com sua administração da justiça, da mesma forma que Sodoma (Ezequiel 16:45-49). Outras nações também foram julgadas por Deus pelo

23 Se você é defensor da causa palestina, essa frase deve lhe causar horror. Entendo isso, já que os palestinos não são estrangeiros, mas naturais da terra. Estamos aqui partindo do pressuposto teológico dos próprios sionistas cristãos de que a terra pertence a Israel e qualquer outro povo é estrangeiro.

mesmo motivo, como afirma Amós: Damasco, por trucidar o território de Gileade; os filisteus, por deportarem populações; os fenícios, por entregarem cativos a Edom; os edomitas, por atacarem o próprio Israel; os amonitas, por invadirem e promoverem uma carnificina em Gileade; os moabitas, por praticarem injúria moral contra o rei de Edom (Amós 1:3,6-7,11,13; 2:1). Ou seja, a lei bíblica é clara quanto à necessidade de a justiça ser ministrada tanto ao próprio povo quanto a estrangeiros.

Tudo isso aparece resumidamente na máxima de amar ao próximo como a si mesmo (Levítico 19:18), expressão por vezes reduzida apenas ao compatriota, mas que foi confirmada por Jesus no duplo enunciado de amar a Deus com todo o seu ser e ao próximo como a si mesmo (Mateus 22:37-38), além de ser maravilhosamente aprofundada e ampliada com relação ao pior inimigo na ordem de amá-lo e de fazer bem aos que nos odeiam (Lucas 6:27). Esse é o novo padrão do reino de Deus ilustrado na parábola do samaritano (Lucas 10:25-37).

Enfim, você sabe de tudo isso, mas, por algum motivo, não o aplica ao palestino. Parece haver um cisma entre a lei bíblica e a escatologia quando o assunto é o moderno Israel. Talvez seja um rearranjo para o noticiário do dia caber no sistema. Não sei. Mas a *Torá* apresenta ferramental teológico inclusive para resolver a questão da terra na partilha entre dois Estados – Palestina e de Israel –, como aponta Igor Sabino.[24] O que não vai resolver é continuar silenciando e ignorando a presença dos palestinos e de demais muçulmanos nessa história do final dos tempos. A evangelização e o bom testemunho cristão não devem ser tão sistematicamente ignorados na paixão por um dos lados do conflito. Se o apoio não pode ser incondicional, como os próprios sionistas cristãos afirmam, então que a crítica contra a injustiça não apareça apenas na boca dos opositores.

24 O "novo sionismo cristão" defende o reconhecimento ao direito de autodeterminação nacional aos dois polos desse conflito, cumprindo a resolução da ONU de 1948, a qual estimava tanto a criação de um Estado judeu quanto a de um Estado palestino. SABINO, *Por amor aos patriarcas*, p. 120-2.

Sugestões aos leitores judeus

Todo texto tem a peculiaridade de se desgrudar de seu autor e seguir para novos contextos e recepções. Então, devo acreditar que eventualmente terei leitores no meio da comunidade judaica que não compartilham minha convicção de fé. Mas espero que este livro o tenha ajudado a compreender melhor as motivações dos evangélicos para essa desenfreada paixão pelas coisas judaicas e até mesmo por seu Estado.

Tanto judeus como cristãos tiveram o mesmo texto fundador e partiram das mesmas experiências do antigo Israel na origem dos dois gigantescos rios culturais do judaísmo e do cristianismo. Era inevitável que suas identidades e narrativas viessem a se encontrar. Penso que é isso que está acontecendo: há um entrecruzamento de narrativas entre as expectativas com relação ao futuro da parte dos evangélicos e as expectativas de paz e prosperidade dos judeus em seu *Eretz Israel*. Então, leve em conta que boa parte da imitação parte da busca pelos símbolos que já estão na Bíblia e da identificação do povo evangélico com o povo judaico como um único "povo de Deus". Sei também que o proselitismo manifestado pela maioria dos evangélicos com relação aos judeus causa estranheza e até mesmo repulsa no mundo judaico, mas deve-se levar em conta que essa é exatamente a parte mais bem-intencionada do evangélico, pois revela preocupação com a salvação da pessoa. Se você ama alguém, anuncie a essa pessoa o evangelho – isso é inerente ao cristianismo, e sem isso deixamos de ser cristãos. Você pode discordar dessa teologia, mas a intenção cristã, nesse sentido, geralmente é boa.

No mais, não tenho sugestões aos judeus porque simplesmente isso não me cabe. Não é da minha alçada discutir sua teologia, suas práticas ou as decisões do governo de seu país. Espero que você tenha encontrado neste livro um olhar atento à pluralidade de seu povo e que eu tenha feito justiça à sua história e aos seus dilemas.

Sugestões aos leitores seculares

Tenho a mesma sugestão para os leitores seculares, ou seja, aqueles que não confessam a fé cristã ou mesmo pertencem a outra tradição religiosa. Espero que você compreenda a importância das questões religiosas para a convivência em sociedade. Não se trata apenas uma superestrutura de reforço da opressão, embora às vezes possam servir para isso. O teólogo Paul Tillich, em sua obra *Dinâmica da fé*, apresenta um conceito de fé como "aquilo que nos toca incondicionalmente".[25] O fato de o ser humano ter uma preocupação última revela algo de sua natureza: a capacidade de transcender as experiências finitas e passageiras da realidade de seu mundo. Ele é impulsionado para a fé ao se conscientizar do infinito do qual faz parte, mas do qual não pode tomar posse.[26] Isso significa que, sempre que alguém considera algo incondicional, sem o qual não pode viver e do qual não pode abrir mão, está agindo em um ato de fé. E isso pode ser aplicado a qualquer circunstância, ainda que não seja religiosa.[27] Você, que não crê em nenhuma religião, certamente tem valores incondicionais. Eles revelam o caráter "religioso" e transcendente de sua existência. Por isso, invoco aqui a alteridade de sua parte. Que você perceba o incondicional da existência do evangélico, assim como você vive um tipo de incondicional em sua experiência! Você ficará bastante incomodado se os valores que considera supremos forem atacados.

Por isso, compreender o outro é o primeiro passo para o diálogo. Infelizmente, o jornalismo brasileiro é incapaz de entender o universo evangélico, e o quadro pintado invariavelmente é uma caricatura. Por isso, espero que este livro tenha auxiliado a compreender as motivações evangélicas para seus entrecruzamentos com a tradição judaica e o que isso representa no nível político do Brasil. A discussão é teológica e, por isso mesmo, precisa ser enfrentada internamente, no âmbito da teologia e das igrejas. Uma simples acusação de "fascismo" ou "fanatismo" passa longe do problema e apenas repete o espantalho

25 TILLICH, Paul. *Dinâmica da fé*. São Leopoldo: Sinodal, 1985, p. 5.
26 TILLICH, *Dinâmica da fé*, p. 10-1.
27 E também está sujeito à idolatria, quando coisas passageiras e finitas são elevadas à condição de incondicional. TILLICH, *Dinâmica da fé*, p. 12.

pintado pela mídia nacional. Entenda os evangélicos em sua pluralidade, na profundidade de suas identidades e aspirações, naquilo que os move incondicionalmente.

Da infância à maturidade

Está mais que na hora de o evangélico brasileiro deixar o berçário. É preciso crescer e aprender a dialogar, a perceber a diferença e a respeitá-la. Vivemos em um mundo cada vez mais global, em que as distâncias são encurtadas, e o outro passa a ser convivência obrigatória. Como lidar com tamanha pluralidade?

Amós Oz, o escritor israelense que citei em outro momento, traz algumas dicas que considero pertinentes. Todos nós temos nossa dose de "fanatismo". A palavra é um tanto forte, mas vou aplicar a ideia aos nossos fundamentalismos. Assim Oz recomenda:

> Um senso de humor, a capacidade de imaginar o outro, a competência de reconhecer a qualidade peninsular de cada um de nós poderá ser pelo menos uma defesa parcial contra o gene do fanatismo que existe em todos nós.[28]

Gosto bastante das três recomendações de Amós Oz. A primeira já tomo por princípio há muito tempo para identificar o fundamentalista.[29] Ele é capaz de ironizar ou debochar (e o faz com frequência e intensidade), mas é incapaz com relação ao humor, de modo que jamais consegue rir de si mesmo ou de suas convicções. Há uma autoestima elevada demais em jogo. Por isso, a primeira vítima de seu empenho pela reta doutrina é o humor: ele não pode se dar ao luxo de levar uma vida mais leve diante de uma tarefa tão gigantesca quanto a de defender o cristianismo de uma queda iminente. Portanto, a cura do fundamentalismo fanático passa pelo riso, pela capacidade de não se levar tão a sério, de entender que sua opinião talvez não seja tão importante assim.

---

28 OZ, *Como curar um fanático*, p. 83.

29 Sigo a conceituação de "fundamentalismo" de Olson, mencionada no capítulo 3, cujo caráter principal seria o sectarismo. OLSON, *História da teologia cristã*, p. 570-1.

A segunda recomendação de Oz é a capacidade de imaginar o outro. É o princípio da alteridade, colocar-se no lugar do outro, perceber seus dilemas e tentar vestir suas angústias. Como você lidaria com o problema se estivesse no lugar da pessoa a quem critica? Trazer o interlocutor para o nível do relacionamento pessoal pode ajudar. Posso ter uma série de restrições e críticas ao catolicismo até me tornar amigo de um católico e perceber nele um crente verdadeiro e piedoso. Tenho uma ideia remota de como é um muçulmano até conhecer um de perto, tornar-me amigo dele e descobrir que talvez tenha me enganado a respeito dele. Quando conhecemos gente de verdade, nossas concepções estereotipadas podem ruir. Então, imagine que o outro pode ser gente de carne e osso como você, com erros e acertos como você. Em resumo, o caminho da cura do fundamentalismo fanático passa por ver o outro.

A terceira é reconhecer a qualidade peninsular de cada um de nós. Partindo das metáforas da ilha e da península, podemos concordar que nenhum ser humano é uma ilha. Estamos ligados à família, às tradições nacionais e eclesiásticas, mas isso não nos faz apenas um pedaço de terra diluído em um continente: há um oceano de possibilidades que se abre ao nosso horizonte. Como penínsulas, temos a possibilidade de estar vinculados a algo maior que nós, de estabelecer uma ligação com o todo, mas continuamos entendendo que há outras penínsulas com as quais nos relacionamos e que não devemos necessariamente obrigá-las a serem iguais a nós, visto que isso seria um ato conquistador. Então, a cura do fundamentalismo fanático também passa por respeitar as escolhas e a identidade do outro.

Que deixemos as paixões da infância e nos aproximemos da maturidade! Que o amoroso Deus de Israel nos abençoe.

CONCLUSÃO

Quem ama a Bíblia ama Israel. Aí está a origem de um relacionamento um tanto turbulento a navegar nas águas da hermenêutica. Os evangélicos são apaixonados por Israel, mas por um Israel muito específico – aquele intimamente relacionado com a Bíblia. Eu poderia dizer que sou eu mesmo um dos objetos de minha pesquisa, porque também sou um amante da Bíblia e da história judaica e cristã. Meus livros giram em torno desses temas. Não estou certo de que meu trabalho tenha clareado as coisas. Talvez eu tenha apenas demonstrado quanto o assunto da paixão por Israel é complexo. Mas, se esse entendimento for o resultado prático, penso que é suficiente.

Antes de tudo, fiz um levantamento da situação atual nas manifestações de paixão por Israel e pelos judeus no meio evangélico. Mostrei como o fenômeno é complexo e, ao mesmo tempo, como o imaginário das igrejas evangélicas está impregnado por Israel, tanto nas manifestações de sionismo cristão quanto na assimilação de símbolos judaicos, viagens à Terra Santa e outras aproximações. Entendi que essas manifestações podiam ser classificadas em motivações milenistas, miméticas e até mesmo comerciais.

Minha intuição é que toda essa paixão está basicamente relacionada com a Bíblia. Trata-se, portanto, de uma questão de hermenêutica. Por isso, parti da própria Bíblia, por entender de que modo seu caráter literário, polifônico e imaginativo se tornou fonte de metáforas e símbolos a nutrir uma cultura inteira – pelo menos metade da cultura do mundo, diga-se de passagem. Entendemos também como o ser humano é marcado por experiências simbólicas, litúrgicas e narrativas. A vida humana precisa ser contada. Assim, entendemos que as identidades individuais, coletivas e nacionais podem ser produzidas por textos. E veja só: a base da fé e da cultura de judeus e cristãos tem sua origem em um livro!

Mas por que esse entusiasmo pelos judeus aconteceu apenas no último século, e em especial no meio evangélico? Por causa dos próprios acontecimentos históricos, que trouxeram de volta ao cenário mundial um país chamado Israel, na mesma Terra Santa dos textos bíblicos. Os evangélicos viram sua interpretação escatológica ser comprovada pela história e acabaram fundindo o povo judeu contemporâneo ao imaginário cristão.

Entretanto, descobri um problema grave: o entusiasmo evangélico acontece por um Israel imaginado, não o verdadeiro Israel. Não os verdadeiros judeus. O que está na perspectiva do evangélico é apenas o que estiver de acordo com suas identidades narrativas. Daí resulta um posicionamento ambíguo. Para finalizar, um *mea culpa*. Apresentei o problema, mas nenhuma solução. Não tenho como afirmar que, por meio de determinada hermenêutica "correta", tudo será resolvido. As coisas são mais complicadas. O capítulo final foi um tanto utópico, por tratar de uma solução vinculada ao amor de um reino que ainda virá. É meu toque escatológico, já que tudo acaba girando em torno da expectativa do fim.

Por isso, meu desejo é pela compreensão profunda dessas questões. Nosso entusiasmo por Israel tem consequências sérias tanto para nossa fé quanto para com os judaísmos e até mesmo a política internacional. Penso que um passo importante é o conhecimento, e para isso espero ter dado minha contribuição. E que possamos nos aproximar do judeu e do Israel verdadeiros, seguindo a via do amor, que reconhece o outro como ele é. Concluo com o mandamento reiterado pelo judeu mais famoso de todos os tempos: "Ame o seu próximo como a si mesmo".

REFERÊNCIAS

ABUMANSSUR, Edin Sued. Ciência da Religião aplicada ao turismo. In: PASSOS, João Décio; USARSKI, Frank (orgs.). *Compêndio de ciência da religião*. São Paulo: Paulinas/Paulus, 2013, p. 615-25.

ACN Brasil. Israel. Disponível em: https://www.acn.org.br/israel.

AGOSTINHO. *A doutrina cristã: manual de exegese e formação cristã*. São Paulo: Paulus, 2002. [Patrística, 17].

ALDROVANDI, Carlo. *Apocalyptic Movements in Contemporary Politics: Christian and Jewish Zionism*. New York: PalgraveMacmillan, 2014.

ALENCAR, Gedeon. Pentecostalismo clássico. Congregação Cristã no Brasil e Assembleias de Deus: construção e identidade. In: DIAS, Zwinglio Mota; PORTELLA, Rodrigo; RODRIGUES, Elisa (orgs.). *Protestantes, evangélicos e (neo) pentecostais: história, teologias, igrejas e perspectivas*. São Paulo: Fonte Editorial, 2013.

______. *Protestantismo tupiniquim: hipóteses da (não) contribuição evangélica à cultura brasileira*. São Paulo: Arte Editorial, 2005.

ALMEIDA, Abraão. *Israel, Gogue e o Anticristo*. 2. ed. Rio de Janeiro: CPAD, 1999.

ALTER, Robert. *A arte da narrativa bíblica*. São Paulo: Companhia das Letras, 2007.

AMADO, Marcos. *A política internacional, as ramificações do pensamento dispensacionalista radical e a ausência de paz no Oriente Médio*. Disponível em: https://www.martureo.com.br/a-politica-internacional-as-ramificacoes-do-pensamento-dispensacionalista-radical-e-a-ausencia-de-paz-no-oriente-medio.

______. Israel, *Armagedom e os árabes palestinos: como o dispensacionalismo evangélico radical contribui para a falta de paz no Oriente Médio, dificulta a obra missionária cristã e afeta a vida da Igreja na região*. São Paulo: SEPAL, 2019.

AMMERMAN, Nancy T. North American Protestant Fundamentalism. In: MARTY, Martin E.; APPLEBY, R. Scott. *Fundamentalisms Observed*. Chicago: The University of Chicago Press, 1994.

ANDERSON, Benedict R. *Comunidades imaginadas: reflexões sobre a origem e a difusão do nacionalismo*. São Paulo: Companhia das Letras, 2008.

Apocalipse às portas. Disponível em: https://www.facebook.com/ApocalipseAsPortasOficial.

ARENDT, Hannah. *Origens do totalitarismo*. São Paulo: Companhia das Letras, 1989.

ARIEL, Yaakov. An Unexpected Alliance: Christian Zionism and Its Historical Significance. *Modern Judaism*: A Jornal of Jewish Ideas and Experience. Oxford, v. 26, p. 74-100, fev. 2006. Disponível em: https://doi.org/10.1093/mj/kjj005.

______. *An Unusual Relationship: Evangelical Christians and Jews*. New York: New York University Press, 2013.

______. Zionism in America. *Oxford Research Encyclopedias*, Religion, 2017. Disponível em: https://doi.org/10.1093/acrefore/9780199340378.013.434.

______. From the Institutum Judaicum to the International Christian Embassy: Christian Zionism with a European Accent. In: GUNNER, Göran; SMITH, Robert O. (orgs.). *Comprehending Christian Zionism*. Minneapolis: Fortress Press, 2014.

Armageddon Books. Disponível em: https://www.armageddonbooks.com.

ARISTÓTELES. *Poética*.

ATTAR, Dor Leon. *O segredo da prosperidade judaica*. São Paulo: Literate, 2018.

AUERBACH, Erich. *Mimesis: a representação da realidade na literatura ocidental.* São Paulo: EdUSP; Perspectiva, 1971.

BARBOSA JÚNIOR, Antônio de Oliveira. *A Nova Reforma Apostólica: um estudo acerca dos novos discursos e práticas políticas observadas entre os evangélicos no Brasil (1960-2015).* Dissertação (Mestrado). São Luís: Universidade Federal do Maranhão, 2017.

BARRETT, Matthew. *Teologia da Reforma.* Rio de Janeiro: Thomas Nelson Brasil, 2017.

BARRUCHO, Luís. *"Falei para chamar atenção", diz deputado ao justificar o voto pela "paz em Jerusalém".* Disponível em: https://www.bbc.com/portuguese/noticias/2016/04/160420_entrevista_ronaldo_fonseca_paz_jerusalem_lgb.

BASS, Clarence. *Backgrounds to Dispensationalism.* Grand Rapids, Michigan: Eerdmans, 1960.

BELLOTTI, Karina. Entre a cruz e a cultura pop: mídia evangélica no Brasil. In: FERREIRA, João Cesário Leonel (org.). *Novas perspectivas sobre o protestantismo brasileiro.* São Paulo: Fonte Editorial/Paulinas, 2009.

Betlehem. Disponível em: https://www.betlehem.com.br/.

Bíblia de estudo profética LaHaye. São Paulo: Hagnos, 2005, p. 795.

Bíblia de estudo Scofield. São Paulo: Holy Bible, 2009.

BIGALKE JR., Ron. *Problems with Progressive Dispensationalism.* Disponível em: https://www.pre-trib.org/articles/ron-bigalke/message/problems-with-progressive-dispensationalism/read.

BITTENCOURT FILHO, José. *Matriz religiosa brasileira: religiosidade e mudança social.* Petrópolis: Vozes; Rio de Janeiro: Koinonia, 2003.

BLEDSOE, David Allen. *Movimento neopentecostal brasileiro: IURD: um estudo de caso.* São Paulo: Hagnos, 2012.

Bolsonaro garantiu mudança de embaixada para Jerusalém, diz Netanyahu. Disponível em: https://veja.abril.com.br/mundo/bolsonaro-garantiu-mudanca-de-embaixada-para-jerusalem-diz-netanyahu.

BONINO, José Miguez. *Rostos do protestantismo latino-americano.* São Leopoldo: Sinodal, 2002.

BOSCH, David J. *Missão transformadora: mudanças de paradigma na teologia da missão*. 5. ed. São Leopoldo: EST, Sinodal, 2021.

BRAKEMEIER, Gottfried. *A autoridade da Bíblia: controvérsias, significado, fundamento*. 2. ed. São Leopoldo: Sinodal, 2003.

BRAY, Gerald. *História da interpretação bíblica*. São Paulo: Vida Nova, 2017.

Bridges for Peace. Disponível em: https://www.bridgesforpeace.com/.

BRUEGGEMANN, Walter. *Teologia do Antigo Testamento: testemunho, disputa e defesa*. Santo André: Academia Cristã; São Paulo: Paulus, 2014.

BUSH, Andrew F. The Implications of Christian Zionism for Mission. *International Bulletin of Missionary Research*, New Heaven, USA, v. 33, n. 3, p. 144-50, 2009.

CABRAL, Chrisciane. *Inaugurado o monumento Menorah em Caarapó*. Disponível em: https://www.radiojotafm.com.br/caarapo/inagurado-o-monumento-menorah-em-caarapo/6874.

Câmara dos Deputados. Frente Parlamentar Evangélica do Congresso Nacional. Disponível em: https://www.camara.leg.br/internet/deputado/frenteDetalhe.asp?id=54477.

Câmara dos Deputados. Discurso de Roberto de Lucena em 01/11/2016. Disponível em: https://www.camara.leg.br/internet/SitaqWeb/TextoHTML.asp?etapa=5&nuSessao=281.2.55.O&nuQuarto=35&nuOrador=1&nuInsercao=0&dtHorarioQuarto=15:42&sgFaseSessao=GE&Data=01/11/2016&txApelido=ROBERTO%20DE%20LUCENA,%20PV-SP.

Câmara dos Deputados. Discurso de Roberto de Lucena em 04/05/2017. Disponível em: https://www.camara.leg.br/internet/SitaqWeb/TextoHTML.asp?etapa=5&nuSessao=104.3.55.O&nuQuarto=46&nuOrador=2&nuInsercao=0&dtHorarioQuarto=16:15&sgFaseSessao=CP&Data=04/05/2017&txApelido=ROBERTO%20DE%20LUCENA,%20PV-SP.

CARMO, Solange Maria; ANDRADE, Aila Luiza Pinheiro de. O processo da pesquisa sobre Jesus histórico e o surgimento do Judaísmo Messiânico. *Horizonte,* Belo Horizonte, v. 13, n. 40, p. 2194-2220, out./dez. 2015. Disponível em: https://doi.org/10.5752/P.2175-5841.2015v13n40p2194.

CARPENEDO, Manoela. *Becoming Jewish, Believing in Jesus: Judaizing Evangelicals in Brazil*. New York: Oxford University Press, 2021.

______. Vivendo a nossa ascendência marrana. Ritual e identidades judaicas entre os evangélicos judaizantes no Brasil. *Lusotopie*, Leiden, v. 18, n. 2, 2019, p. 167-91. Disponível em: https://doi.org/10.1163/17683084-12341742.

CASSIRER, Ernst. *Antropologia filosófica: ensaio sobre o homem. Introdução a uma filosofia da cultura humana*. São Paulo: Mestre Sou, 1972.

CATROGA, Fernando. *Entre deuses e césares: secularização, laicidade e religião civil*. Uma perspectiva histórica. Coimbra: Almedina, 2006.

Chamada. Disponível em: https://www.chamada.com.br.

CHAPMAN, Colin. *De quem é a terra santa? O contínuo conflito entre Israel e a Palestina*. Viçosa: Ultimato, 2017.

______. Premillennial Theology, Christian Zionism, and Christian Mission. *International Bulletin of Missionary Research*, New Heaven, v. 33, n. 3, p. 137-44, jul. 2009.

Christians For Israel. Disponível em: https://www.c4israel.org.

Christian Friends of Israel. Disponível em: https://www.cfijerusalem.org.

Christian Friends of Israeli Communities. Disponível em: https://cfoic.com.

Christians United For Israel. Disponível em: https://cufi.org.

Cobertura completa da primeira Marcha para Jesus em Israel. Disponível em: https://youtu.be/bJytyn1bFBY.

COLLIER, Winn. *Fogo em meus ossos: a biografia de Eugene H. Peterson*. São Paulo: Mundo Cristão, 2022.

Começou a Escola Profética 2020. Disponível em: https://ministerioengel.com/escola-profetica/comecou-a-escola-profetica-2020.

Congregação Messiânica B'nei Or. Emunatênu (Nossa fé). Disponível em: https://judaismonazareno.org/nossa-fe.

COSTA, Viviane. *Traficantes evangélicos: quem são e a quem servem os novos bandidos de Deus*. Rio de Janeiro: Thomas Nelson Brasil, 2023.

COUCH, Mal. *Dictionary of Premillennial Theology*. Grand Rapids: Kregel-Publications, 1996.

______. *Os fundamentos para o século 21: examinando os principais temas da fé cristã*. São Paulo: Hagnos, 2009.

CROME, Andrew. *Christian Zionism and English National Identity, 1600-1850*. Manchester: Palgrave Macmillan, 2018.

CROUZET, Maurice. *A época contemporânea. O desmoronamento dos impérios coloniais; o surto das ciências e técnicas*. História Geral das Civilizações. São Paulo: Difusão Europeia do Livro, 1958, v. 3.

CULLMANN, Oscar. *História da salvação*. São Paulo: Fonte Editorial, 2020.

DAVIS, Natalie Zemon. *Culturas do povo: sociedade e cultura no início da França moderna: oito ensaios*. Rio de Janeiro: Paz e Terra, 1990

DAYTON, Donald. *Raízes teológicas do pentecostalismo*. Natal: Carisma, 2018.

DELGADO, Malu. *Brasil troca mudança de embaixada por escritório comercial em Jerusalém*. Disponível em: https://www2.senado.leg.br/bdsf/bitstream/handle/id/566266/noticia.html?sequence=1&isAllowed=y.

Der Mitternachtsruf. Disponível em: https://www.mnr.ch.

Diário da Câmara dos Deputados. Ano LXXIV, n. 82, quarta-feira, 22 de maio de 2019. Disponível em: http://imagem.camara.gov.br/Imagem/d/pdf/DCD0020190522000820000.PDF.

EHRMAN, Bart D. *Como Jesus se tornou Deus*. São Paulo: LeYa, 2014.

ELIADE, Mircea. *O mito do eterno retorno: arquétipos e repetição*. Lisboa: 70, 1984.

______. *Tratado de história das religiões*. 5. ed. São Paulo: WMF Martins Fontes, 2016.

Escola de Shofar Beit Sião. Disponível em: https://www.facebook.com/Escola-de-Shofar-Beit-Sião-688613264571659.

FAITHFUL, George. Inverting the Eagle to Embrace the Star of David. In: GUNNER, Göran; SMITH, Robert O. (orgs.). *Comprehending Christian Zionism*. Minneapolis: Fortress Press, 2014.

Feast of Tabernacles. Disponível em: https://feast.icej.org.

FELLET, João. *Líderes evangélicos saem em defesa de Israel e criticam Dilma*. Disponível em: https://www.bbc.com/portuguese/noticias/2014/08/140806_evangelicos_israel_dilma_jf_kb.

FERREIRA, Franklin. *Por amor de Sião: Israel, Igreja e a fidelidade a Deus*. São Paulo: Vida Nova, 2022.

______. *Teologia sistemática: uma análise histórica, bíblica, e apologética para o contexto atual*. São Paulo: Vida Nova, 2007.

FINKELSTEIN, Israel; SILBERMAN, Neil Asher. *A Bíblia desenterrada*. São Paulo: A Girafa, 2003.

FRYE, Northrop. *O código dos códigos: a Bíblia e a literatura*. São Paulo: Boitempo, 2004.

GELLNER, Ernst. *Naciones y nacionalismo*. Madri: Alianza, 2001.

GHERMAN, Michel. Deus e Diabo na Terra Santa: Pentecostalismo brasileiro em Israel. *WebMosaica*, revista do Instituto Cultural Judaico Marc Chagall, v. 1, n. 1 (jan.-jun.) 2009. Disponível em: https://seer.ufrgs.br/webmosaica/article/view/9767, p. 58.

GHERMAN, Michel. *O não judeu judeu: a tentativa de colonização do judaísmo pelo bolsonarismo*. São Paulo: Fósforo, 2022.

GIRARDET, Raoul. *Mitos e mitologias políticas*. São Paulo: Companhia das Letras, 1987.

GOLDINGAY, John. *Teologia bíblica: o Deus das escrituras cristãs*. Rio de Janeiro: Thomas Nelson Brasil, 2020.

GOLDMAN, Shalom. Christians and Zionism: A Review Essay. *American Jewish History*, v. 93, n. 2, p. 245-60, jun. 2007. Disponível em: https://muse.jhu.edu/article/220295.

______. *Zeal for Zion: Christians, Jews & the Idea of The Promised Land*. Chapel Hill: The University of North Carolina Press, 2009.

GOODMAN, Martin. *A história do judaísmo*. São Paulo: Planeta, 2020.

GOMES, Antônio Máspoli de Araújo. As fontes do Messianismo milenarista brasileiro em uma perspectiva mítico-religiosa. In: ARAGÃO, Gilbraz; CABRAL, Newton; VALLE, Edênio (orgs.). *Para onde vão os estudos da religião no Brasil?* São Paulo: ANPTECRE, 2014.

GOMES, Edlaine de Campos. *A era das catedrais: a autenticidade em exibição*. Rio de Janeiro: Garamond, 2011.

GONZÁLEZ, Justo. *Atos, o evangelho do Espírito Santo*. São Paulo: Hagnos, 2011.

______. *Breve dicionário de teologia*. São Paulo: Hagnos, 2009.

______. *História ilustrada do cristianismo: a era dos reformadores até a era inconclusa*. 2. ed. São Paulo: Vida Nova, 2011, v. 2.

______. *Uma breve história das doutrinas cristãs*. São Paulo: Hagnos, 2015.

GOUVÊA, Ricardo Quadros. *Quarenta livros que fizeram a cabeça dos evangélicos brasileiros nos últimos quarenta anos*. Disponível em: https://bibliotecadamemorial.wordpress.com/2011/07/27/quarenta-livros-que-fizeram--a-cabeca-dos-evangelicos-brasileiros-nos-ultimos-quarenta-anos.

GRONDIN, Jean. *Paul Ricoeur*. São Paulo: Loyola, 2015.

GUNNER, Göran; SMITH, Robert O. (orgs.). *Comprehending Christian Zionism*. Minneapolis: Fortress Press, 2014.

HAGEE, John. *Em defesa de Israel*. Rio de Janeiro: CPAD, 2012.

História de Israel: da monarquia ao reino dividido. E-book. São José dos Campos, SP: Cristã Evangélica, 2014. [Série Antigo Testamento, n. 9, Adultos.]

HOBSBAWM, Eric. *A era do capital, 1848-1875*. 8. ed. Rio de Janeiro: Paz e Terra, 1996.

______. *A invenção das tradições*. 12 ed. Rio de Janeiro: Paz e Terra, 2018.

______. *Nações e nacionalismo desde 1780: programa, mito e realidade*. Rio de Janeiro: Paz e Terra, 1990.

HOFFBRAND, David. *O Jesus judeu: reconectando com a verdade sobre Jesus, Israel e a igreja*. São Paulo: Impacto, 2022.

HUMMEL, Daniel G. A "Practical Outlet" to Premillennial Faith: G. Douglas Young and the Evolution of Christian Zionist Activism in Israel. *Religion and American Culture*: A Journal of Interpretation, v. 25, Issue 1, p. 37-81, 2015. Disponível em: https://www.jstor.org/stable/10.1525/rac.2015.25.1.37.

HUMMEL, Daniel. G. *Covenant Brothers: Evangelicals, Jews, and U. S. – Israeli Relations*. Philadelphia: University of Pennsylvania Press, 2019.

ICE, Thomas. Lovers of Zion: A History of Christian Zionism. *Article Archives*, Lynchburg, USA, Paper 29, p. 1-27, Mai. 2009. Disponível em: https://digitalcommons.liberty.edu/pretrib_arch/29.

______. *Sionismo cristão*. Porto Alegre: Actual, 2010.

Igor Sabino. Disponível em: https://www.instagram.com/igorhsabino.

Igreja Nacional do Senhor Jesus Cristo. Disponível em: https://insejecsjc.com.br.

International Christian Embassy Jerusalem. Disponível em: https://www.icej.org.

International Fellowship of Christians and Jews. Disponível em: https://www.ifcj.org.

IRVIN, Dale T.; SUNQUIST, Scott W. *História do movimento cristão mundial: do cristianismo primitivo a 1453*. São Paulo: Paulus, 2004, v. 1.

Jerusalem University College. Disponível em: https://www.juc.edu.

Jewish Virtual Library. Balfour Declaration: Text of the Declaration. Disponível em: https://www.jewishvirtuallibrary.org/text-of-the-balfour-declaration.

Jews For Jesus. Disponível em: https://jewsforjesus.org.

JUNG, Carl (org.). *O homem e seus símbolos*. Rio de Janeiro: HarperCollins Brasil, 2016.

JUSTER, Daniel. *Raízes judaicas: entendendo as origens da nossa fé*. São Paulo: Impacto, 2018.

KEENER, Craig S. *Comentário histórico-cultural da Bíblia: Novo Testamento*. São Paulo: Vida Nova, 2017.

KING, Elvira. *The Proto-Israel Lobby in Europe*. London: Tauris, 2016.

KLEIN, William; HUBBARD JR, Robert; BLOMBERG, Craig. *Introdução à interpretação bíblica*. Rio de Janeiro: Thomas Nelson Brasil, 2017.

KLUGE, Charlie. *O talit: descubra os segredos milenares do manto de oração judaico*. Rio de Janeiro: Renova, 2018.

KÖRTNER, Ulrich H. *Introdução à hermenêutica teológica*. São Leopoldo: Sinodal; EST, 2009.

KOSELLECK, Reinhart. *Futuro passado: contribuição à semântica dos tempos históricos*. Rio de Janeiro: Contraponto; Ed. PUC-Rio, 2006.

LADD, George Eldon. *Teologia do Novo Testamento*. São Paulo: Exodus, 1997.

Lamartine Posella. Disponível em: https://www.youtube.com/user/aplamartineposella.

LANGE, Nicholas. *Povo judeu*. Barcelona: Folio, 2007.

Left Behind. Disponível em: https://www.tyndale.com/sites/leftbehind.

LEWIS, Donald. *The origins of Christian zionism*. New York: Cambridge University Press, 2010.

LINDBERG, Carter. *História da Reforma*. Rio de Janeiro: Thomas Nelson Brasil, 2017.

LINDSEY, Hal. *A agonia do grande planeta Terra*. 7. ed. São José dos Campos: CLC Editora, 1984.

______. *Os anos 80: contagem regressiva para o juízo final*. Rio de Janeiro: Record, 1982.

LISSOVSKY, Alexandre. *2000 anos depois: o renascimento de Israel*. Rio de Janeiro: Centro Edelstein de Pesquisas Sociais, 2009. Disponível em: https://books.scielo.org/id/tfhj9.

LOPES, Augustus Nicodemus. *Apóstolos: a verdade bíblica sobre o apostolado*. São José dos Campos: Fiel, 2014.

LOWENTHAL, David. *The Past Is a Foreign Country – Revisited*. Cambridge: Cambridge University Press, 2015.

MACHADO, Maria das Dores Campos; BURITY, Joanildo. *A ascensão política dos pentecostais no Brasil na avaliação de líderes religiosos*. Disponível em: http://dx.doi.org/10.1590/00115258201419.

Maranata Shofar. Disponível em: https://lista.mercadolivre.com.br/maranata-shofar.

Marcha das Nações em Israel. Disponível em: https://www.youtube.com/watch?v=U0ptkBzS4Kw.

March of the Nations. Disponível em: https://marchofthenations.com.

MARGUERAT, Daniel; BOURQUIN, Yvan. *Para ler as narrativas bíblicas: iniciação à análise narrativa*. São Paulo: Loyola, 2009.

MARIANO, Ricardo. *Neopentecostais: sociologia do novo pentecostalismo no Brasil*. São Paulo: Edições Loyola, 1999.

MATA, Sérgio da. *História & religião*. Belo Horizonte: Autêntica, 2020.

MCDERMOTT, Gerald R. *A importância de Israel: por que o cristão deve pensar de maneira diferente em relação ao povo e à terra*. São Paulo: Vida Nova, 2018.

MCGRATH, Alister. *Heresia: em defesa da fé*. São Paulo: Hagnos, 2014.

MELO, Ruben Analuiza. *City 2017 – Revista*. Disponível em: https://issuu.com/rubenanaluizamelo/docs/revista_city_final_web.

MENDONÇA, Antonio Gouvêa. *O celeste porvir: a inserção do protestantismo no Brasil*. 2. ed. São Paulo: Aste; São Bernardo do Campo: Instituto Metodista de Ensino Superior, 1995.

______. O protestantismo no Brasil e suas encruzilhadas. *Revista USP*, São Paulo, n. 67, p. 48-67, set./nov. 2005. Disponível em: https://www.revistas.usp.br/revusp/article/download/13455/15273, p. 53.

MENDONÇA, Antônio Gouvêa; VELASQUES FILHO, Prócoro. *Introdução ao protestantismo no Brasil*. São Paulo: Loyola, 1990.

MENDONÇA, José Tolentino. *A leitura infinita: a Bíblia e sua interpretação*. São Paulo: Paulinas; Pernambuco: Universidade Católica de Pernambuco, 2015.

MERKLEY, Paul Charles. *Christian Attitudes Towards the State of Israel*. Montreal: McGill-Queens University Press, 2001.

Ministério César. Disponível em: https://www.ministeriocesar.com.

Ministério Engel. Disponível em: https://ministerioengel.com.

Ministério Ensinando de Sião. Disponível em: https://ensinandodesiao.org.br.

Ministério Internacional da Restauração. Disponível em: https://www.mironline.com.br.

MOLTMANN, Jürgen. Fundamentalismo e modernidade. *Concilium*: fundamentalismo: um desafio ecumênico, n. 241, p. 141-8, 1992-1993.

Moriah International Center. Sobre nós. Disponível em: https://moriacenter.com/sobre-nos.

MOURA, Marcelo. *A franquia Left Behind – Deixados para trás (2000-2014)*. Disponível em: https://noset.com.br/franquia-left-behind-deixados-para-tras-2000-2014.

MUELLER, Enio R. *Teologia cristã: em poucas palavras*. São Paulo: Teológica; São Leopoldo: Escola Superior de Teologia, 2005.

National *Christian Leadership Conference For Israel*. Disponível em: https://www.nclci.org.

OLIVEIRA, Alexandre Barreto de. *Manifestando a vida de Deus*. Rio de Janeiro: Grupo Renascer, 2022.

OLSON, N. Lawrence. *O plano divino através dos séculos: as dispensações que Deus estabeleceu para Israel, à igreja e para o mundo*. Rio de Janeiro: CPAD, 2002.

OLSON, Roger E. *História da teologia cristã: 2000 anos de tradição e reformas*. São Paulo: Editora Vida, 2001.

OTTO, Rudolf. *O sagrado: os aspectos irracionais na noção do divino e sua relação com o racional*. São Leopoldo: Sinodal; EST; Petrópolis: Vozes, 2007.

OZ, Amós. *Como curar um fanático: Israel e Palestina: entre o certo e o certo*. São Paulo: Companhia das Letras, 2016.

PAGANELLI, Magno. *Sionismo evangélico: as ideias sionistas e o turismo para a Terra Santa arrastam evangélicos para um conflito que compromete a sua missão e a imagem da igreja*. São Paulo: Arte, 2020.

PELLETIER, Anne-Marie. *Bíblia e hermenêutica hoje*. São Paulo: Loyola, 2006.

Philos Brasil. Disponível em: https://www.instagram.com/philosbrasil.

Philos Project. Disponível em: https://philosproject.org.

POCOCK, Michael. The Influence of Premillennial Eschatology on Evangelical Missionary Theory and Praxis from the Late Nineteenth Century to the Present. *International Bulletin of Missionary Research*, New Heaven, v. 33, n. 3, p. 129-36, jul. 2009.

Pre-Trib Research Center. Disponível em: https://www.pre-trib.org.

Rabi Yossef Akiva. Disponível em: https://www.facebook.com/yossefakivaoficial.

RAMAGEM, Sonia Bloomfield. Jews as Perceived by Neo-Evangelicals in Brazil. p. 235-49. In.: *Judaica Latinoamericana*. Jerusalém: Universidad Hebrea, 2001.

Rapture Ready. Disponível em: https://www.raptureready.com/rapture-ready-index.

REINKE, André Daniel. Apologia: tem jeito certo de defender a fé. *Revista Unus Mundus*. Disponível em: https://unusmundus.academiaabc2.org.br/apologia-tem-jeito-certo-de-defender-a-fe.

______. *Aqueles da Bíblia: história, fé e cultura do povo bíblico de Israel e sua atuação no plano divino*. Rio de Janeiro: Thomas Nelson Brasil, 2021.

______. *Nós e a Bíblia: história, fé e cultura do judaísmo e do cristianismo e sua relação com a Bíblia Sagrada*. Rio de Janeiro: Thomas Nelson Brasil, 2023.

______. *O sionismo cristão e sua influência na cultura protestante brasileira*. Dissertação (Mestrado). São Leopoldo: EST/PPG, 2018. Disponível em: http://dspace.est.edu.br:8080/jspui/handle/BR-SlFE/900.

______. *Paixão por Israel: aspectos da judeofilia no protestantismo brasileiro e seus reflexos no cotidiano religioso do Brasil*. Tese (Doutorado). São Leopoldo: EST/PPG, 2022. Disponível em: http://dspace.est.edu.br:8080/jspui/handle/BR-SlFE/1124.

Renê Terra Nova. Disponível em: https://www.reneterranova.com.br/biografia.

Resgate judaica. Disponível em: https://www.resgategospel.com.br.

RICOEUR, Paul. *A ideologia e a utopia*. Belo Horizonte: Autêntica, 2017.

______. *A simbólica do mal*. Lisboa: 70, 2019.

______. *O conflito das interpretações*. Ensaios de hermenêutica. Porto: Rés, 1988.

______. *Tempo e narrativa: a intriga e a narrativa histórica*. São Paulo: WMF Martins Fontes, 2010, v. 1.

______. *Tempo e narrativa: a configuração do tempo na narrativa de ficção*. São Paulo: WMF Martins Fontes, 2010, v. 2.

______. *Tempo e narrativa: o tempo narrado*. São Paulo: WMF Martins Fontes, 2010, v. 3.

ROCHA, Daniel. *Fim dos tempos nos Estados Unidos: escatologia, fundamentalismo religioso e identidade nacional em Hal Lindsey e Tim LaHaye (1970-1980)*. Tese (doutorado). Belo Horizonte: Universidade Federal de Minas Gerais, 2017.

ROOKMAAKER, H. R. *A arte moderna e a morte de uma cultura*. Viçosa: Ultimato, 2015.

ROSENBERG, Roy. *Guia conciso do judaísmo: história, prática, fé*. Rio de Janeiro: Imago, 1992.

SABINO, Igor. *Por amor aos patriarcas: reflexões brasileiras sobre antissemitismo e sionismo cristãos*. Brasília: 371, 2020.

SAID, Edward. *Orientalismo: o Oriente como invenção do Ocidente*. São Paulo: Companhia das Letras, 1990.

SALLEH, MohdAfandi; ABU-HUSSIN, Mohd Fauzi. The American Christians and the State of Israel. *Journal for the Study of Religions and ideologies*, v. 12, n. 34, p. 152-72, 2013. Disponível em: http://jsri.ro/ojs/index.php/jsri/article/view/628.

SAND, Shlomo. *A invenção da terra de Israel: de Terra Santa a terra pátria*. São Paulo: Benvirá, 2014.

______. *A invenção do povo judeu: da Bíblia ao sionismo*. São Paulo: Benvirá, 2011.

Santuário Reino dos Céus. Disponível em: http://santuarioreinodosceus.com.br.

______. *O éfode de autoridade espiritual, o talit vermelho dos vencedores*. Disponível em: http://santuarioreinodosceus.com.br/jornal/o-efode-de-autoridade-espiritual-o-talit-vermelho-dos-vencedores.

SCHALY, Harald. *O pré-milenismo dispensacionalista à luz do amilenismo*. Rio de Janeiro: JUERP, 1984.

SCHNERB, Robert. *O século XIX: o apogeu da civilização europeia*. História Geral das Civilizações,. São Paulo: Difusão Europeia do Livro, 1958, tomo VI, v. 2.

SCHREIBER, Mariana. *Lideranças evangélicas querem que Brasil siga EUA e transfira embaixada em Israel para Jerusalém*. Disponível em: https://www1.folha.uol.com.br/paywall/login.shtml?https://www1.folha.uol.com.br/mundo/2017/12/1941363-liderancas-evangelicas-querem-que-brasil-siga-eua-e-transfira-embaixada-em-israel-para-jerusalem.shtml.

Senado Federal. Grupo Parlamentar Brasil - Israel. Disponível em: https://legis.senado.leg.br/comissoes/composicao_comissao?codcol=2307.

SELVATICI, Monica. Construção de fronteiras entre o judaísmo e o cristianismo no Império Romano: os judaizantes e a retórica antijudaica no movimento cristão dos séculos I e II d.C. *Romanitas* – Revista de Estudos Greco-latinos, n. 1, p. 23-37, 2013. Disponível em: https://doi.org/10.17648/rom.v0i1.6251.

Shema Ysrael. Disponível em: http://shemaysrael.com.

SILVEIRA, Emerson José Sena da. Turismo Religioso no Brasil: uma perspectiva local e global. *Turismo em Análise*, São Paulo, v. 18, n. 1, p. 33-51, mai. 2007. Disponível em: http://www.revistas.usp.br/rta/article/view/62606/65394.

Sinagoga sem fronteiras. Disponível em: https://www.youtube.com/@SinagogaSemFronteiras.

SIQUEIRA, Gutierres; TERRA, Kenner. *Autoridade bíblica e experiência no espírito: a contribuição da hermenêutica pentecostal-carismática*. Rio de Janeiro: Thomas Nelson Brasil, 2020.

SIZER, Stephen. *Christian Zionism: Road-map to Armageddon?* Downers Grove: IVP Academic, 2004.

SMITH, James K. A. *A queda da interpretação: fundamentos filosóficos para uma hermenêutica criacional*. Rio de Janeiro: Thomas Nelson Brasil, 2021.

______. *Desejando o reino: culto, cosmovisão e formação cultural*. São Paulo: Vida Nova, 2018.

______. *Imaginando o reino: a dinâmica do culto*. São Paulo: Vida Nova, 2019.

______. *Pensando em línguas: contribuição pentecostal para a filosofia cristã*. Rio de Janeiro: Thomas Nelson Brasil; Renova, 2020.

SMITH, Robert. *Comprehending Christian Zionism: Perspectives in Comparison*. Minneapolis: 1517 Media, 2014.

SMITH, Wilbur M. *O conflito árabe-israelense... e a Bíblia*. São Paulo: IBR, 1970.

SOUZA, Edilson Soares. *Cristãos em confronto: Brasil, 1890-1960*. Curitiba: CRV, 2014.

Stand With Us. Disponível em: https://www.standwithus.com.

STEINSALTZ, Adin. *Talmud essencial*. São Paulo: Sêfer, 2019.

STERN, David H. *Comentário judaico do Novo Testamento*. São Paulo: Didática Paulista/Belo Horizonte: Atos, 2008.

SUTCLIFFE, Adam; KARP, Jonathan. *Philosemitism in History*. Cambridge: Cambridge University Press, 2012.

TEIXEIRA, Alfredo Borges. *Maranata ou O Senhor Vem*. Edição de Ouro 1921-1971. São Paulo: Missão Brasileira Messiânica, 1971.

Templo de Salomão. Disponível em: https://www.youtube.com/user/otemplodesalomao.

TERRA, Kenner. A história da hermenêutica pentecostal: origens e desenvolvimento (parte II). In: SIQUEIRA, Gutierres; TERRA, Kenner. *Autoridade bíblica e experiência no espírito: a contribuição da hermenêutica pentecostal-carismática*. Rio de Janeiro: Thomas Nelson Brasil, 2020.

______. Experiência no Espírito, racionalidade e hermenêutica. In: SIQUEIRA, Gutierres; TERRA, Kenner. *Autoridade bíblica e experiência no espírito: a contribuição da hermenêutica pentecostal-carismática*. Rio de Janeiro: Thomas Nelson Brasil, 2020.

TILLICH, Paul. *Dinâmica da fé*. São Leopoldo: Sinodal, 1985.

______. *História do pensamento cristão*. São Paulo: ASTE, 2015.

TOPEL, Marta Francisca. A inusitada incorporação do judaísmo em vertentes cristãs brasileiras: algumas reflexões. *Revista Brasileira de História das Religiões*, ANPUH, Ano IV, n. 10, maio 2011, p. 35-50. Disponível em: https://periodicos.uem.br/ojs/index.php/RbhrAnpuh/article/view/30382.

Torakipá. Disponível em: https://www.torakipa.com.br.

TRAVASSOS, Deborah Hornblas. *Judaísmo messiânico no Brasil: a Beit Ser Shalom: um estudo de caso*. Dissertação de Mestrado. São Paulo: USP, 2008.

TREBOLLE BARRERA, Julio. *A Bíblia hebraica e a Bíblia cristã: introdução à história da Bíblia*. Petrópolis: Vozes, 1995.

TREVISAN, Armindo. *O rosto de Cristo: a formação do imaginário e da arte cristã*. Porto Alegre: AGE, 2003.

TROY, Gil. *The Zionist Ideas: Visions for the Jewish Homeland – Then, Now, Tomorrow*. Lincoln: Jewish Publication Society, 2018.

UNESCO adota resolução sobre estatuto de Jerusalém Oriental. Disponível em: https://pt.euronews.com/2017/05/05/unesco-adota-resolucao-sobre-estatuto-de-jerusalem-oriental.

Union of Messianic Jewish Congregations. UMCJ Statement of Faith. Disponível em: https://www.umjc.org/statement-of-faith.

Universal. Disponível em: https://www.universal.org.

Viaje para a Terra Santa com quem é especialista em viagens bíblicas. Disponível em: https://youtu.be/FULvDMfTHuY.

VLACH, Michael J. *Dispensacionalismo: crenças essenciais e mitos comuns*. Eusébio, CE: Peregrino, 2016.

VOLF, Miroslav. *Uma fé pública: como o cristão pode contribuir para o bem comum*. São Paulo: Mundo Cristão, 2018.

WACHHOLZ, Wilhelm; REINKE, André Daniel. "Pela paz em Jerusalém": a origem do sionismo cristão, sua influência na igreja protestante brasileira e sua atuação no Congresso Nacional. *Revista Brasileira de História das Religiões*, v. 13, n. 37, maio/ago. 2020, p.253-273. Disponível em: https://periodicos.uem.br/ojs/index.php/RbhrAnpuh/article/view/51190.

WEBER, Timothy P. *On the Road to Armageddon: How Evangelicals Became Israel's Best Friend*. Grand Rapids: Baker Academic, 2004.

WILLIAMS, Joseph. *The Pentecostalization of Christian Zionism*. Church History, v. 84, Issue 1, p. 159-94, 2015. Disponível em: https://doi.org/10.1017/S0009640714001747.

WILKINSON, Paul Richard. *For Zion's sake: Christian Zionism and the Role of John Nelson Darby*. Milton Keynes: Paternoster, 2007.

WRIGHT, Nicholas Thomas. *Como Deus se tornou rei*. Rio de Janeiro: Thomas Nelson Brasil, 2019.

WRIGHT, Nicholas Thomas. *Paulo: uma biografia*. Rio de Janeiro: Thomas Nelson Brasil, 2018.

______. *Paulo para todos: 1 Coríntios*. Rio de Janeiro: Thomas Nelson Brasil, 2020.

______. *Paulo para todos: Gálatas e Tessalonicenses*. Rio de Janeiro: Thomas Nelson Brasil, 2020.

______. *Simplesmente Jesus*. Rio de Janeiro: Thomas Nelson Brasil, 2020.

Yossef Akiva esclarece todas as polêmicas. Disponível em: https://www.youtube.com/live/U69tk712RNY?si=d97228pANB-0BuXv.

ZUKER, Fábio; BERESIN, Pedro. *Bolsonaro, os judeus e o antissemitismo*. Disponível em: https://piaui.folha.uol.com.br/bolsonaro-os-judeus-e-o-antissemitismo.

Este livro foi impresso pela Maistype, em 2025, para a Thomas Nelson Brasil.
O papel do miolo é pólen natural 70g/m², e o da capa é cartão 250g/m².